U0115909

蔡元培評傳

總　序

　　中華學術，源遠流長。春秋戰國時期，諸子並起，百家爭鳴，呈
現了學術思想的高度繁榮。兩漢時代，經學成為正統；魏晉之世，玄
學稱盛；隋唐時代，儒釋道三教並尊；到宋代而理學興起；迫及清
世，樸學蔚為主流。各個時代的學術各有特色。綜觀周秦以來至於近
代，可以說有三次思想活躍的時期。第一次為春秋戰國時期，諸子競
勝。第二次為北宋時代，張程關洛之學、荊公新學、蘇氏蜀學，同時
並興，理論思維達到新的高度。第三次為近代時期，晚清以來，中國
遭受列強的凌侵，出現了空前的民族危機，於是志士仁人、英才俊傑
莫不殫精積思，探索救亡之道，各自立說，期於救國，形成中國學術
思想史上的第三次眾說競勝的高潮。

　　試觀中國近代的學風，有一顯著的傾向，即融會中西。近代以
來，西學東漸，對於中國學人影響漸深。深識之士，莫不資西學以立
論。初期或止於淺嘗，漸進乃達于深解。同時這些學者又具有深厚的
舊學根柢，有較高的鑑別能力，故能在傳統學術的基礎之上汲取西方
的智慧，從而達到較高的成就。

　　試以梁任公（啟超）、章太炎（炳麟）、王靜安（國維）、陳寅恪
四家為例，說明中國近代學術融會中西的學風。梁任公先生嘗評論自

已的學術云：「康有為、梁啟超、譚嗣同輩……欲以構成一種不中不西即中即西之新學派……蓋固有之舊思想既根深蒂固，而外來之新思想又來源淺觳，汲而易竭，其支絀滅裂，固宜然矣。」（《清代學術概論》）所謂「不中不西即中即西」正表現了融合中西的傾向，不過梁氏對西學的瞭解不夠深切而已。梁氏自稱「適成為清代思想史之結束人物」，這未免過謙，事實上梁氏是近代中國的一個重要的啟蒙思想家，誠如他自己所說「為《新民叢報》、《新小說》等諸雜誌……二十年來學子之思想頗蒙其影響……其文條理明晰，筆鋒常帶感情，對於讀者別有一種魔力焉」。梁氏雖未能提出自己的學說體系，但其影響是深巨的。他的許多學術史著作今日讀之仍能受益。

　　章太炎先生在《菿漢微言》中自述思想遷變之跡說：「少時治經，謹守樸學……及囚系上海，三歲不覿，專修慈氏世親之書……乃達大乘深趣……既出獄，東走日本，盡瘁光復之業，鞅掌餘間，旁覽彼土所譯希臘德意志哲人之書……凡古近政俗之消息、社會都野之情狀，華梵聖哲之義諦、東西學人之所說……操齊物以解紛，明天倪以為量，割制大理，莫不孫順。」這是講他兼明華梵以及西哲之說。有清一代，漢宋之學爭論不休，章氏加以評論云：「世故有疏通知遠、

好為玄談者，亦有言理密察、實事求是者，及夫主靜主敬、皆足澄心……苟外能利物，內以遣憂，亦各從其志爾！漢宋爭執，焉用調人？喻以四民各勤其業，瑕釁何為而不息乎？」這是表示，章氏之學已超越了漢學和宋學了。太炎更自讚云：「自揣平生學術，始則轉俗成真，終乃回真向俗……秦漢以來，依違於彼是之間，偪促於一曲之內，蓋未嘗睹是也。乃若昔人所謂專志精微，反致陸沉；窮研訓詁，遂成無用者，余雖無腆，固足以雪斯恥。」太炎自負甚高，梁任公引此曾加評論云：「其所自述，殆非溢美。」章氏博通華梵及西哲之書，可謂超越前哲，但在哲學上建樹亦不甚高，晚歲又回到樸學的道路上了。

王靜安先生早年研習西方哲學美學，深造有得，用西方美學的觀點考察中國文學，獨闢蹊徑，達到空前的成就。中年以後，專治經史，對於殷墟甲骨研究深細，發明了「二重證據法」，以出土文物與古代史傳相互參證，達到了精確的論斷，澄清了殷周史的許多問題。靜安雖以遺老自居，但治學方法卻完全是近代的科學方法，因而取得卓越的學術成就，受到學術界的廣泛稱讚。

陳寅恪先生博通多國的語言文字，以外文資料與中土舊籍相參

證，多所創獲。陳氏對於思想史更有深切的睿見，他在對於馮友蘭《中國哲學史》的《審查報告》中論儒佛思想云：「佛教學說，能於吾國思想史上發生重大久遠之影響者，皆經國人吸收改造之過程。其忠實輸入不改本來面目者，若玄奘唯識之學，雖震動一時之人心，而卒歸於消沉歇絕……在吾國思想史上……其真能於思想上自成系統，有所創獲者，必須一方面吸收輸入外來之學說，一方面不忘本來民族之地位。」這實在是精闢之論，發人深思。陳氏自稱「平生為不古不今之學，思想囿於咸豐同治之世，議論近乎曾湘鄉張南皮之間」，但是他的學術成就確實達到了時代的高度。

此外，如胡適之在文化問題上傾向於「全盤西化論」，而在整理國故方面作出了多方面的貢獻。馮友蘭先生既對於中國哲學史進行了系統的闡述，又於40年代所著《貞元六書》中提出了自己的融會中西的哲學體系，晚年努力學習馬克思主義，表現了熱愛真理的哲人風度。

胡適之欣賞龔定庵的詩句：「但開風氣不為師。」熊十力先生則以師道自居。熊氏戛戛獨造，自成一家之言，讚揚辯證法，但不肯接受唯物論。馮友蘭早年擬接續程朱之說，晚歲歸依馬克思主義唯物

論。這些大師都表現了各自的特點。這正是學術繁榮，思想活躍的表現。

　　百花洲文藝出版社有鑑於中國近現代國學大師輩出，群星燦爛，構成中國思想史上第三次思想活躍的時代，決定編印《國學大師叢書》，以表現近代中西文明衝撞交融的繁盛景況，以表現一代人有一代人之學術的豐富內容，試圖評述近現代著名學者的生平及其學術貢獻，凡在文史哲任一領域開風氣之先者皆可入選。規模宏大，意義深遠。編輯部同仁建議我寫一篇總序，於是略述中國近現代學術的特點，供讀者參考。

　　　　　　　　　　　　　　　　　　　　張岱年

　　　　　　　　　　　　　　1992年元月，序於北京大學

重寫近代諸子春秋

《國學大師叢書》在各方面的關懷和支持下，就要陸續與海內外讀者見面了。

當叢書組編伊始（1990年冬）便有不少朋友一再詢問：為什麼要組編這套叢書？該叢書的學術意義何在？按過去理解，「國學」是一個很窄的概念，你們對它有何新解？「國學大師」又如何劃分？……作為組織編輯者，這些問題無疑是必須回答的。當然，回答可以是不完備的，但應該是明確的。現謹在此聊備一說，以就其事，兼謝諸友。

一、一種闡述：諸子百家三代說

中華學術，博大精深；中華學子，向以自強不息、厚德載物之精神著稱於世。在源遠流長的中國學術文化史上，出現過三個廣開風氣、大師群起的「諸子百家時代」。

第一個諸子百家時代，出現在先秦時期。那時，中華本土文化歷經兩千餘年的演進，已漸趨成熟，老莊、孔孟、楊墨、孫韓……卓然穎出，共同為中華學術奠定了長足發展的基脈。此後的千餘年間，漢儒乖僻、佛入中土、道教蘗生，中華學術於發展中漸顯雜陳。宋明時

期，程朱、陸王……排漢儒之乖、融佛道之粹、倡先秦之脈、興義理心性之學，於是，諸子百家時代再現。降及近代，西學東漸，中華學術周遭衝擊，文化基脈遇空前挑戰。然於險象環生之際，又一批中華學子，本其良知、素養，關注文化、世運，而攘臂前行，以其生命踐信。正所謂「鐵肩擔道義，妙手著文章」，康有為、章太炎、嚴復、梁啟超、王國維、胡適、魯迅、黃侃、陳寅恪、錢穆、馮友蘭……他們振民族之睿智，汲異域之精華，在文、史、哲領域篳路藍縷，於會通和合中廣立範式，重開新風而成績斐然。第三個諸子百家時代遂傲然世出！

《國學大師叢書》組編者基於此，意在整體地重現「第三個諸子百家時代」之盛況，為「第三代」中華學子作人傳、立學案。叢書所選對象，皆為海內外公認的學術大師，他們對經、史、子、集博學宏通，但治學之法已有創新；他們的西學造詣令人仰止，但立術之本在我中華從而廣開現代風氣之先。他們各具鮮明的學術個性、獨具魅力的人品文章，皆為不同學科的宗師（既為「經」師，又為人師），但無疑地，他們的思想認識和學術理論又具有其時代的共性。以往有過一些對他們進行個案或專題研究的書籍面世，但從沒有對他們及其業

績進行過集中的、整體的研究和整理，尤其未把他們作為一代學術宗師的群體（作為一個「大師群」）進行研究和整理。這批學術大師多已作古，其學術時代也成過去，但他們的成就惠及當今而遠未過時。甚至，他們的一些學術思想，我們至今仍未達其深度，某些理論我們竟會覺得陌生。正如第一代、第二代「諸子百家」一樣，他們已是中華學術文化傳統的一部分，研究他們，也就是研究中國文化本身。

對於「第三代諸子百家」及其學術成就的研究整理，我們恐怕還不能說已經充分展開。《國學大師叢書》的組織編輯，是一種嘗試。

二、一種觀念：一代人有一代人之學術

縱觀歷史，悉察中外，大凡學術的進步不能離開本土文化基脈。但每一代後起學子所面臨的問題殊異，他們勢必要或假古人以立言、或賦新思於舊事，以便建構出無愧於自己時代的學術。這正是「自強不息、厚德載物」之精神在每一代學子身上的最好體現。以上「三代」百家諸子，莫不如是。《國學大師叢書》所沿用之「國學」概念，亦當「賦新思於舊事」而涵注現時代之新義。

明末清初，王（夫之）、顧（炎武）、黃（宗羲）、顏（元）四傑

繼起，矯道統，斥宋儒，首倡「回到漢代」，以表其「實學實行實用之天下」的樸實學風，有清一代，學界遂始認「漢學」為地道之國學。以今言之，此僅限「國學」於方法論，即將「國學」一詞限於文字釋義（以訓詁、考據釋古文獻之義）之範疇。

《國學大師叢書》的組編者以為，所謂國學就其內容而言，系指近代中學與西學接觸後之中國學術，此其一；其次，既是中國學術便只限於中國學子所為；再次，既是中國學子所為之中國學術，其方式方法就不僅僅限於文字（考據）釋義，義理（哲學）釋義便也是題中應有之義。綜合起來，今之所謂國學，起碼應拓寬為：近代中國學子用考據和義理之法研究中國古代文獻之學術。這些文獻，按清代《四庫全書總目》的劃分，為經、史、子、集四部。經部為經學（即「六經」，實只五經）及文字訓詁學；史部為史志及地理志；子部為諸子及兵、醫、農、曆算、技藝、小說以及佛、道典籍；集部為詩、文。由此視之，所謂「國學家」當是通才。而經史子集會通和合、造詣精深者，則可稱為大師，即「國學大師」。

但是，以上所述仍嫌遺漏太多，而且與近現代學術文化史實不相吻合。國學，既是「與西學接觸後的中國學術」，那麼，這國學在內

涵上就不可能，也不必限於純之又純的中國本土文化範圍。尤其在學術思想、學術理論的建構方式上，第三代百家諸子中那些學貫中西的大師們，事實上都借用了西學，特別是邏輯分析和推理，以及與考據學有異曲同工之妙的實證方法，還有實驗方法、歷史方法，乃至考古手段……而這些學術鉅子和合中西之目的，又多半是「賦新思於舊事」，旨在建構新的學術思想體系，創立新的學術範式。正是他們，完成了中國學術從傳統到現代的轉型。我們今天使用語言的方式、思考問題的方式……乃得之於斯！如果在我們的「國學觀念」中，將他們及其學術業績排除在外，那將是不可理喻的。

至此，《國學大師叢書》之「國學」概念，實指：近代以降中國學術的總稱。「國學大師」乃「近現代中國有學問的大宗師」之意。因之，以訓詁考據為特徵的「漢學」，固為國學，以探究義理心性為特徵的「宋學」及兼擅漢宋者，亦為國學（前者如康有為、章太炎、劉師培、黃侃，後者如陳寅恪、馬一浮、柳詒徵）；而以中學（包括經史子集）為依傍、以西學為鏡鑑，旨在會通和合建構新的學術思想體系者（如梁啟超、王國維、胡適、熊十力、馮友蘭、錢穆等），當為更具時代特色之國學。我們生活在90年代，當取「一代人有一代人

之學術」（國學）的觀念。

《國學大師叢書》由是得之，故其「作人傳、立學案」之對象的選擇標準便相對寬泛。凡所學宏通中西而立術之本在我中華，並在文、史、哲任一領域開現代風氣之先以及首創新型範式者皆在入選之列。所幸，此舉已得到越來越多的當今學界老前輩的同情和支援。

三、一個命題：歷史不會跨過我們這一代

中西文明大潮的衝撞與交融，在今天仍是巨大的歷史課題。如今，我們這一代學人業已開始自己的學術歷程，經過80年代的改革開放和規模空前的學術文化積累（其表徵為：各式樣的叢書大量問世，以及紛至沓來名目繁多的學術熱點的出現），應當說，我們這代學人無論就學術視野，抑或就學術環境而言，都是前輩學子所無法企及的。但平心而論，我們的學術功底尚遠不足以承擔時代所賦予的重任。我們仍往往陷於眼花繚亂的被動選擇和迫不及待的學術功利之中難以自拔，而對自己真正的學術道路則缺乏明確的認識和了悟。我們至今尚未創建出無愧於時代的學術成就。基於此，《國學大師叢書》的組編者以為，我們有必要先「回到近現代」—回到首先親歷中西文

化急劇衝撞而又作出了創造性反應的第三代百家諸子那裡去！

　　經過一段時間的困惑與浮躁，我們也該著實潛下心來，去重新瞭解和領悟這一代宗師的學術生涯、為學風範和人生及心靈歷程（大師們以其獨特的理智靈感對自身際遇作出反應的閱歷），全面評價和把握他們的學術成就及其傳承脈絡。唯其貫通近代諸子，我們這代學人方能于曙色熹微之中，認清中華學術的發展道路，了悟世界文化的大趨勢，從而真正找到自己的學術位置。我們應當深信，歷史是不會跨過我們這一代的，90年代的學人必定會有自己的學術建樹。

　　我們將在溫情與敬意中汲取，從和合與揚棄中把握，於沉潛與深思中奮起，去創建有中國特色的社會主義新文化。這便是組織編輯《國學大師叢書》的出版宗旨。當我們這代學人站在前輩學術鉅子們肩上的時候，便可望伸開雙臂去擁抱那即將到來的中華學術新時代！

錢宏（執筆）

1991年春初稿

1992年春修定

序

治史，貴在一個「信」字。信實的史籍，不僅有助於現在的人確切瞭解已往的人和事，也是開展討論與研究的堅實基礎。倘使史實本身經不起查證，則由此引發的議論及分析，無論其詞藻如何華麗，一經推敲，即將瓦解，尚何有價值可言。當然，真正要在歷史各個領域，特別是中國近現代史方面秉筆直書，並非易事，除史料不足等因素外，諸如社會政治的影響及限制，均構成難以逾越的障礙。雖然如此，在可能條件下，最大限度地忠實於「歷史的真實」，求實求信，仍然是純正學者孜孜不懈的追求。

本書作者所撰這本《蔡元培評傳》，吸收與借鑒已經刊佈的有關資料及研究成果，在認真考比、取捨的基礎上，對蔡元培這一重要歷史人物的生平及其學術思想作了較為客觀、較為全面、較為詳實的記述和議論。其中，第一、二、三章，充分使用蔡氏《自寫年譜》提供的史料，使人們對蔡早年情況獲得更具體的瞭解。第四章，以較多篇幅詳述蔡氏主持北京大學六年的經歷，著重從學術視角，開掘蔡氏釀成「一種學風」的文化意義，就此進行分析與議論，這是具有啟發性的一項嘗試。他還記述蔡氏的交遊狀況，所選交往人物，盡可能地概現某一時期某一文化群體的特性，從這些交遊中，反映出蔡氏起著溝

通「戊戌」和「五四」兩代知識份子的特殊作用，深化了史實本身的內在涵義。此外，他著意探討蔡氏的人格特徵及其文化教育背景；對於蔡的家庭生活和後人對蔡元培的研究，也有所介紹。由於作者力持摒除偏見的寫作態度，行文平實細緻，議論實事求是，可以說，在現有的各種蔡元培傳記中，這是較全面、較信實的一種。

蔡元培是近代中國學術文化史上一位學貫中西的「通人」，他思想博大，所涉學科門類廣泛。蔡對學術文化的影響，大致表現於兩個方面：一是以其深厚的中西文化素養領導和主持最高權威的教育、文化、科學機構，開創新局面，形成新風氣；另一是以自己的著作及其他檔傳播文化，昌明學術。對於前者，海內外學人的論述較多，對於後者，則尚未重視。在已出的各種蔡元培傳記中，甚少就蔡的遺著作系統的論述，因而人們難以概觀蔡氏的學術業績。這本傳記比較適當地介紹了蔡氏的幾部主要著作及其影響，並對其所涉各學科的相互關聯提出自己的看法。不難看出，「著述概觀」一章，可算是這本傳記的一大特色。作者還扼要地回顧數十年來學術界研究蔡元培的主要成果與各種觀點，為人們瞭解這方面的學術動態提供了便利。

透徹而確當地瞭解一個歷史人物，殊非易事。一部優秀的人物傳

記，不僅要準確地實錄傳主的生平與學術成就，還應力求深入傳主豐富的思想境界，道出其發展演化的過程。以此來衡量這本傳記，還須繼續搜集、考證尚待發現的史料，不斷補充修正，使其益趨完善。就總體言，此書還是頗具特色，可以幫助人們加深對蔡元培先生的全面瞭解，並可為人物傳記的撰作提示若干有益的探索。

高平叔

1992年11月25日

英文提要

P R É C I S

This biography of Cai Yuanpei respectly presented to you is one that the author completed adhering to the principle of reality, on the bases of vastly collecting data and carefully using the published scholarly achievements of research as references. Its distinctive point from the former works on the same subject is that it not only more reliablly recorded and described the tortuous life of Cai, but also originally expounded his acadamic views formerly neglected by the acadamic circles in China inadvertently or consiously it also analysed and appraised the social and cultural meaning of Cai's characteristics and social association.

As is known to all, Cai was a man of the hour with great influence in the intelligensia of the last years of Qing Dynasty and the early period of the Republic. In such a politically turbulent and ideologically confusedera, however, he acted as a constructor, striving to introduce the characteristic energy of the Western humanistic spirits into the native land of Confucius and Monfusius and to construct the necessary acadamic foundation for China's modernization. He is a reformer, but meanwhile a generally acknowledged model in practising the ethics of Confucianism;he ardently loved education and acadamy, but also maintained very close links with politics. These interesting phenomena are briefly pointed out and evaluated in the Foreword of this book.

Generally speaking, for the biography authors it is difficult to detail the early experience of the subject. However, this book fortunately explored a wealth of data following the clues provided by Cai's Chronological Autobiography, and therefore could record as detailed as possible such as Cai's family history, experiences in the Imperial Examinations, early career in education and sojourn in Europe. The author particularly stressed on Cai's developing course for seeking knowledge. The author firmly believed that on the base of the first-hand resources the book's recounting would deepen reader's general knowlege and understanding of the subject. This part of content is included in Chapterl, 2and3.

No doubt, the six years during which Cai managed Peking University was the most brilliant in his life. Chapter 4 will recounts and evaluates his experience in the period with more writing. Distinctively from the angle of view to focus on the struggles between the new and old thoughts, this book tried to elucidate the inherent meanings of Cai's reformation in Peking University in the respect of the natural and rational development of acadamic culture, and to reveal the multiple effect of liberal acadamic atmosphere on education and politics. Considering Cai's famous proposition of "Incorporating Things of Diverse Nature"was variedly explained, the author tried to confirm that this proposition is identical with his value and attitudes of Chinese and western civilizations, and its universe significance is not limited by time and space. Therefore the points views of which regard Cai's taking this proposition as a means to an end in the struggles of thoughts is challenged.

In his later years Cai held a post in the Nationalist government in Nanjing, with a dual identity as a senior statesman of KMT (Nationalist Party of China) and one of the most outstanding scholars. Considering the distance between his ideal and the reality, he gradually drifted from the centre of power to edge;however, he treasured up the limited unification of his county, and took advantage of this situation to strive to advance science and acadamy. Chapter 5 will describe such circumstances and mental state of Cai in his old age.

The numerous and jumbled fusion of the Chinese and Western cultures is Cai's conspicuous character in scholarship, one may well say;his works that had been prevalent very clearly bore the imprints of the transitional times, which are pointed out and appraised in Chapter 6. Whether Cai's writing of Ethics History of China and explanation of Dreams in the Red Tower of his exploration in the fi elds of Philosophy, Aesthetics and Ethnology without exception closely connected with his practice in education and social activities. Such acadamic inclination with particular stress on the actual functions in the special circumstances limited his achievements in the term of theory, his methodology was also not perfect, which finally limited his acadamic influences. The book attempts to analyse it.

To vividly depict the historical figure, Chapter 7and 8 will introduce Cai's home life and dispositions. Furthermore the book will record Cai's friendship with the scholars such as Li Ciming, Zhang Yuanji, Wu Zhihui, Zhang Taiyan, Liang Qichao, Lu Xun and Hu Shi, to reveal his especial effect on linking up to two generations of intellectuals rising from the Reform

Movement of 1898 and the May 4th Movement of 1919. In the last part of this book the author will review the Cai Yuanpei Studies since Cai's death. The chronological table of Cai's life and acadamic activities is appended.

目　錄

引　言

　　近代中國的學術思想界，新舊並存，學人蜂起。宋代以來的理學觀念，清代盛行的漢學風習，在陣陣歐風美雨襲擾之下，無可奈何地收縮了地盤；西方的科學技術、人文學說，尾隨著劍與火的壯烈和痛苦，始而微弱，繼而強勁地湧入這個東方古國。往昔那自古至今傳承而來的文化一統天下，已不復存在，代之而起的，是交織著衝突和融合的多元局面。這是一個痛苦反思、重新抉擇的時代，這是一個激烈論爭，更新過渡的時代。如此的文化氛圍造就出一個又一個性格鮮明、思想博大、影響深遠的學林鉅子。被世人譽為「學界泰斗」、「一代宗師」的蔡元培，即其一。

　　20世紀初期的二三十年間，舉凡學界中人，幾乎無人不知有位「蔡先生」。這位生長於清代同、光年間的浙東商家子弟，憑著博學強記和一手「怪八股」的功夫，數年間，奇跡般地由古城紹興的布衣寒士而躋身於帝都北京的翰林文苑，一時間引來多少寒窗學子的豔羨和敬慕。然而，曾幾何時，他卻輕拋功名，掛冠而去，回鄉興辦新式教育，隨即走上反清道路，來了一個「翰林革命」。繼而，又以「不惑之年」，遠走歐洲，在德國苦學四年，一展遊學西洋的生平宿願。民國初立，他作為首任教育總長，厲行變革，底定共和教育的根基。

幾年後，他出掌北京大學，高擎「學術至上、相容並包」的旗幟，將一個沉悶萎靡的官衙式學堂改造成為煥發勃勃生機的新式學府；由此開創的自由學風，促動了新文化的繁盛，也激發起「五四」風潮的熱情，知識界的一代新人即從中育成。及至晚年，他主持國立中央研究院，將「五四」以來喧騰於世的「科學」口號落實為研究實體，面對種種困難，殫精竭慮，不僅組織起一支彙集各類人才的科研力量，而且初步確立了我國獨立開展科學研究的規模和體系。他的這種與時俱進的追求和在民國文化教育史上的卓著功業，得到中外知識界的廣泛推崇和尊敬。

就清末民初的一代知識份子而言，蔡元培可謂極重道德修養，對自身，對公眾，莫不如此。傾心求索創造了近世文明的西方觀念和文化，並沒有使他丟棄早年誠篤信守的傳統道德價值。在人們看來，本屬相悖的中西道德倫理，在他那兒，即經由擇善而從的篩選，得到渾然一體的自然融合。有人說：「他在西洋思想上，把握到自由與理性，在中國文化上，把握著中庸與良心。」或許正是因為受到來自兩種文化精粹的作用，他一生砥礪私德，力求纖塵不染，同時倡行公民道德教育，致力國人內在素質的提高，追求的是一種「形而上」的理

想境界。最能反映他這一特點的，莫過於數十年力倡不懈的美育。儘管世運不濟，時人亦大多不以為意，但他初衷不改，我行我素。他的這種多少有些超然世外的高風亮節，常令世人感佩不已。「人世楷模」這一讚譽，在他辭世之初，或可視為悼亡的頌詞，然而時過境遷，人心非古，卻依舊被後人認可，則是一種「大德傳世」的標識。

　　蔡元培早年投身反清革命後，即與政治結下不解之緣，但本質上，他屬「學界中人」。在他看來，社會的發展，雖然不排除必要時偶爾「騁用興奮劑」的激烈運動，甚至革命，但就其常態而言，應是漸進的改良，要靠教育和文化，這是振興國家的百年大計。因此，他的活動重心始終不曾偏離文化教育界，而政治上的地位適足用來保障其文教興革活動的展開。這就使他雖置身宦海，卻不失書生本色。作為一種個人追求，他對中西學術均有濃厚興趣，曾先後整理編次中國倫理學史，疏證《紅樓夢》，而成一家之言，介紹西方近代哲學和美學成果，傳播民族學知識並確定該學科的定義和名稱……這些工作及其文字成果，倘用嚴格的學術眼光加以審視，或許算不上是第一流的學術成就，但其中的相當一部分卻帶有學科開創的性質，正是由於他的努力，中國倫理學和民族學才得以立足學林之間。人們普遍注意到

他涉足學術的廣博性，公認其為學界的「通人」。「他在學問上雖不是一個專家，而是一位通儒，通儒不是樣樣都懂，而是能通達事理，明辨是非，不固執，無偏見，胸襟豁達而又虛心的讀書人。」論者的這段評述，頗為契合蔡元培的實際。正是這種「通人」的特性，使他能夠在多元文化的時代裡形成大氣候。對此，梁漱溟發表過很精彩的議論：蔡先生「天性上具有多方面的愛好，極廣博的興趣」，「他的器局，他的識見，為人所不及……因其器局大，識見遠，所以對於主張不同、才品不同的種種人物，都能相容並包，右援左引，盛極一時。後來其一種風氣的開出，一大潮流的釀成，亦正孕育在此了。」[1]也就是在這個意義上，林語堂談及蔡先生時，十分肯定地認為，「論著作，北大很多教授比他多，論啟發中國新文化的功勞，他比任何人大。」[2]

古人有所謂「立德，立功，立言」之說。以此比照蔡元培生平所為，應當說，他在這三方面均有非同尋常的建樹，可算得一個「完

1　梁漱溟：《紀念蔡元培先生》，收入《我的努力與反省》，桂林：灕江出版社，1987年版，第324—325頁。
2　林語堂：《想念蔡元培先生》，載臺灣《傳記文學》第10卷第2期。

人」。但從中國近世文化學術的角度細細考量，便不難發現，他在新教育、新文化領域內的功業最為突出：無數人才的培育，諸多改革舉措的實施，學術自由風氣的開通，科學研究基礎的奠立……遍觀近世海內學人，蔡元培堪稱一位難得的重在「事功」的學界鉅子。

那麼，他有著怎樣的人生，又如何創立卓著的功業？且讓我們循著他的生命歷程，去探尋他那印在歷史上的足跡。

第一章

從紹興到北京

1.1　平和少年

1868年1月11日（清同治六年十二月十七日），蔡元培出生在浙江省紹興府山陰縣城一戶世代經商的小康之家，父親蔡光普，是當地某錢莊經理，母親周氏。

山陰與會稽兩縣城只一河之隔，明清兩代同屬紹興府，1912年廢府，兩縣遂合為紹興縣。蔡家祖居諸暨陳蔡鄉，明代隆慶、萬曆年間遷至山陰，最初以伐售柴木謀生，後來轉而經商，主要從事綢緞運銷，曾遠至廣州。到蔡元培的祖父一輩，已是世居紹興的第六代人了。其祖父名廷楨，字佳木，相傳其「夏夜讀書，無法得避蟻煙，竟置兩脛於甕中」，頗具志向。早年在典當商行學徒，漸次升為經理，以平生所得積蓄，為祖宗置祭田，並在縣城筆飛坊購置宅院，與子孫合居一處。他生有七子，其中五人經商，一人習武，一人從文，其長子即蔡光普。蔡元培就生長在這樣一個人丁興旺、三世同堂的大家庭中。

他是家中第四個孩子，乳名阿培，兩歲前後由奶娘陳氏撫育。在同胞兄弟姐妹七人中，小阿培天性祥靜平和。一次，女傭攜阿培兄弟下樓遊玩，樓梯高且陡，須由女傭抱下，女傭先抱堂兄，留阿培在樓梯口等候，豈料女傭抱堂兄下樓後適遇他事，忙不迭中竟忘記了阿培。小阿培不哭不叫，端坐樓口靜待多時，直到被家人發現。

童年，往往是對外部世界充滿好奇和夢幻的溫馨歲月，這對於生活在古城紹興的蔡元培來說尤其如此。素以人文薈萃、國學隆盛著稱

於世的紹興，自遠古至近世留下了多少君王先賢、文人墨客的生命印跡，真可謂俯拾即是，斑斑可考。而每一處斑駁的遺跡，似乎都在訴說著一個悠遠而生動的故事，昭示著那綿延不絕的文化傳承……治水八年三過家門而不入的大禹的傳說，在這裡物化為氣勢巍峨的大禹陵廟，供千百年來天下人們瞻顧憑弔；曾經「十年生聚，十年教訓」的越王勾踐在這裡臥薪嚐膽，矢志再起，還有那與他聯繫在一起的美麗動人的西施姑娘和忠誠悲烈的文仲大夫，即分別生於斯、葬於此；空懷報國之志的陸遊在這裡的沈園邂逅唐琬，寫下纏綿悱惻傳誦千古的《釵頭鳳》詞。且不去備述撰著《論衡》的王充、「鄉音未改」的唐代詩人賀知章、大器晚成的史家章學誠及令鄭板橋讚佩得五體投地的徐渭（徐文長）等名家與紹興的淵源關係，只以蔡元培家居的筆飛坊筆飛弄來說，即充盈著關於晉代大書法家王羲之的似真似神的美妙傳說。蔡元培自述：我家所在的「筆飛弄是筆飛坊中的一弄。相近有筆架山、筆架橋、題扇橋、王右軍舍宅為寺的戒珠寺、王家山。相傳右軍在此的時候，一老嫗常求題扇，有一日，右軍不勝其煩，怒擲筆，筆飛去，這就是筆飛名坊的緣故。此說雖近於神話，但戒珠寺山門內有右軍塑像，舍宅為寺的話，大約是可靠的」[1]。可以想像：在暑熱難耐的夏夜，長輩們坐在蔡家台門裡，手搖蒲扇，講述多彩多姿的越鄉故事，會啟迪蔡元培幼小心靈中怎樣的好奇和思智啊！家鄉特有的文物優勢，使書本上和口碑中的空靈載說變得真切可感；舉目即見、抬手可觸的人文環境，又令人產生貼近文化精萃的優越心理和近距離感受。耳濡目染于如此濃厚的傳統文化氛圍，對蔡元培日後的發展無

1　蔡元培：《自寫年譜》，收入高平叔編：《蔡元培全集》第7卷，北京：中華書局，1989年版，第267頁。

疑具有潛移默化的深刻影響。何況，他18歲以前不曾離開故鄉一步，而在此生活的時日竟超過其整個生命歷程的三分之一。

1872年，虛齡6歲的阿培進入自家延師開設的私塾破蒙讀書了。按照兄弟輩的排名，正式定學名曰元培，家中唯一從文的六叔為他取字鶴卿。塾師是一位姓周的先生，元培跟從他誦讀《百家姓》、《千字文》和《神童詩》等開蒙讀物，隨後便接讀四書五經。在讀五經之前，先生並不講解，只要求反覆誦讀，直至背熟為止。此外，還有習字和對課兩種功課。比起那種機械而枯燥的讀書方法來，與現今的造句頗為相近的對課更能激發元培的學習興趣。對課，是由先生出一字，學生對一字，逐漸由一字到四字，須名詞對名詞，動詞對動詞，並且要詞性相近。諸如，天對地、山對水（或海），桃紅對柳綠（或薇紫）等等。待到四字對作得合格了，即可學作五言詩。這種文字遊戲，是作詩為文必不可少的基礎，其對應而又富於變化的形式，對聰穎的元培頗有吸引力。其後幾年，元培讀書漸入門徑，開始養成摒除塵囂靜心讀書的習慣。某日傍晚，他如往常一樣在家中樓上讀書，宅內失火，舉家驚駭，急呼其下樓，而他因讀書專注竟渾然不覺。

元培11歲那年的夏天，父親蔡光普病逝。光普為人寬厚優容，供職錢莊往往有貸必應，對拖欠者亦不忍索還，以至家人常以「愛無差等」相揶揄，而友人則讚其「持己接人，都要到極好處」。這一秉性對元培影響至大。父親的去逝，使元培一家的經濟狀況急轉直下，漸入困頓，親友們擬議集資救助，卻為剛強的母親婉言辭卻。她憑藉鄉人主動還回的欠款，並不時變賣首飾衣物，克勤克儉，聊以度日。這一變故，使蔡元培無憂無慮的讀書生活發生了某些改變：看著母親愁

苦的面容，這個少年內心隱隱生出家道中落的哀傷，此時，家裡無力再聘塾師，只能就近附讀。他先到姨父范氏家塾中附讀一年，其後又入李申甫塾館讀書。這位李先生教學注重背書，對達不到要求的學生苛責體罰，來此受業的學生幾乎都領教過其責罰。一次，元培背誦《易經》屢屢出錯，竟被責打手心百餘下。正是在這位嚴師的指導下，元培開始學作日後科舉考試賴以顯達的專門功夫—八股文。兩年之後，14歲的蔡元培轉入離家半裡路的探花橋王懋修塾館繼續深造。

　　王懋修，字子莊，會稽縣學增廣生員，以精研八股文源流及技藝聞名遐邇，設館授徒二十餘年，其時館內受業學生不下三十名。元培在其門下求學四年，學業、思想深受其教誨和陶冶。此時，元培已讀過四書及詩、書、易三經，刪除喪禮內容的《小戴禮記》亦已讀罷，正讀《春秋左氏傳》。加之，在六叔指導下，業已瀏覽了《史記》、《漢書》、《困學紀聞》等大量書籍，學業根基初立，求知欲正旺，因而頗得王先生器重，對之「策勵尤摯」。但這位老秀才嚴格禁止元培看「雜書」，《三國演義》看不得，《戰國策》也看不得，這是因為練習制藝不可用四書五經以外的典故和詞藻，總之，未考中秀才之前，讀書要切合科舉的尺度。但在授課時，王先生卻不拘此例，大談明季掌故，褒貶先人的優劣得失，尤其好講呂留良、曾靜一案，深為其冤屈抱不平。課餘，王先生雅好碑帖，時常捧著本《金石萃編》細細翻閱，與友人對答偶或亦以「西廂淫詞」相調侃，在學生中傳為笑談。他指導元培作文章，對不合規範之處，並不立即改過，而是提示錯處，令其自改，以利提高。這位王秀才傾心崇尚宋明理學，經常研讀各家的著述，不時向學生講述和考比朱熹、陸九淵等人的哲理主張，

並大膽闡發他自己的學術見解。他服膺明代大儒王陽明，尤其崇拜信守氣節的明末學者劉宗周（一號蕺山），自號其宅曰「仰蕺山房」。因為「紹興在清代，受鄉賢劉蕺山先生的影響，氣節及理學的風氣，深入于知識份子中間，在學術方面，述宋儒的緒餘，把『知』和『行』打成一片」[2]。蔡元培在20歲以前「最崇拜宋儒」，顯系受到其業師的薰染，他後來仿行古訓，以盡孝道的行為也正是這種教育的結果。

在蔡元培求學的這幾年裡，其母周氏付出了大量心血。這位中年喪夫、七個子女夭折其四的不幸的婦人，拉扯三個兒子，苦撐家計，其痛楚和艱難可想而知。但她十分重視對孩子的教育，常以「自立」、「不依賴」等語勉勵諸兒，對好學而又悟性很高的二兒子元培督責尤嚴。晚上，元培在燈下做功課，她常陪坐案側，直至夜深，有時見兒子困倦難耐，便索性令其歇息，到翌日淩晨即促其起身，補做功課，竟更具效果。從而使元培覺得「熬夜不如早起」，遂漸成習慣。元培17歲前後，幾次參加科考，母親總是夜半時分即起身燒飯，為之置備行囊。顯然，她企望兒子爭得功名以改變命運。蔡元培憶述其母道：「我母親是精明而又慈愛的，我所受的母教比父教為多，因父親去世時，我年紀還小……母親最慎於言語，將見一親友，必先揣度彼將怎樣說，我將怎樣對。別後，又追想他是這樣說，我是這樣對，我錯了沒有。且時時擇我們所能瞭解的，講給我們聽，為我們養成慎言的習慣。我母親為我們理髮時，與我們共飯時，常指出我們的

2　胡愈之：《我所見的蔡元培先生》，收入蔡建國編：《蔡元培先生紀念集》，北京：1984年版，第102頁。

缺點，督促我們用功。我們如有錯誤，我母親從不怒罵，但說明理由，令我們改過。若屢誡不改，我母親就於清晨我們未起時，掀開被頭，用一束竹筴打股臀等處，歷數各種過失，待我們服罪認改而後已。選用竹筴，因為著膚雖痛，而不至傷骨。又不打頭面上，恐有痕跡，為見者所笑。我母親的仁慈而懇切，影響於我們的品性甚大。」[3]

　　1886年初春，元培的母親病故。母親患的是胃病和肝病，元培信奉先人的做法，刲臂和藥以侍奉病母，希求消病延年，但勞瘁了一生的母親還是辭離了人世。元培悲痛之餘，執意躬行寢苦枕塊的古制，星夜守護在母親的棺木之側，以盡為人子息的孝道。居喪期尚未過去，其兄元為之訂婚，元培聞知自覺大不孝，堅決取消婚約。這一系列嚴守古禮的「拘迂之舉動」，確乎使人看到了一個刻意追求理學風範的仁人君子的形象。顯然，蔡元培對失去慈母是深感悲哀的，隨著年齡和知識的增長，善解人意的兒子對母親所經歷的苦難會有更為深切的觀察和理解，對母親的愛和感情則已漸漸昇華為一種理智的觀念。蔡元培日後投身社會力倡女權，究其根由，倘若不考慮其早年生活中母親的因素，那肯定是一個極大的疏漏。至於躬行古制，那不過是為表達對母親深厚的愛所選擇的當時社會公認的最佳形式罷了。

　　此時的蔡元培接近20歲，這個商人世家的青年，已經走上一條科舉求仕的人生之路。

3　　《自寫年譜》，《蔡元培全集》第7卷，第275頁。

1.2　科場得意

蔡元培踏上科舉道路的引路人是他的六叔蔡銘恩。銘恩，字茗珊，縣學廩膳生員，工于制藝，兼治詩古文辭，時在紹興城內招徒授業，略有藏書，是蔡氏族人中世世代代讀書登科的第一人。元培自十餘歲起，讀書作文，得其指撥，受益不淺。此後，元培先後兩次參加童子試（即小考）均由六叔送入考場，首次離鄉赴杭州應鄉試，亦是叔侄二人同行。因此，儘管後來元培先于六叔考中舉人，並連登高第，而銘恩只以舉人終其一生，但元培對這位長輩和恩師敬重如常，執禮甚恭。

與那個時代絕大多數致力於科舉的讀書人相比，蔡元培是頗為幸運的，但並非一帆風順。16歲前後，他第一次參加小考，「那時候小考分作縣考、府考、道考三級。縣考正試一場，複試五場。府考正試一場，複試三場。道考由提學史主持，舊時稱提學道，所以叫作道考，正式一場，複試一場」。結果考試失敗。17歲時第二次應試，才考取了秀才，主持這一期院試的學台是廣東番禺人潘衍桐。考官對其試卷的評語是：「筆輕而靈，意曲而達」，「論尤精當，與眾不同」。此後兩年，元培先後在紹興城內的姚家和單家充任塾師，教授學童七人，這是其執教生涯的初始。同時，他放膽自由讀書，六叔有限的一點藏書幾乎被他遍覽無遺。其中，除補讀《儀禮》、《周禮》、《春秋公羊傳》、《穀梁傳》、《大戴禮記》等經書外，還隨意檢讀有關考據和詞章的書籍。諸如《章氏遺書》、《日知錄》、《湖海詩傳》、《國朝駢體正宗》、《絕妙好詞箋》等等，尤其注力於經學和小學（文字

學），並開始學作散文和駢體文，而對研習六七年之久的八股文卻較少問津。這樣任意瀏覽，往往隨著興趣的增加將他引入較為專門的學術領域，例如，「讀王伯申氏、段懋堂氏諸書，乃治詁訓之學」。然而，使他「最為得益」、「深受影響」的是朱駿聲的《說文通訓定聲》、章學誠的《文史通義》和俞正燮的《癸巳類稿》、《癸巳存稿》等幾部書。

　　朱駿聲，清代中期文字訓詁學家，曾以所著《說文通訓定聲》一書進呈咸豐皇帝，被賜授國子監博士。該書集前人研究所得，以音韻重組《說文》各字，隸於其所立古韻十八部之下，解字除本義之外，增列轉注、假借二項，「凡經傳及古注之以聲為訓者，必詳列各字之下，標曰聲訓」。是有清一代頗具創見的文字訓詁力作。蔡元培認為，舉凡清儒治《說文》者，「只有朱氏，是專從解經方面盡力」，其書不僅糾正了唐、宋以來只知會意不諳諧聲的流弊，而且更正了許慎本人採陰陽學家言所作的若干不合理解說，其以音韻列解各字的形式，「檢閱最為方便」。章學誠是清代乾嘉時期浙東學派的代表人物，積三十年之力撰著《文史通義》數十萬言，與唐代劉知幾《史通》並稱。書內首發「六經皆史」之議，頗多真知灼見，然章氏學說至清末始為世人重視。元培「深服膺章實齋氏言公之義」，尤其贊同章氏先有繁博的長編，後作圓神的正史，以及史籍中的人名地名須詳列檢目，以備查考等具體主張，奉之為治史的規範。如果說，朱、章的著述對蔡元培的影響還僅限於學術範圍，那麼，俞正燮的兩部書則蔓衍到了社會方面。俞正燮，字理初，在清代乾嘉以來的學者中可謂獨樹一幟，其治學內容極為龐雜，經史諸子自不必說，天文、醫藥、方

言、釋典、道藏，乃至邊疆問題、鴉片緣起、社會習俗，無不在精研詳考之列。且常常于考述之餘，直抒胸臆，陳古刺今，即所謂的「窮理盡性」。尤其對於男女不平等的社會現實多所針砭，思想守舊的李慈銘就曾說他「語皆偏謬」。俞氏的主要著作是《癸巳類稿》和《癸巳存稿》。蔡元培晚年稱：自十餘歲即接觸俞氏著作，「深好之，曆五十年而好之如故」，其原因是他「認識人權，認識時代」。俞氏書中「對於不近人情的記述，常用幽默的語調反對他們，讀了覺得有趣得很」[4]。特別是那從各方面證明男女平等的理想，深深啟動了蔡元培孕含腦際的朦朧意識，成為其男女平等主張的重要思想根源。總之，朱駿聲、章學誠的著作使他確立起文字學和史學的基本觀念，俞正燮的文字，則使他的思想漸趨掙脫理學的羈絆。

1885年中秋時節，19歲的蔡元培第一次赴省城參加鄉試。薄暮時分，登上烏篷船，船行一夜，翌日黎明即到杭州。這是他第一次離開家鄉，呼吸外面的空氣。西子湖風光旖旎，考場上卻緊張森嚴。相繼六天入居場屋，須作「四書文三篇，五言八韻詩一首；五經文五篇；對策問五道」，三場考試結束，剛好是中秋月夜。元培閑坐湧金門外的三雅園茶館，細品龍井茗香，隨後泛舟湖上，漫遊彭公祠、左公祠……盡享這醉人的湖光山色，當會想起「山外青山樓外樓」這詩外的寓意吧！蔡元培此次應試，多少帶有些「觀場」的色彩，但名落孫山的結果，似乎還是促使他的生活發生了某種改變。第二年，他不再擔任塾師，經由同鄉先輩田寶祺介紹，到紹興望族徐樹蘭府上充當其

4　蔡元培：《俞理初先生年譜》跋、《我青年時代的讀書生活》，收入高平叔編：《蔡元培全集》第6卷，北京：中華書局，1988年版，第404頁、第549頁。

侄徐維則的伴讀，並兼為徐氏校勘所刻書籍。田寶祺，字春農，亦是城中大戶，元培的六叔曾在其家任塾師有年。田氏賞識元培的才華，認為可以造就，故推薦給徐氏，使其獲得進一步讀書深造的機會，因此，元培視田為自己「生平第一個知己」[5]。徐氏宅院坐落在水澄巷，距蔡家一裡之遙，主人徐樹蘭，字仲凡，曾任兵部郎中和知府等職，因母病返裡，不再出仕，居鄉致力於地方公益。徐搜羅碑版甚富，家中建有鑄學齋，庋藏圖書約四萬餘卷，且自行編訂刻印典籍，至20世紀初，據此擴建為古越藏書樓，聲聞海內外。蔡元培20歲至23歲的四年裡，在此讀書、校書，得以博覽，學乃大進。他為徐氏校勘了《紹興先正遺書》中的四部書：《重訂周易小義》、《群書拾補初編》、《群書拾補補遺》和《重論文齋筆錄》以及《鑄學齋叢書》若干種。這期間，他的讀書已漸從泛覽百家進入學有歸旨的境界，據其自述：治經偏於故訓及大義；治史偏于儒林文苑諸傳、藝文志及其他關係文化風俗之記載。

值得注意的是，蔡元培治經學偏於大義，與受到常州學派的今文經學家的影響有關。這段時間，他「讀莊方耕氏、劉申受氏、宋于庭氏諸家之書，乃致力於公羊《春秋》，而佐之乙太史公書，油油然寢饋於其間」[6]。莊存與（方耕）、劉逢祿（申受）、宋翔鳳（於庭）是清代乾嘉年間常州學派一脈相承的中堅人物，孜孜致力於今文經學，專治《公羊春秋》，好以微言大意比附現實，初啟後來經世致用的端緒。晚清龔自珍、魏源諸人即師承這一學派。此時，元培對今文經學

5　《自寫年譜》，《蔡元培全集》第7卷，第276頁。
6　蔡元培：《剡山二戴兩書院學約》，收入高平叔編：《蔡元培全集》第1卷，北京：中華書局，1984年版，第96頁。

興趣濃厚，發願要編撰《公羊春秋大義》一書，足見其受此學派影響的程度。這樣的治學取向，與他日後投身社會變革潮流，應當具有某種內在關聯。

在徐氏鑄學齋伴讀和校書的同時，蔡元培與山陰龍山書院、會稽稽山書院均有一定聯繫。他在書院中偶爾寫寫八股文，卻「以古書中通假之字易常字，以古書中奇特之句法易常調」，作成所謂「怪八股」。例如，他喜歡用王引之《經傳釋詞》上的古字和俞樾《古書疑義舉例》上的古句，以求文章的奇僻古奧，使得常人幾乎難以讀通，[7]但兩書院的院長錢簫仙、王止軒卻十分欣賞。元培即以這怪異風格的文章參加了其後的幾次科舉，引來不少趣談。此外，蔡元培在鑄學齋期間，還結交了許多文友，像精熟清代先人掌故的王佐、為人豪爽而又善寫桐城派古文的朱莿卿及習武能文的魏戫等人。一班年齡相若的朋友薛炳、馬用錫等亦時常來此讀書聚談。青年書生聚在一起，相約編纂大部頭書籍，諸如《二十四史索引》、《經籍纂詁補正》等等，然而這類宏大的計畫往往有頭無尾，隨議隨罷。對於元培來說，這幾年讀書求友的生活是頗為愜意的。

1888年秋，蔡元培第二次往杭州應鄉試，仍未中。翌年春，他與紹興城內錢莊出納王榮庭的次女王昭結婚，婚後數月，便第三次赴杭州，參加本年（己醜）因光緒皇帝親政而舉行的恩科鄉試。前兩次的科場蹭蹬，並沒有磨蝕掉他的銳氣和個性，運筆自如的「怪八股」在

7　蔡元培於1920年10月在北京高等學校國文部發表演說時曾談道：「我有一時作八股文，很喜歡用《經傳釋詞》上的古字，《古書疑義舉例》上的古句，好像同人開玩笑一樣。」見高平叔編：《蔡元培全集》第3卷，北京：中華書局，1984年版，第456頁。

此次考試中被發揮得淋漓盡致，竟使鄉試房官宧汝梅閱其試卷後斷定必是「老儒久困場屋者」所為。而主考官李文田對此卻大為讚賞，正是由於這位博通經史校勘金石之學、尤精稔西北地理的主考官的賞識，元培考中了第23名舉人。同科考取的還有張元濟、汪康年、汪大燮、徐仲可、徐維則等。考官對元培試卷的評語為：「不落恒蹊，語無泛設，引證宏博，詞意整飭」等。蔡元培的中舉在江浙一帶士人中頗產生了一些震盪，人們競相抄錄傳誦其「怪八股」，目為開風氣之作，坊間刻印的怪八股特刊《通雅集》將蔡的文章作為壓卷，使許多應試之人群起效仿。當然，正統的八股家們很不以為然，斥之為「文妖」。其實，「所謂怪八股，僅僅多用周秦子書典故，為讀書人吐氣，打倒高頭講章而已」。這件事，也引起當時學術界上層的些微關注，時在北京做禦史的李慈銘閱浙江官版《題名錄》時，在全省已醜恩科137名舉人中唯將蔡元培及沈寶琛二人的姓名、籍貫載入日記，說明李對元培已有所注意。

　　按清代科舉慣例，恩科鄉試的次年，舉行恩科會試。剛剛中舉才數月的蔡元培旋即於1890年春入京趕考，時年24歲。他與徐維則同行，先至杭州，然後到上海，客宿徐氏有股份的北京路某茶棧。在滬勾留數日，遊覽十里洋場之後，乘招商局輪船由海路北抵天津，換乘內河船到通州，再坐馬車進入北京。真是千里迢迢，一路風塵。元培參加了會試的初試三場考試，會試房官王頌蔚閱罷其首場試卷，覺得簡直不像是八股文，甚為驚奇，「及二三場卷，則淵博無比，乃並三場薦之，且為延譽」。元培遂考取第81名貢士。清代科舉規定：會試考中為貢士，貢士須經複試列出等次，再參加殿試，考中即為進士。

而且，複試和殿試的考卷徑呈考官，不須謄錄，故而比較注重書法。元培沒有立即參加同年的複試和殿試，而是在兩年之後才補行上述考試，這是何緣故呢？據南京國民政府時期曾任中央圖書館館長的蔣複璁講：蔡考完會試即去拜見鄉試中舉時的考官李文田，進呈會試所作之文，李閱後大搖其頭，預言此類怪八股在京城會試中不會有人欣賞，斷難考取。蔡聞言，不及放榜即廢然南返。豈料其後榜上有名，蔡自是不及回返，李亦大為詫異，後乃悟出定是房官王頌蔚賞識元培所致云云。[8]此情況系由頌蔚之子王季烈口述予蔣。但蔡元培在《自寫年譜》中寫道：「因殿試朝考的名次均以字為標準，我自量寫得不好，留待下科殿試，仍偕徐君出京。」[9]此說甚明確，但未道及出京是在榜發之前還是其後。近年失而復得的李慈銘《郇學齋日記》（自光緒十五年己醜七月十一日迄光緒二十年甲午元旦）載述了此事的原委。元培一向仰重李氏，在京期間曾數次拜謁。這一年的李氏日記載云：「四月十二日，是日會試填榜……知山陰中兩人，蔡元培、俞官圻；嵊縣一人：沈寶琛，本東浦人也；又肖山一人，紹府共四人耳。」「四月十三日，蔡進士（元培）來；沈進士（寶琛）來。兩生皆年少未習楷書，故不待複試而歸。」[10]看來，李氏日記不僅證實了蔡自寫年譜的說法，而且透露出蔡是在知曉會試結果後決意延期複試的。至於蔣複璁的說法，只能視為一種傳說，聊作參考而已。

蔡元培返里之後，曾以貢士身份應邀擔任剛剛成立的上虞縣誌館

8　　蔣複璁：《蔡元培先生的舊學及其他》，載臺灣《傳記文學》第31卷，第3期。
9　　《蔡元培全集》第7卷，第278頁。
10　海波：《關於李越縵〈郇學齋日記〉》，見《人民日報》（海外版）1988年3月25日。

總纂一職。該館設在縣城經正書院內，他特撰《重修上虞縣誌例言》，「大抵本章實齋氏之說而酌為變通，名目既不同於舊志，而說明又多用古字、古句法。」尤其是「人物志」部分，「盡革陋規，不辭矯枉過正之誚」。他提出的修志體例，遭到館內同人的反對，於是又作《罪言》一篇，將自己擬就的編目與明代萬曆和清代嘉慶時所修舊縣誌編目列表比較，說明因革，但反對之聲仍烈，遂辭職歸家。縣誌館長朱士黻認為蔡所擬體制「義例精當，卓然成家」，將其《例言》刊于新修縣誌卷末，用為後人審識。此後，元培仍往徐氏鑄學齋讀書，讀經史所作札記匯為《知服堂日記》一冊，日記以節氣為標識，自1890年（庚寅）霜降迄次年（辛卯）小暑，歷時半年之久，這可能是蔡氏最早的日記。

1892年春，蔡元培再次赴京，補應殿試。經複試後，被列為第三等，參加在保和殿舉行的殿試。殿試只考策論，元培充分施展博學強記的特長，對其中有關西藏的策論題詳述其山川道裡、行政沿革，且廣徵博引，斷制自如。本年會試主考官為戶部尚書翁同龢，殿試閱卷大臣為工部左侍郎汪鳴鑾等。結果，元培考取第二甲第三十四名進士。本科的狀元、榜眼、探花分別是劉福姚、吳士鑒、陳伯陶，同科考中者尚有：唐文治、葉德輝、湯壽潛、張元濟、屠寄和沈寶琛等。蔡元培後來回憶這次考試說：「向來殿試是專講格式，不重內容的，只聽說張香濤氏（張之洞）應殿試時不拘格式，被取一甲第三名。我那時候也沒有拘格式，而且這兩年中也並沒有習字，仍是隨便一寫，但結果被取為二甲進士。聞為汪柳門先生（諱鳴鑾）所賞識。有位閱卷大臣，說此卷的字不是館閣體。汪說，他是學黃山谷的。於是大家

都在卷子後面圈了一個圈，就放在二甲了。」[11]被稱為「宋四家」之一的黃庭堅，自號山谷道人，其書法在清季頗受推重。元培幸結其緣而金榜得中，自會感到「出於意外」了。此後又經過朝考，元培進而被點為翰林院庶起士。短短四年內，蔡元培鄉、會試連捷，躋身翰林文苑，其躊躇滿志，自不待言。考試結束後，他在京師盤桓近百日，其間一項重要活動是拜謁有關人士。當他與部分同年拜見座師翁同龢之後，頗引起這位帝師的注意，翁氏特錄蔡的名姓、籍貫及簡歷於日記之中，並評讚其「年少通經，文極古藻，雋才也」[12]。此時的蔡元培，經過科舉求仕的艱辛跋涉，正可謂青雲有路。

「點翰林」之後的第二年，蔡元培的大部分時間是在外地遊歷中度過的。初夏時節，他先到寧波，又至上海，然後乘船溯長江西向，遊覽了南京、鎮江、揚州及靖江縣。此次出遊，元培曾有散片日記，載述遊蹤。秋風乍起之時，他又取道香港來到廣州，與在廣雅書局任職的紹興同鄉陶濬宣等一班朋友詩文酬酢，觀覽華南名勝。在廣州南園，他戲作該省鄉試考題《如有王者必世而後仁》一篇，陶為之徵得當地名士朱一新、徐琪、吳翊寅的評語各一則，並自作跋文，輯印成《蔡太史擬墨》。其間，陶向蔡講述廖平在廣雅書局時闡發對經學的獨到見解，及康有為承其說作成《新學偽經考》，引起士人不同反應等情況，元培對此頗為關注，特意搜求廖、康二人已印行的著作，以備研讀。冬天來臨時，他又客居潮州、汕頭等地，一直到轉年的春天才起程北返。關於這次出遊，有人視為其走親訪友，隱含「打秋風」

11　《自寫年譜》，《蔡元培全集》第7卷，第278—279頁。
12　《翁文恭公日記》，光緒十八年五月十七日，北京：中華書局，2006年版。

之意，即新科翰林到外省鬻文求錢。然而不論怎樣，近一年的遊歷，蔡元培幾乎走遍了自1842年以來最早與海外通商的口岸和地區，這對於一位元由中國傳統教育塑造出來的青年士大夫來說，其意義恐怕不僅僅是在補足「讀萬卷書」的缺憾而「行萬里路」，西方近代文明和洋務新政的清新氣息足以使他拓展視野，更新觀念，從而啟動內心深處的某種價值轉換過程。蔡遊穗期間，康有為正在長興裡萬木草堂招徒講學，士林風氣的更變和改革潛流的湧動，元培不可能毫無覺察而無動於衷。儘管上述感受，尚屬朦朧意識，但隨著世事的變遷會逐漸清晰起來。

1894年春，蔡元培從廣東返回紹興，旋即赴京參加散館考試。這是對翰林院庶起士進行甄別以決定任用的一種考試。應散館後，元培被授為翰林院編修。至此，不滿28歲的蔡元培已經達到了為當時讀書人豔羨不已的科舉道路之極。從偏遠古城一個商家少年，到帝王之都的翰林學士，這大跨度的「角色轉換」，其間，幾多清苦，幾多憂煩；幾多幸運，幾多歡顏！然而，當他剛剛開始供職翰林院的生活時，甲午戰爭的炮火便轟然響起，這場戰爭的結局，對中國、對他本人都將產生莫大的衝擊⋯⋯

1.3　在翰林院

有時將一個人的成長與某種歷史進程聯繫起來加以考察，常會發現冥冥之中似乎存在著那麼一種巧合和對應，此類聯想或許近乎荒誕，但其中往往隱含嚴肅的內容。蔡元培降生的那一年，即1868年，

席捲中國大地十餘年之久的太平天國風暴剛剛平息，社會生活在所謂「同治中興」的些微亢奮中迅速回復到傳統秩序裡，星星點點的洋務事業無礙那年深日久的封建大局。蔡元培自幼受到的「兩耳不聞窗外事，一心唯讀聖賢書」的教育，正是這一社會總體風貌在文化教育方面的縮影。也就是在那一年，東鄰島國日本開始「明治維新」，邁出了旨在富國強兵、「文明開化」的近代化步伐。當蔡元培沿著秀才、舉人、進士的科舉階梯步步攀登，逐漸實現讀書人的夢想之時，日本民族卻被務實求新、「脫亞入歐」的欲念促動著而不斷奮進。就在蔡元培躍上大比之巔，遙望青雲之路的當口兒，羽翼已豐的「蕞爾小國」竟也學著西洋列強的樣子，要用槍炮與清政府一比高下了。這場在陸地和海洋上進行的「全方位」的較量，從此更徹底地改變了中國的國際地位，也使蔡元培個人的價值觀和人生道路發生轉折。

1894年（甲午）下半年，蔡元培開始了供職翰林院的京官生活。應同鄉先輩李慈銘的邀請，他兼任李氏嗣子李承侯的家庭教師，為其講授《春秋左氏傳》，同時，還為李慈銘代閱天津問津書院的課卷，平素即寓居李宅。他與在京的浙籍人士王式通、胡道南等人交往密切，經常一起作詩遣懷。其時，中日雙方在朝鮮的軍事對峙已呈一觸即發之勢，元培以焦灼的心情關注著事態的發展。7月21日，他在和李慈銘《庭樹為風雨所折歎》的一首五言律詩中，「有感東鄰兵事」，抒發憂國情懷，並加注云：「越南已折入佛郎西，日本又爭朝鮮，藩籬盡撤，能無剝床之懼？」[13]此後，他又在日記中寫道：「報謂：日人已發哀美敦戰書……據此，則中日已構兵矣。此間杳不得消息，未

13　《蔡元培全集》第1卷，第45頁。

知若何？」[14]甲午戰火猶酣的八、九兩月間，他在致友人的書信中，
屢屢流露出深切的憂慮：「東鄰構釁，渤海軍興……杞憂方大。」「合
肥（按：李鴻章）愒日，屢膺嚴譴，範雎可去，蔡澤何在？鼎折棟
橈，殷憂方劇。」[15]恨倭寇之焰熾，歎朝中之無人，這就是蔡元培憂
憤的心態。10月，帝黨中堅人物、翰林院侍講學士文廷式召集院中同
人，謀劃禦敵之策，建議光緒帝「密連英、德以禦倭人」，文廷式等
37人遂聯名上奏，蔡元培與丁立鈞、黃紹箕、沈曾桐、徐世昌、柯
劭忞、李盛鐸、葉昌熾、張謇等列名其間。據說，當時湖廣總督張之
洞亦曾有此類「以夷制夷」之議，不過，翰林學士們的這個奏摺顯然
具有制約李鴻章「待俄使言和」的用意，看來，清流學士更傾向於主
戰派。蔡元培的主戰意向尤為明顯，即使在得知《馬關條約》簽訂的
消息後，仍然堅持認為：「依宋、聶諸軍，經數十戰，漸成勁旅，殺
敵致果，此其時矣。」然而，割地賠款的奇恥大辱，清廷朝綱的極端
腐敗，使得初出茅廬的青年翰林只能「痛哭流涕長太息」而已。

　　中國在甲午戰爭中慘敗，促使已近「而立之年」的蔡元培認真地
重新思考許多問題，而「甲午之後，朝士競言西學」的大氣候，推動
他多少有些饑不擇食地攝取新學。這段時間，他對京官生活漸趨冷
漠。1894年底，李慈銘病逝，李家南歸，蔡元培移居京城南半截胡同
的紹興會館。第二年夏初，許多朝中人士憤於《馬關條約》的簽訂，
紛紛請假離京返裡。他的長兄蔡元也曾來信，「勸作歸計」。此時，
在甲午慘敗後的灰冷氣氛中，元培對閒居京城徒擁虛名而無所作為的

14　轉引自高平叔編：《蔡元培年譜》，北京：中華書局，1980年版，第6頁。
15　《致陶濬宣函》，《蔡元培全集》第1卷，第46—47頁。

狀況確有過更張的念頭，他甚至寫信給在廣州的陶濬宣表示：「夏秋之間，擬重遊嶺表，向茶陵夫子乞廣局一席。」[16]即向兩廣總督譚鐘麟謀求廣雅書局之職。到了這年冬天，他便請假一年，返居故鄉。歸途中，特赴南京，訪謁了張之洞，適值康有為會試時的房師餘誠格也在場，張氏盛讚康「才高、學博、膽大、識精，許為傑出的人才」。蔡訪張，可能是禮節性拜會，但對這位封疆大吏稱許康有為的言論，卻留下深刻印象。蔡元培曾以讀書人的眼光，對康有為《新學偽經考》等著述中為闡發己見而不惜曲改史籍的做法頗不以為然，可是對不久前康氏發起「公車上書」的壯舉又十分讚佩，此番聽得張之洞的讚康之詞，當會深切感觸到甲午以後社會風氣正在發生的變化。

1896年，在紹興賦閑的一年裡，蔡元培廣泛涉獵了大量譯本書和新學著作。此前，中日戰爭進行之際，他在北京即閱讀了顧厚琨的《日本新政考》和李小池的《環遊地球新錄》等書，對日本幾十年來的變化和世界情勢產生興趣。在家鄉，他又先後瀏覽了日本岡本監甫的《日本史略》、沈仲禮的《日本師船考》、鄭觀應的《盛世危言》、梁啟超的《西學書目表》和《讀西學書法》、華蘅芳的《算草叢存》以及《遊俄彙編》、《電學源流》、《電學綱目》、《光學量光力器圖說》、《聲學》、《代數難題》等等。一位飽讀經史的翰林學士，肯於靜心研讀這些學科廣泛、內容生澀的各類書籍，足見其渴求新知的急切。後來，他曾總結自己30歲前後的治學路徑說：「少酖舉業，長溺文詞，經詁史法，亦窺藩籬，生三十年，始知不足」，「未嘗不痛恨

16　《蔡元培全集》，第1卷，第53頁。

於前二十年之迷惑而聞道之晚」，決意「迷途回車，奚翅炳燭」。[17]由此不難測度蔡元培此時站在中國傳統文化厚實的土壤上，遙望「西學新知」那別有一番洞天的景象時所懷的心態。從這個時候起，他的治學重心漸漸偏離經史詞章之類舊學，而對戊戌前後風行於知識份子中間的新學新書產生強烈的求知欲。閒居家鄉的一年，除讀書之外，便是與學友交遊，主要有何琪、薛炳、徐維則、徐爾穀、陳星衍等。這期間，蔡元培寫了大量「酬應之作」，計有祭文、墓表、室銘、樓記之類，大概是「翰林公」為家鄉所盡的義務吧；也寫下許多七言律詩，僅七絕《題鐵花燈》詩就達16首之多，堪稱蔡詩中僅見的長詩。元培文筆古奧艱澀，其文如此，其詩亦類此，因而流傳不多，然詩中偶有「神句」，讀來耳目一新，即如前述長詩中便有「人生識字始生憂，百感茫茫不自由」之句，頗堪玩味。11月間，元培的長子阿根出世。年底，他自陸路乘馬車趕回北京銷假，此行艱苦備嘗，但「聞見特新，作詩頗多」。

1897年的北京，喧騰著改良思潮的熱浪，《時務報》、《國聞報》等倡揚變法主張的報刊源源流入，粵學會、蜀學會、閩學會等在京各省人士發起的維新團體紛紛成立，這股浪潮的發起者康有為再次入京，接連上書，積極奔走……維新變法，正在由輿論鼓動演變為政治運作。置身其中的蔡元培，雖然沒有付諸直接行動，但就其內心傾向而言，是與這場社會變革靈犀相通的，即其所謂「維新黨人，吾所默許」。在書寫著「都無做官意，惟有讀書聲」的京寓中，他研讀早期

17　見《劄山二戴兩書院學約》、《學堂教科論》，《蔡元培全集》第1卷，第96頁、第139頁。

改良派人士的著作，深入探求新知。讀罷鄭觀應《盛世危言》後，他寫道，該書「以西制為質，而集古籍及近世利病發揮之。時之言變法者，條目略具矣」。閱完馬建忠《適可齋紀言》四卷，他評論道：「其人於西學極深，論鐵道，論海軍，論外交，皆提綱挈領，批卻導窾，異乎沾沾然芥拾陳言，毛舉細故以自鳴者。」他還通覽了駐英公使館參讚宋育仁撰寫的《采風記》五卷，認為「其宗旨，以西政善者皆暗合中國古制，遂欲以古制補其未備，以附於一變主道之誼，真通人之論」[18]。上述心得，表露出蔡元培對方興未艾的改良運動進行思想探源的某種努力，他欣賞對於西學融會貫通後的深刻闡釋，鄙薄淺嘗輒止的浮泛議論，而且，從接觸西學的初期就顯示出他有意將中西文化相比附相攀援而不是相對立的思維取向。這種思想風格，在他以後的歲月裡一再表現出來。

同年初夏，王夫人攜幼子來京，蔡元培移出會館，同家眷暫居「方略館」，不久遷入繩匠胡同寓所。與家人團聚，使元培的京官生活更為安定，閒暇時日，攜妻伴友，遊覽京都勝景，平添許多情趣。然而，京中報紙上傳載的消息卻不斷擾攘著他的心境：11月，德國藉口巨野教案出兵強佔膠州灣；12月，俄國軍艦強行佔領旅順口和大連灣；英、法列強亦提出類似要求，逼清廷就範。元培痛感清政府不謀自強，卻一味迴旋於列國之間，企望「以夷治夷」，竟致顧此失彼，喪失主權。他在日記中不無憤懣地寫道：「吾中國近二十年仿範睢遠交之策，甚睦於德，近又推誠於俄。不自強而恃人，開門揖盜，真無

18　轉引自高平叔編：《蔡元培年譜》，第8—9頁。

策之尤也！」[19]近觀京中大小官員，平庸苟且之輩居多，整日鑽營名利，置國難於不顧。元培的心緒不時為悶怨和痛苦所籠罩。因而，與同僚或友人宴飲，時常酩酊大醉，醉後甚至大罵同座。他曾自述：「我父親善飲，我母親亦能飲，我自幼不知有酒戒……到北京，京官以飲食征逐為常，尤時時醉。」[20]世人恒視元培為恪守禮儀之謙謙君子，殊不知其青壯年時亦偶有豪放之舉，人的性格本來就是複雜多面的，元培性格中這一側面的顯現，以此種境地論之，亦屬情理之中。這一年，蔡元培參加了在保和殿舉行的旨在選定各省主考學政及會試考官的一次考試，他一如前例，「仍以常人不易瞭解之文應之」，而「毫無得失之見」。看來，元培獲得了會試考官資格，所以翌年其六叔蔡銘恩來京應試之時，他按例請求回避，以免其叔不能應考。

　　進入1898年，京城內的維新氣氛更為濃烈，蔡元培也已不滿足於唯讀中文譯本書，而希望學習外文，擴大求知範圍。他的好友，時任總理衙門章京的張元濟，在琉璃廠開設了通藝學堂，專授英語。同時，他的另一友人劉樹屏在內城設立專修日文的學館。元培選擇了後者，他認為日文易於速成，而且西文要籍均有日文譯本，通日文即可廣覽西學書籍。借助劉氏的日文學館，他進而與王式通等組成東文學社，聘師輔導。元培徑直從日文譯漢文入手，先後試譯了《萬國地志》序及《俄土戰史》等數頁，漸漸「文從字順」，而對日語則不甚了了。這種讀、譯日文的本領，使蔡元培日後受益匪淺，甚至不妨說，這是他最得心應手運用自如的外文工具。6月，「百日維新」拉

19　見高平叔編：《蔡元培年譜》，第9頁。
20　《自寫年譜》，《蔡元培全集》第7卷，第281頁。

開了帷幕，光緒皇帝的上諭一道道頒佈，而積習深重的官僚們卻敷衍搪塞，等待觀望。蔡元培贊同變法，同情維新志士，他與梁啟超還是己醜鄉試同年，但在康、梁炙手可熱之際，讀書人的孤傲和自尊使他「恥相依附，不往納交」。置身局外冷靜觀察，加之數年京官生活的實際體驗，使他深知社會守舊勢力之強大和維新變法之艱難，而對某些參政伊始便露輕佻之態的新派人物，他也頗反感，認定其「不足以當大事」。有記載謂：新政期間，詔開「經濟特科」，選拔「洞達中外時務」之特殊人才，蔡因供職宗人府的同鄉葛寶華薦舉而前往應徵。[21]此說如確實，則是蔡元培與新政的唯一關聯。

9月，宮廷政變的消息傳來，戊戌新政恰如一場春夢，在血雨腥風中驟然消散。官場仍舊昏憒，民智依然未開。蔡元培悲憤之餘，痛切感到：「康黨所以失敗，由於不先培養革新之人才，而欲以少數人弋取政權，排斥頑舊，不能不情見勢絀。」[22]他讚佩譚嗣同的錚錚鐵骨，視為自己的「先驅」，尤為痛恨清廷貴冑昏庸誤國，其激切之情溢於言表，竟致引動頑固派掌院大學士徐桐的視聽。往昔熱心維新的友朋早已風流雲散，即使行事穩健的好友張元濟也被革職出京，永不敘用。京官生活已無可眷戀，蔡元培決意另闢新路，施展抱負。

同年10月，蔡元培請假離京，舉家南歸，實際上放棄了京職，開始了人生新的一頁。

21　見陶英惠編撰：《蔡元培年譜》上冊，臺北：臺灣中央研究院近代史研究所，1976年版，第65頁。
22　《口述傳略》上，《蔡元培全集》第3卷，第320頁。

第二章

辦學・革命・留洋

2.1 辦學之初

1898年深秋時節，蔡元培回到故鄉紹興。比起秋風瑟瑟，一派肅殺景象的京城來，家鄉顯得格外溫馨、平靜、怡然。佇立在筆飛坊自家庭院中，四周的一切似乎依舊是老樣子，唯獨那塊懸掛在門廳上方的「翰林第」匾額，好像在提示主人這裡曾經歷過榮耀與輝煌。然而，耀祖光宗的記憶在闖蕩大千世界和領略新知西學之後，早已失卻原有的華彩；四年京官生活的風風雨雨也差不多蕩盡了仕途騰達的殘夢，所餘下的只有那純然屬於自己的書生本色。此時此刻，縈繞腦際多時的投身新教育的念頭變得清晰而強烈，這是自身特長和興趣之所在，這也是目睹維新黨人慘烈失敗後所認定的一條報國之路。就這樣，蔡元培懷抱「志以教育挽彼淪胥」的信念，決意踏上教育救國的漫漫途程。

回鄉一個半月之後，蔡元培接受紹興知府熊再莘和鄉紳徐樹蘭的敦請，出任紹郡中西學堂總理（即校長）。該學堂是由徐氏捐資並籌得部分府衙官款于1897年初創立的，校舍即在龍山腳下古貢院西側，約有學生三十人，略如後來的高小至中學程度。所習課程可謂中西混合，既有經學、詞學、史學，又有物理、算學、外文，教師亦多為當地俊彥，在當時，這已是一所頗為維新的學堂了。蔡元培到校後，聘任教職人員，修訂學堂章程，整理校藏圖書，並「移寓學堂」，主持校務。外語課程原有英、法二種，他增設日語，輾轉托人延聘日籍教師中川外雄來校任教。同時，鼓勵課外閱讀，對《強學報》、《時務報》、《國聞報》及維新志士的著作予以「解禁」，以擴大師生的閱讀

範圍。他還以「究心學術，不沾沾於利祿」等為條件，邀集校內同人，分別編寫各類課程的教科書。兼任學堂督辦（校董）的徐樹蘭欣然應允出資刻印。此外，他設法求購理科教學需用的儀器、標本和教具，旨在提高這方面的教學水準。後來曾任北京大學校長的蔣夢麟和北大地質學教授王烈，此時均為該學堂低年級學生。據蔣氏回憶，中西學堂的課程雖然中國舊學居多，畢竟已有西洋學科，正是在此知曉了地圓說、雨的形成及燃燒的原理，「這是我瞭解一點科學的開端」[1]。藉此亦可知當時所謂新教育的初期概貌。

在中西學堂任職期間，蔡元培得讀嚴復的譯著《天演論》及亞當·斯密的《原富》、斯賓塞的《群學肄言》等書，他在1899年初筆錄下書中要點。嚴譯著作使他對西方社會學說的瞭解更加系統，思想認識也躍上一個新高度。他曾自述：「得閱嚴幼陵氏之說及所譯西儒天演論，始知煉心之要，進化之義，乃證之於舊譯物理學、心靈學諸書，而反之於《春秋》、《孟子》及黃梨洲氏、龔定庵氏諸家之言，而怡然理順，渙然冰釋，豁然撥雲霧而睹青天。」[2]可以說，在蔡元培探求新知的過程中，嚴譯諸書起到了十分重要的作用，因此，他將嚴復與譚嗣同並列，視為自己的引路人，即所謂的「侯官瀏陽，為吾先覺」。這段時間，他特別喜好以《公羊春秋》的三世說闡釋進化論觀點，從而將自己早先頗為傾心的「常州學派」的論點與風行當時的西方進化論觀念嫁接起來，以此求得外來學說的可接受性，也達成一種文化心理上的平衡。這大概就是上述所謂「撥雲霧而睹青天」的境界

1　蔣夢麟：《西潮》，香港，學風出版社，1959年版，第42—43頁。
2　《剡山二戴兩學院學約》，《蔡元培全集》第1卷，第96頁。

吧。與此同時，他仍孜孜於外文學習，讀、譯日文書《日清戰史》和《生理學》，並開始自修英文。

隨著探求新知過程的深化，蔡元培的社會政治態度也逐漸改變。從黃宗羲到全祖望，以民族大義一以貫之的浙東學派對他頗有影響，面對外侮頻仍的嚴酷現實，其內在的民族激情必然有力衝擊現存的法統觀念，表現出一種不甚確定的政治激進。據當年的學生憶述：1899年的一個秋夜，中西學堂賓客雲集的花廳內杯盤交錯，酒酣耳熱之時，蔡先生起身高聲批評康、梁變法不徹底，提出欲謀變革非摒棄清廷而不足為，於不經意中流露出內心深處的排滿意念。雖然此後不久他也曾列名經元善領銜阻止清廷立儲廢帝的通電，但數以千計的人參加的社會活動難以真正衡量一個人的微妙的內心傾向。就在「己亥廢儲」活動聲振東南之際，1900年初，蔡在致徐樹蘭的辭職書中又一次顯現出「叛逆」情緒：「元培而有權力如張之洞焉，則將興晉陽之甲矣。」[3]頗有取清而代之之概。儘管其間不無衝動成分，但確可看出其君臣大義的觀念已十分淡漠。這樣說，並非將此時的蔡元培與革命派等量齊觀，只是意在說明其社會政治態度變化的程度。

中西學堂的教員中，存在新舊兩派。新派中有馬用錫、杜亞泉等，他們信奉進化論，不時詆斥尊君卑民、重男輕女的社會積習，招致薛炳、任秋田等舊派的反對。蔡元培明確支持新派教員，舊派不服，請來學堂督辦徐樹蘭出面干涉。徐是老輩，自然贊成舊派觀點，遂將《申報》所載清廷旨在壓制新思潮的「正人心」上諭送來，請蔡

3　　《蔡元培全集》第1卷，第91—92頁。

恭錄懸於學堂。蔡致書痛詆，並憤而辭職，後經多方斡旋，終回校複職，直至同年10月學堂暫時停辦始離去。這期間，他還兼任嵊縣剡山書院院長和諸暨麗澤書院院長，為時均一年。在前述辭職風波中，他即赴嵊縣，在剡山書院演講數次，並為之撰訂書院學約。在這篇文字中，這位元翰林公初次提出，治學「當以益己、益世為宗旨」，士人應當擺脫「應試求官之積習，而急致力於有用之學」，並以自己讀書求學的經歷現身說法，策勵讀書人適應時代的變遷。此學約實為研究蔡早期教育思想的重要文獻，惜之以往論者對此甚少留意。此外，蔡元培還曾以鄉賢身份受聘兼任嘉善縣甯紹會館董事，幾次前往襄理館務，對會館的註冊立案及擬訂規章盡力頗多，成為他辦學之外的一項社會公務。在此期間，蔡夫人王昭病逝，年僅三十五歲，元培悲痛之中撰悼文一篇，哀祭亡妻。

1900年10月，蔡元培離開紹興中西學堂，前往杭州籌辦師範學校，雖幾經奔波，終無結果，但由此結交了不少浙省學界人士。他與養正書塾教員陳黻宸（介石）、林少泉（即林白水）、陳叔通等時相過從，並進而結識了該書塾的學生湯爾和、馬敍倫。同時，又與當年頗有些維新思想的「浙東三傑」之一宋恕密切往還，其時，宋任教于求是學堂。蔡與章太炎的交誼也自此時始。蔡為紹興同鄉籌建小學事，與友人童亦韓由杭州往臨安，途經余杭，遂登門造訪章太炎，童與章本故交，便介紹元培與太炎相識。這時，章氏所撰《訄書》第一版已印行，其排滿思想畢現無遺，蔡主動訪章，當與獲讀此書有關。1901年上半年，蔡元培時常旅居上海，廣泛收集各類新式學堂的學制和課程設置等資料，潛心研究，撰成《學堂教科論》，由杜亞泉開

辦的普通學書室印行。其間，他與蔣智由、葉翰、王季同、汪允宗等一班文化人過從頗密，此時，蔣主編一種文摘性質的《選報》，王、汪等人則在辦理由蒯光典撥資，專以刻印嚴譯書籍為務的金粟齋書坊。同年8月，蔡元培應澄衷學堂監督劉樹屏之邀前往協理校務，一個月後經劉介紹，進入南洋公學擔任特班中文教習。

南洋公學是由盛宣懷於1897年創辦的一所兼備初、中級教育和專科教育的近代學校，校址在滬西徐家匯，即今交通大學的前身。義和團事件後，清廷勵行「新政」，時任會辦商約大臣的盛宣懷採納沈曾植的建議，決定在公學內開設「特班」，專收優於國學、年力強健者，授以西學，以備將來經濟特科之選。特班章程規定：「西課餘暇，當博覽中西政事諸書。」蔡元培即負指導之責。他參採書院方式，確定選修門類及應讀書目，學科涉及政法、財經、哲學、文史、外交、教育及自然科學，由學生任選一至兩類，定期送交讀書筆記，並輪流與學生談話，當面指導，每月出題考核。特班學生近四十人，年齡在二十至三十歲之間，已有功名者不乏其人。蔡元培常在課業評語和談話中向其灌輸民權觀念及愛國思想，啟發他們放眼世界大勢，煉就真才實學。同時還主動教授日文，組織演講和辨論，激勵學生培養多種才能。他為人師表的良好風範和循循善誘的教學方式深得學生的敬重。特班生中頗受蔡元培賞識的有：邵聞泰（力子）、王世徵、胡仁源、謝無量、李叔同、黃炎培、貝壽同等。

此時，張元濟在南洋公學任譯書院院長，蔡元培常向這位同年好友借閱西學書籍和日文資料，彼此不時徹夜長談，甚為契合。二人商定：邀約同道合資創辦一份報紙，向國人譯述外國報刊對中國的評論

和報導，初名為《開先報》，後改稱《外交報》。蔡撰寫該報《敘例》，闡明宗旨：「薈我國自治之節度，外交之政策，與外國所以對我國之現狀、之隱情，臚舉而博譯之，將以定言論之界，而樹思想之的。」此報于同年10月發刊，張任主編，蔡撰寫論說、翻譯日文稿件。不久，張元濟投資商務印書館，並向其主辦人夏瑞芳建議設立編譯所，以拓展事業。翌年，編譯所成立，張推舉蔡兼任所長，負責組織編寫新式學校的各類教科書。蔡元培積數年辦學經驗，詳訂編纂體例，並約請蔣維喬等分別編撰。這是蔡與商務印書館數十年合作關係的開端。在此期間，蔡元培編選的三卷本《文變》一書亦由商務代印。此書選入文章四十二篇，近人之作居多，且廣泛涉及當時知識界普遍關心的社會、政治、文化、倫理等問題，諸如《中國士流改進策》、《論義和團與新舊兩黨之相關》、《清朝興衰之關鍵》、《男女婚姻自由論》、《女子亟宜自立論》等等。所選少量古人作品亦「於新義無忤」。雖然此書的用途是為科舉改八股為策論後取代昔日的古文選本，但編者的主旨是使「讀者尋其義而知世界風會之所趨」。編印此書，反映出蔡元培在文化教育領域銳意求新的思想風貌，與他這時的社會政治立場似乎沒有多少直接關係。

1901年冬，蔡元培與黃世振女士在杭州結為伉儷，隨後夫妻寓居上海。與他們時相往來的蔣智由、黃宗仰、林白水、陳范及吳彥複等常偕女眷聚談，「眾議教育之根本在女學」，於是發起籌建女子學校。此舉在當時可謂開風氣之先，阻力自然不小。延至第二年9月間，方正式創辦愛國女學，租校舍於登賢裡，經費由黃宗仰介紹猶太富商哈同之妻羅迦陵獨力承擔，蔣智由被推為校長，學生僅十餘人，主要是

發起人的妻、女。同年12月愛國女學開學，此時，蔡元培已接替去日本的蔣智由擔任校長。愛國女學的創立，在上海頗有影響，帶動了近代中國女子教育的發展。至於這所女子學校自身規模的擴大及其在反清革命中所發揮的特殊作用，那是1903年以後的事情。在籌建女校過程中，蔡元培與葉瀚、蔣智由、鍾觀光、黃宗仰、王季同、汪允宗等於1902年4月發起成立中國教育會，會址設在上海泥城橋外福源裡，蔡元培被選為事務長（會長）。該會是在廢八股興學校的「新政」氣氛中應運而生的，最初以完善新教育、編訂教科書為己任，曾擬議印行刊物，進行通訊教學。其後，又曾計畫設立學校教育部、社會教育部和實業部等機構，其宗旨亦隨主持人思想的變化而屢易。教育會的種種計畫基本上未能付諸實踐，但在後來組建愛國學社過程中卻起到了關鍵作用。隨著反清革命運動的高漲，該會表面辦理教育，暗中鼓吹革命，「隱然為東南各省革命之集團」。蔡元培作為中國教育會的核心成員，在該會各項活動中發揮了重要作用。

1902年夏，蔡元培利用暑假赴日本遊歷，這是他第一次跨出國門，同行者為高夢旦。到東京後，適值新任北京大學堂總教習吳汝綸在此考察教育，蔡、高曾與之晤談。此時，中國留日學生中流動著的愛國與變革的熱潮給蔡元培以很大感染，尤其對主撰《浙江潮》雜誌的「浙江二蔣」—蔣百里和蔣伯器留下深刻印象。蔡預備在日本逗留一個月，由於發生吳稚暉被日警押解出境之事，遂提前回國。吳稚暉，名，又名敬恒，江蘇武進人，曾在北洋大學堂和南洋公學任教，此時在東京高等師範學校留學。由於清駐日公使蔡鈞無理拒絕來自江、浙等地9名自費留學生進士官學校學習的要求，吳與孫揆均率學

生到公使館請願，蔡鈞招日警予以彈壓，吳、孫二人被拘後，又強行押解上船，迫令回國。蔡元培早先從杭州方言學社主持人許沉那裡聞知吳稚暉在南洋公學訓練學生頗有成效，即對其人予以關注，1901年冬，二人在南洋公學相識。此時，為防止吳等歸途中發生不測，蔡主動登船護送，一齊返滬。蔡、吳二人性格迥異，但在思想情趣方面頗多一致，不妨說，吳是蔡眾多朋友中能對其施予較大影響的。

從日本歸來僅數月，便發生了南洋公學退學風潮。這所學校的課程設置在當時雖堪稱一流，但校政管理卻仍停留在專制頑鈍的水準上，尤其是有些教員思想守舊，「以奴隸對學生」，頗不孚人望。而學生方面日益受新思潮浸染，業已萌發自由自主意識。這種觀念反差終於在一次偶然事件中發展為公開抗爭。11月中旬，第五班學生誤將一墨水瓶放置在講桌上，國文教習郭某發現後嚴厲追查，並處罰無辜學生，激起全班義憤，一致要求校方辭退郭氏，校方反以「聚眾滋事」的罪名無理開除全班學生。這就激怒了包括特班在內的全校二百多名學生，遂相約全體退學。蔡元培同情學生，曾向學校當局交涉，以改變無理決定，但有人視學生此舉係蔡平素提倡民權思想所致，在此情況下，他毅然辭職。隨後，他將一部分退學學生組織起來，商得中國教育會同人的贊同和支持，分別募集款項，聘定義務教員，借教育會房舍，創辦起愛國學社，他被推舉為學社的總理（即校長）。該學社於1903年初正式開學。

愛國學社的成立，是蔡元培為新教育奔波數年之後，相對獨立地創辦起來的一個教學實體，在此盡可自主地貫徹教育救國的初衷，隨著一批反清志士的加入和客觀形勢的推動，他「遂亦公言革命無所

忌」，開始了一段激昂慷慨、「翰林革命」的歷程。從而，使這位「恂恂儒者」增添了一層豪勇壯烈的色彩。

2.2 滬上革命

20世紀初的上海，作為近代中國發展最快的通都大邑，常能獨得風氣之先。十裡洋場，魚龍混雜，資訊靈便。戊戌政變後，國內仁人志士大多聚攏於此，各謀其宏願。海外反清力量於庚子以後勢焰漸熾，亦憑藉滬上的租界聯絡同志，展開活動。大批文化人更是在這裡辦報興學，倡揚各類新式學說，進而輻射到內地各省。蔡元培以學界聞人身份，在此天地中，由愛國義憤而倡言排滿，終至主持團體，密謀革命，為時雖短短三四年，卻因此而決定了他後半生的政治歸屬。

蔡元培等人主持的愛國學社，其活動主要集中於1903年上半年。該學社有意仿效日本西鄉隆盛等人當年的辦學主旨，「重在精神教育，而所授各科學，皆為鍛煉精神、激發志氣之助」。學社教師基本由中國教育會成員和本社高年級學生充任，其中，蔡元培講倫理學，吳稚暉授天演論，章太炎教高級國文。此時，太炎已加入中國教育會，其上課「多述明清興廢之事，意不在學也」。學社學生完全自治，凡事須眾議始決，自由空氣甚濃，與官立各校的壓制學生適成對照。事實表明，愛國學社並非一般教學機關，而更像是兼備講習和革新的社會團體。這期間，蔡元培政治熱情極高，自號曰民友，「已決意參加革命工作」。自是年2月中旬開始，他與教育會同人率領愛國學社學生每週到張園舉行一次演說會，評析時事，發表政見，逐漸產

生廣泛的社會反響。3月以後，他們與留日學界遙相呼應，先後發起拒法、拒俄運動，揭露廣西巡撫王之春以出讓桂省路礦權為條件借助法國軍隊平息哥老會之亂的賣國圖謀，抗議沙俄政府無視國際協議拒不撤兵而侵佔中國東北的蠻橫行徑。蔡元培在張園這一講壇上，屢屢發表充滿愛國激情的演說，以警醒國人奮起禦侮，並提議成立有關組織，協調行動。隨後，愛國學社仿東京留日學生之例，成立拒俄義勇隊，後改稱軍國民教育會，開始進行軍事操練。36歲的蔡元培剪短頭髮，脫去長衫，與學生共同演練，躬身實踐其「尚武求強」的主張。愛國學社上述種種活動，使其在社會上名聲大振，幾乎成為「國內唯一之革命機關」。4月，南京江南陸師學堂和杭州求是大學堂接連發生退學風潮，蔡元培、吳稚暉等致電或撰文對學生示以同情和支持，並協助章士釗等三十余名陸師學堂退學生轉入愛國學社。

　　張園演說日益顯露出來的反清革命情緒，引起頑舊之輩的極端反對，上海的《申報》、《新聞報》等幾家具有全國影響的大報亦持反對論調。因此有人主張中國教育會和愛國學社須有自己的機關報，以為喉舌。同時，愛國學社成立之初經費拮据，教職員大多純盡義務，生活來源一般另有所依，蔡元培兼任商務印書館編譯所之職，吳稚暉則任事于文明書局，章太炎亦靠譯述取酬，至於理科教員幾乎均由科學儀器館人員兼任。顯然，籌謀經費為愛國學社活動所必需。當官立各校學潮此伏彼起之際，陳範主辦的《蘇報》特闢「學界風潮」一欄，詳予報導，頗令世人刮目。由此，教育會及學社遂與蘇報館合作，商定由蔡元培、吳稚暉、章太炎等七人輪流每日供評論稿一篇，報館每月為愛國學社助銀百元。這樣，蔡元培等人反滿興漢，傾向革

命的思想主張便通過新聞媒體廣泛傳播，其影響所及遠勝於張園演說。《蘇報》本為上海的一家小報，1896年創刊時在日本駐滬領事館註冊，戊戌年間，曾在江西任知縣的陳范因教案被革職後遷居滬上，接辦《蘇報》，始而宣傳維新變法，繼而趨向反清革命。他與蔡、吳等人的聯手，致使其《蘇報》得獲彪炳史冊之譽。蔡元培為《蘇報》所撰文章，大多已不可考，僅知者為《釋「仇滿」》一文，發表於1903年4月11、12日。其時，革命志士中排滿情緒甚烈，寄居愛國學社的鄒容等人甚至主張「驅逐住居中國之滿洲人或殺以報仇」，蔡文即對此而發。文章以平和的筆調論證漢滿兩族在血統和習俗上漸趨同化的事實，認為，所謂「滿洲人」實乃政治特權之符號，其特權有三：世襲君主，駐防各地，不治實業。而「近日紛紛仇滿之論，皆政略之爭，而非種族之爭也」。文章批評了那種「無滿不仇，無漢不親；事之有利於滿人者，雖善亦惡；而事之有害于滿人者，雖凶亦吉」的狹隘偏執的「種族之見」，同時，也堅信「世運所趨，非以多數幸福為目的者，無成立之理；凡少數特權，未有不摧敗者……民權之趨勢，若決江河，沛然莫禦」。可見，他熱心革命的同時不失冷靜求實的態度。不過，此論為反滿興漢的熱潮所淹沒，當人們發現其認識價值，已是時過境遷的辛亥以後了。

愛國學社的活動及《蘇報》的放言高論，招致清廷及其督撫大員們的忌恨。從他們之間的公文往來和信函中可知，張園演說伊始，便引起有關當軸的密切注意，及至滬上拒法、拒俄運動興起，官方即密令「查禁拿辦」。清朝駐滬商約大臣呂海寰進而將蔡元培、吳稚暉、黃宗仰、陳范、章太炎等列為輯拿的首要對象。可以說，清朝當局旨

在嚴厲糾彈革命志士的圖謀一直在醞釀和佈置。由於礙於外國租界的特殊法律，只得曲折間接地進行。租界工部局數次傳訊蔡、吳諸人，名為核實情由予以保護，實則反映出清官方壓力的增強。隨著鄒容《革命軍》一書的刊行和章太炎為之所撰序及《駁康有為論革命書》等文在《蘇報》的發表，終於引發一場軒然大波。而此前，在中國教育會和愛國學社之間卻出現了內部分裂的跡象。學社知名度不斷提高，經濟狀況隨之改觀，學生們不甘於仍由教育會代管財務，即欲求獨立。5月間，矛盾漸趨公開化，傾向於教育會者認為學社乃教育會之一部分，而學生方面則發表文章，表明：會、社實為平行的兩團體，均曾相互贊助，學社的主人即學社自身，與教育會不存在隸屬關係。此時已改任教育會副會長的蔡元培對於學生大感失望，鑒於往昔梁啟超與汪康年爭辦《時務報》，而相互損傷致貽敵視者以口實的教訓，便與會長黃宗仰商洽，聽由學社分立，黃亦贊成。不料章太炎持反對態度，吳稚暉卻偏袒學生。從諸多情況分析，在愛國學社各項活動中，吳頗具影響力，從發起張園演說，到倡辦機關報，甚至力主改選能夠籌措經費的黃宗仰為教育會長，均由其推動，致使素與不睦的太炎斥其為篡權之宋江。會、社分立加之章、吳矛盾，使得蔡元培心灰意冷，此時官方欲行彈壓的風聲日急，他終於接受兄長及親友們的再三規勸，於6月中旬辭去各項職務，前往青島學習德語，準備赴德深造。半個月之後，震動海內的「《蘇報》案」發生，《蘇報》封閉，章太炎、鄒容被拘判刑，其他人逃避星散，愛國學社亦無疾而終。

這場被稱為「癸卯大獄」的鎮壓行動，顯然係清官方與租界當局合作所為，目的在扼制日益高漲的反清革命運動，但在「結案」過程

中僅以文字證據定罪，涉及範圍便大大縮小。王朝末世，人心渙散，清政府官員已非鐵板一塊。如果說兩江總督魏光燾面對革命活動卻「行同聾瞶」還屬某種疏忽，那麼奉命赴滬查辦此案的江蘇候補道俞明震則明顯地力求大事化小、網開一面，蔡元培能夠遠走青島和「《蘇報》案」發及定案後「不涉予民」，似乎均與此有關。在青島期間，他經由陳範的書面介紹，跟從《膠州報》主人李幼闇學習德語，後又師從李推薦的一德國教士繼續學習。蔡元培此時已對西洋哲學發生濃厚興趣，他將留學國度定為德國，即由於那裡是近代哲學的發祥地。在青島，儘管心緒不寧，又缺乏必要的參考書，他還是將德國人科培爾《哲學要領》一書的日文本轉譯為中文，交由商務印書館出版。[4]大約在同年秋冬之際，蔡元培應家人電召返回上海。親友先前應允集資助其留學實為促其離滬之計，此時滬上雖仍有謠傳，但危險基本過去，留學之議遂擱置，蔡仍為《外交報》譯日文以維生計。經此番歷煉，他從事反清革命活動的方式變得策略而隱蔽，但涉足革命的程度愈加深化。中國教育會和愛國女學雖受衝擊，卻依然存在，他藉此聯結同道繼續開展活動。同時，定期看望獄中的章太炎、鄒容二人。是年冬，沙俄軍隊強佔奉天，拒俄風潮複起。12月，蔡元培與劉師培、葉瀚等人在靜安寺愚園發起成立「對俄同志會」，並與陳鏡泉等合作創刊《俄事警聞》日報，謀劃和宣傳拒俄運動。

　　《俄事警聞》初由王季同主編，蔡元培撰述論說兼譯日文稿件。

4　有種說法謂：蔡曾由青島入北京，在同年劉焜幫助下，易名在譯學館任教，因學部侍郎嚴修有所顧慮，複離京南下。（見芝翁：《蔡子民的襟抱與風格》，載孫常煒編：《蔡元培先生全集》，臺灣商務印書館，1968年版，第1557頁）此說有待其他材料核證，姑且存錄。

該報不用清朝年號，而以干支紀日，附注西曆，文體亦兼采白話，頗有報界革新之勢。鑑於《蘇報》之禍，該報並不直言革命，而以民族激情啟迪國人。總計印行73期，至1904年2月，由於日俄戰爭爆發，遂擴大版面改名《警鐘》，由蔡元培主編。這份擴版後的刊物，「一面要國人鑑於日俄之爭，即時猛省，一面譯登俄國虛無黨的歷史，為國人種下革命思想」。蔡主編《警鐘》，連續數月刊載日文譯稿《俄國虛無黨源流考》，與該報「抵禦外侮，恢復國權」的既定宗旨有所背離，可知其仍「不免直接談革命」。蔡主撰該報近半年之久，其間，除每日撰寫文言和白話論說各一篇外，還要負責編務、印刷乃至發行，且常常為經費不濟所困。但他意志堅韌，獨立苦撐。這段辦報生涯中蔡的代表性文字，是1904年2月中、下旬連載於《俄事警聞》最末幾期上的白話小說《新年夢》。小說以樸實的筆觸記述主人公「中國一民」在新年之際悠悠入夢，想望60年後中國強盛康樂，人類步入大同境界的美妙圖景，情節融寫實和虛構於一體，通篇寄寓了作者的愛國憂思和追求理想社會的情致。蔡元培自述：「是時西洋社會主義家，廢財產、廢婚姻之說，已流入中國，子民深信之……揭《新年夢》小說以見意。」[5]應當說，這篇文字十分清晰地反映了蔡此時的社會政治主張和思想取向，它在清末知識界有一定的代表性。正是在主撰《警鐘》期間，這位前不久還自號「民友」的志士已經意識到「吾亦一民耳，何謂民友」？遂從《詩經·大雅·雲漢》的「周餘黎民，靡有孑遺」兩句中各取一字，改號孑民，以示救亡圖存的志向。

　　1904年7月，蔡元培重新擔任愛國女學校長，於是辭去《警鐘》

5　　《口述傳略》，《蔡元培全集》第3卷，第325頁。

日報的職務，由汪允宗接替。在此前的5月間，他受同人推舉，複任中國教育會會長。此時，南方革命黨人謀劃武裝暴動，反清革命躍入新階段。蔡元培深受俄國虛無黨（主要是民粹派）的影響，認定暗殺是改變社會政治的一種迅捷有效的方式，因而當留日學生組織暗殺團派何海樵來滬活動時，他隨即加入這一秘密團體，並租賃房屋，介紹同志，共同試製炸彈。參與這一活動的還有楊篤生、蘇鳳初、鐘觀光、王季同、俞子夷及章士釗、陳獨秀等。清末吳樾刺殺出國考察憲政的五大臣，即該團體促成。蔡認為暗殺於女子更為相宜，故在愛國女校「不取賢妻良母主義，乃欲造成虛無黨一派之女子」。對年長的學生宣講法國革命史和俄國民粹派的主張，並重點傳授化學原理，期之將來有所作為，真可謂寓革命於教育之中。愛國女校這段時間隱然成為容留和聯絡革命志士的重要機關，龔寶銓、俞子夷等革命黨人應蔡之邀來校任教，黃興、陶成章、秋瑾等，亦曾在此與蔡晤談。同年11月，蔡元培參與發起組織光復會，被推舉為會長。由於他「聞望素隆」，隨之入會者頗眾。經他居中撮合，徐錫麟與陶成章分別統領的浙東兩派會黨開始合作，並成為光復會的主導力量。他還親赴嘉興，勸請浙西會黨首領敖嘉熊加盟光復會，這位昔日愛國學社的故交慨然允以「有事相助」。可以說，蔡元培對於光復會頗具草創之功。1905年夏，中國同盟會在日本東京成立，孫中山委任蔡元培為上海分會主持人，不久，黃興抵滬，將孫的委任書面交予蔡。蔡此後在江浙一帶發展了黃炎培等一批同盟會員，並在後來協調同盟會與光復會的關係方面起到積極作用。

幾年來的滬上革命，蔡元培始終以一介書生奔忙反清活動，雖然

政治熱情頗高，但終究有別於職業革命家。他由熱衷救國而涉足革命，然而未能忘情學術而放棄教育救國的長遠追求，就其自身而言，出國領略西洋文化的欲念也一直強烈存在。他企望以較短時間和較小的代價實現社會政治的變革，因而一度沉迷於暗殺活動。當種種努力收效不彰、革命目標顯得遙遙無期之時，又不免感到茫然。蔡元培自述此時心緒：「在上海所圖皆不成，意頗倦」。故而，在1906年春離開黃埔之畔，返回故鄉，出任秋瑾等倡辦的紹興學務公所的所長，推動紹屬八縣的教育事業。他邀約裘吉生、杜海生等人相助，時在南京求學的周作人亦在被邀之列，周正等候赴日留學而未能應召。學務公所於4月下旬成立，蔡元培首先開辦師範講習班，培訓師資，進而提議創建師範學校，但在籌集經費時受到阻撓，遂辭職。此次回鄉興學，前後不足兩個月。當他準備離紹返滬之際，接到北京友人的來信，告知清政府擬派翰林院編檢各員出國留學，敦勸其從速入京登記。不久，報上亦刊載了這一消息。期待已久的良機無異自天而降，蔡元培為此怦然心動。他於6月下旬先抵上海，迎送章太炎出獄並東渡日本，後又參加鄒容死難週年紀念會，了卻了為這位先逝的青年志士修建墓前紀念塔的心願。這些舉動多少有些象徵性地為他幾年來的滬上革命畫上句號。

隨後，蔡元培毅然入京，去捕捉那現實而又渺茫的留學機會。

2.3　留德四年

回到闊別多年的京城，到翰林院銷假，蔡元培的心情是複雜的。

他在寫給汪康年的信中剖白了心跡：「弟此次進京銷假，本為最不安之事。徒以遊學德意志之志，抱之數年，竟不得一機會。忽見報載學部有諮送翰林遊學東西洋之舉，不能不為之心動。初亦恐進京而事不成，徒折吾節。故初則電詢陳介公，後又電詢王書公，其覆函均稱非進京銷假不得圖。王書翁到滬面談，並催弟速行。因此七月進京，此亦日暮途遠之為，不意竟成夸父追日之失……蓋弟數年來，視百事皆無當意。所耿耿者，惟此遊學一事耳。」[6]可知，他渴望出國留學的意念十分強烈，而對入京銷假則顯現出謹慎和事出無奈的心態。信中提及的陳介公、王書公，即陳介石（陳黻宸）和王書衡（王式通），均為蔡十分洽契的朋友，正是依靠朋友和同鄉的大力相助，他才宿願得償。到京之後，初聞因經費支拙學部擬緩派赴歐留學，繼而確知編檢各員志願留學者甚少，派送之事竟擱置不辦。蔡的同鄉肖伯棠、繆獻甫力勸其私費留學，並慨然代為籌資。蔡元培遂一面應譯學館館長章一山之聘，充任該館國文教員，一面向學部申請自費留德，等候批覆。是年冬，其堂弟蔡元康風聞有危及兄長之謀，便發急電誘其南歸。蔡元培返鄉後知悉情由，並不以為意，於1907年初仍回北京，得連襟陳仲騫照拂，寄居贛南館。不久，順天府尹孫寶琦（慕韓）奉命出任駐德公使，蔡元培托請其弟孫寶瑄及葉瀚從中說項，並登門訪孫，表示願在使館中任一職員，以便留學。孫寶琦慨允每月助銀三十兩，而不需到使館服役。同時，蔡與上海商務印書館約定：在海外為其編撰教科書，每月得酬百元，留供家用。6月間，蔡元培隨同前往赴任的孫寶琦，由西伯利亞鐵路踏上了歐洲的土地。

6　《致汪康年函》，《蔡元培全集》第1卷，第392—393頁。

蔡元培留學德國的第一年是在柏林度過的。此時，他已年過四十，依照中國的習慣說法，恰是年當不惑。可是，這位東方古國的飽學之士身臨異域，當務之急是補習德語。雖說避居青島期間也曾接觸日爾曼民族的語言，但真正的學習和訓練是到柏林之後。生疏的文法，拗口的發音，對於顯然已不年輕的翰林公而言，其艱難程度和所需毅力蓋不難想見。他與同來德國留學的譯學館學生齊壽山及錢方度共寓一處，齊的同學顧孟余留德數載，諳熟諸事，顧即代蔡物色德語教師，定時講授。考慮到蔡的旅居經費不足，孫寶琦介紹他兼任唐紹儀之侄寶書等四人的家庭教師，為其補授國學，每月報酬一百馬克。此外，蔡元培還須利用餘暇編譯書籍，寄回國內，其生活顯然是緊張忙碌的。此時，中國留德學界人數尚稀，在柏林的馬君武、夏元瑮、薛頌瀛、賓步程，是與蔡時相往來的幾位朋友。看來，蔡元培對自己在柏林的學習和生活並不滿意，他自述：「在柏林一年，每日若干時習德語，若干時教國學，若干時為商務編書，若干時應酬同學，實苦應接不暇。德語進步甚緩，若長此因循，一無所得而回國，豈不可惜！」[7]因此，1908年暑期，蔡元培離開柏林，與齊壽山一同進入萊比錫大學。萊比錫原屬撒克遜王國，與風景勝地特萊斯頓毗鄰，是德國最高法院所在地，商貿亦較發達，萊比錫大學是該市一所已有五百年歷史的高等學府。大學之內設有中國文史研究所，主持該機構的孔好古（August Conraty）教授早年曾在北京譯學館任教，十分樂於招收中國學生，蔡元培因而順利入學。如果說在柏林的一年屬於適應和預備階段，那麼此後在萊比錫度過的三年則使他真正進入了留學生

7　《自寫年譜》，《蔡元培全集》第7卷，第298頁。

活。

　　在萊比錫大學，蔡元培沒有選定某一專業而攻讀學位，只是任由興趣與愛好自由聽課，在校的六個學期總計選聽了四十門課程，舉凡哲學、文學、文明史、人類學、教育學、心理學、美學、繪畫藝術論等，「時間不衝突者，皆聽之」。其中印象較深的教師及其課程是：馮特的心理學和哲學史、福愷爾的哲學、蘭普來西的文明史及司馬羅的美術史等。馮特（Wilhelm Wundt）教授，是實驗心理學的奠基人，曾在萊比錫大學創建心理學實驗室，為舉世所矚目。這位在醫學、哲學及法學方面均有高深造詣的學者，「又著民族心理學、論理學、倫理學、民族文化遷流史、哲學入門，沒有一本不是原原本本，分析到最簡單的分子，而後循進化的軌道，敘述到最複雜的境界，真所謂博而且精，開後人無數法門的了」。蔡元培對他非常推崇，接連三個學期選修其課程。蘭普來西（Lemprechs）教授，則是史學領域的革新者，著有數十卷本的《德意志史》。他以進化的歷史觀劃分人類社會的發展階段，闡釋種種矛盾的演化與歸趨，同時，其講史注重美術，尤重雕刻、壁畫等造形藝術的史學價值，使蔡元培深受啟發和教益，進而參加了蘭氏創設的文明史與世界史研究所，接受比較文明史方面的訓練。這期間，蔡元培一面聽課，一面仍延請教師練習德語，對於課堂上未聽清或不理解的內容，則求教高年級的德國同學，請其摘講。同時，大量翻閱有關參考書，藉以消化理解所學知識。20世紀初，康得、叔本華、歌德、萊辛等人的哲學和藝術思想在德國大學講壇上佔據重要位置，一些注重科學實驗的新理論新方法也開始介入教育學、心理學等領域，並嶄露頭角，這是一個新舊交融、學術更

替的時代。蔡元培身處其間，學泛眾家，適足領悟這時代的精神內涵。

　　課堂之外，蔡元培感受到一個充滿美感的藝術世界。學校大禮堂正面那一組表現和象徵希臘文化真諦的壁畫，其精巧的構圖和美妙的設色，將他帶入歐洲文明發萌時代的古樸境界；市內美術館雖非一流，卻收藏著文藝復興以來諸位大師的代表性作品。漫步這上下三層樓、琳琅滿目的藝術殿堂，仿佛對人文主義傳統做了一次巡禮；椰園音樂廳每星期日演奏悠揚樂曲，更令異國學子流連沉迷，德意志濃重的音樂氛圍，使他開始撥弄西洋樂器；萊城劇院不斷上演的歌劇、話劇，飽含著西洋民族風情，伴隨萊茵河畔的徐徐輕風，浸入心田，令人陶醉，而他與同學時常光顧的奧愛布赫小酒館，即歌德當年就學於萊比錫大學時寫下著名劇作《浮士德》的處所……蔡元培自謂：「我於課堂上既常聽美學、美術史、文學史的課，於環境上又常受音樂、美術的薰習，不知不覺地漸集中心力於美學方面。尤因馮特講哲學史時，提出康得關於美學的見解，最注意於美的超越性與普遍性。就康得原書，詳細研讀，益見美學關係的重要。」[8]顯然，康得的美學思想吸引蔡元培收縮了求學範圍。除了研讀康得著作，他還十分喜好德國學者厲丕斯（T.Lipps）所著《造型藝術的根本》一書，因為書中闡述的感人主義觀點極為契合蔡元培對美學的理解，加之其文筆簡明流暢，引起他「百讀不厭的興趣」。此外，摩曼（Menmann）教授的《現代美學》、《實驗美學》兩書，言簡意賅，門徑分明，引發蔡元培著手進行美學實驗。不妨說，接受西方美學思想，是酷愛哲學的蔡元培

8　　《自寫年譜》，《蔡元培全集》第7卷，第302頁。

求學探索過程中的一個歸宿點，也是其留學數年較為突出的學術收益。

　　儘管蔡元培涉獵的學科範圍曾「勉自收縮」，而以美學和美術史為主，但其他類別的書「終不能割愛」。他描述自己留德期間的況味：「來此已愈三年，拾取零星知識，如於滿屋散錢中，暗摸一、二，而無從連貫。」他甚至將自己的治學不專一，過於追求寬泛歸結為「從前受中國讀書人之惡習太深」的緣故。[9]不過，客觀地講，這與當時當地的學風亦不無關係。顧孟餘即認為：「蔡先生留學歐洲之年，適值專家學風已超過頂巔，綜合觀察又複抬頭之時，先生所從學者，又皆宏深博大之輩，此亦為影響其治學態度之成分。」[10]蔡元培以國學雋彥而留學西洋，深厚的學術素養及長期的思維訓練，使他對歐洲學術具有明敏的領悟能力和深刻的鑒別能力；頗為自由地廣泛攝取各類學術精華，又在極大程度上超脫了一般功利觀念的羈絆，這便使他的留學生涯成為在人類各種文化成果中「雲遊四方」、任情盡性進行探知的一個過程。從而，對東、西兩大文明的共性和歧異有了超乎尋常的體認和識見，為其日後領導全國性文化教育事業做了思想和學術準備。

　　在萊比錫的幾年內，蔡元培聽課之餘，還有其他一些活動。孔好古教授主辦的中國文史研究所開設練習班，他既參加練習，也略盡指導之責；市內的民族學博物館，陳列有中國、日本等東方文物，他曾

9　　《致吳敬恒函》，收入高平叔編：《蔡元培全集》第2卷，北京：中華書局，1984年版，第114頁。
10　　顧孟餘：《憶蔡子民先生》，收入《蔡元培先生紀念集》，第77頁。

協同該館人員講解中國展品。在大學裡，他結識了傾心東方文化的漢堡學生但采爾，幫助選譯了但采爾畢業論文《象形文字》中有關中國象形文字的一節。這類活動，多少使他體察到西方民眾對東方文化的興趣而益感彼此交流的必要。萊比錫城內的中國學生，僅蔡元培、齊壽山及直隸人張瑾三人。他們時常到雷克拉莫書店選購各自所需的書籍，該市系德國印刷業集中之地，這家書店印行的小本書籍，凡版權逾期的文學或科學書籍，每冊書價不過二十生丁，對清苦的學生頗為相宜。每逢暑假，蔡元培便要結伴外出旅行，曾到德國的特萊斯頓、耶拿、明興、都綏多弗等地，亦曾遠足瑞士，得以飽覽西歐各地的自然風光和人文景觀。

留德期間，蔡元培編著和翻譯了三十余萬字的文稿，寄交商務印書館陸續出版。這些著譯是：一、1909年10月出版的《倫理學原理》。作者為德國哲學家泡爾生（F.Paulsen），其哲學體系屬康得學派，但亦參採了斯賓諾莎和叔本華的部分學說，在倫理學上的動機論和功利論之間持調合折衷立場。蔡元培讚賞該書作者持中的倫理學觀念，根據日本蟹江義丸的日文節譯本，參照德文原著，譯為中文。該書出版後成為國內不少學校的倫理學或修身課的教科書，至1921年已出至第6版，後編入《漢譯世界名著叢書》。二、1910年4月出版的《中國倫理學史》。中國的倫理觀念素稱發達，有關資料亦頗巨集富，但雜廁經史之間，從未獨立成學。有鑑於此，蔡元培以日本人木村鷹太郎《東西洋倫理學史》和久保得二《東洋倫理學簡史》兩書中的中國章節為藍本，梳理古籍，條貫挖掘，編撰成本，遂為中國近代倫理學領域的開山之作。此書後來列入《中國文化史叢書》，並在40

年代初，由日本學者中島太郎譯為日文印行。三、《中學修身教科書》，共五冊。前三冊於1907年12月出版，未署名，後兩冊於1908年春出版，署名「蔡振」。1911年秋，蔡元培對全套五冊略行修訂，分作上、下兩篇，於1912年5月出版。該書的編寫始於作者在北京等候出國之時，定稿及修訂則是在留德期間。這套教科書，與張元濟和高夢旦二人分別編寫的初小和高小修身教科書相銜接，在民國初期曾被各校廣泛採用。至1921年9月已印行第16版。相對說來，留德的四年，是蔡元培能夠潛心治學，辛勤筆耕的一段黃金時期。

　　當然，這位滬上革命的重要人物，對於國內正在發生的事情還是十分關注的，並且與海內外的反清革命人士保持著通暢的聯繫。他從上海友人按期寄來的《中外日報》和《神州日報》上知悉國內的社會政治動態，在與汪康年、陶成章、吳稚暉等人的通信中，瞭解革命、立憲、保皇等各派政治力量的變化及其內情，對諸如浙江路事、章太炎等與孫中山的齟齬、劉師培的變節、于右任所辦《民呼日報》的被封，以及汪精衛的入京行刺等事均有所探詢或評論。他還曾受陶成章、龔寶銓之托，將其寄來的十冊《秋（瑾）女士遺詩》分送歐洲各大圖書館收藏，以此志念革命英烈。這段時間，蔡元培與同在歐洲的吳稚暉、李石曾、張人傑三人關係漸深。吳等在巴黎籌組「世界社」，先後刊行《世界畫報》、《新世紀》，宣傳革命思想，倡揚無政府主義，痛斥立憲主張，並在行動上贊助孫中山的革命活動。蔡元培與吳稚暉互致信函，評事論人，尤為相契，蔡與孫中山的交誼，似即由吳從中牽線。1911年10月，正在德國一所新式中學參觀的蔡元培，從報上得知武昌起義的消息，興奮不已，隨後又接到吳稚暉來函，堅

謂：「大家應竭力促成此舉。」蔡遂趕往柏林，與留德學生集款致電國內各省，促其回應；同時，致信時在倫敦的孫中山，建議籌款訂購克虜伯兵工廠製造的新式大炮，以助成革命。對袁世凱複出後革命所面臨的局面，他在寫給吳稚暉的信中曾做出預測，認為，袁世凱不會像當年曾國藩效命清廷鎮壓太平天國那樣對待此次革命，但也不可能贊成民主共和，袁之「出山，意在破壞革命軍，而即借此以自帝」。在辛亥事件之初，即作出這一分析，可見其政治觀察力的敏銳。不久，蔡元培接到陳英士促請他回國的電報，這位當年蔡在中國教育會開辦通學所時的學生，此時已成為上海方面革命力量的主要領導人。11月上旬，蔡元培匆匆結束了四年之久的留德生活，經西伯利亞返回祖國。

此時的中國，正站在新舊兩個時代的分界點上，清王朝行將就木，民國的帷幕就要開啟。蔡元培或許不曾意識到，自己將在新的歷史舞臺上扮演一個重要角色。

第三章

在民國最初的年月裡

3.1 首任教育總長

1911年12月初，蔡元培返抵上海。時值隆冬，寒氣正深，然而武昌首義掀動起來的共和熱浪正漫捲于華夏大地，各方名流齊集甯滬，緊張籌建新生的共和政權。他寄居愛國女校，與諸多人士接洽商談，奔走建國事宜，協調各方立場，並與在滬人士迎接孫中山自海外歸來。翌年元旦，孫中山在南京就任中華民國臨時大總統，隨即組閣。在醞釀教育總長人選時，曾先後提名章太炎、汪精衛、嚴修、胡子靖等人，最終確定蔡元培，乃獲各省代表通過。南京臨時政府素稱「次長內閣」，同盟會會員以次長之職主持部務，總長則多請社會名流充任，只有陸軍、外交、教育等少數部門例外。因此，孫中山派薛仙舟至滬招請蔡赴任時，蔡初曾力辭，當聞知上述情由，轉而決意「勉為其難」。他邀約中國教育會時期的老友、在商務印書館常年編撰學校教科書的蔣維喬，並另聘一位會計兼庶務，共同趕赴南京，受命組建中華民國的教育部。

新生的政權，百事待舉而困難重重。作為首任教育總長的蔡元培雖身居高位，卻一仍舊貫，不失書生本色。來到金陵城內面見孫大總統，詢以「教育部何處辦公」？答曰：「須總長自己尋覓。」此時，有限的幾處舊官署均被佔用，蔡元培只得走街過巷，選定部址。幸而路遇故交馬相伯，這位時任江蘇督都府內務司長的老友允借府屬碑亭巷的幾間空屋，權作辦公之地。臨時政府各部的印章製作完畢後，由於部內人手少，蔡元培乘坐人力車獨自到總統府將印章領回。條件暫且簡陋，排場亦可不講，但在延攬部內人員時，他卻力求一流人才。

許壽裳、周樹人（即魯迅）、鍾觀光、王之瑞（雲五）等即此時陸續應聘進教育部任職。他奉行「為事擇人，不設冗員」的原則，部內人員含繕寫雜務在內僅三十餘人，不足其他部門的三分之一。鑑於時局尚未安定，需要而又可行的工作是擬定各級學制，登記學校，為全國性教育改革做先期準備。部內人員發揮各自專長，分別起草學制方案，遇有文牘，即時辦理，其工作氣氛頗似書局之編譯所，而絕少官衙積習。部內各員，除總、次長之外，統稱籌備員，無官職等級之分，每月薪俸，均為幾十元，即使總長亦不例外。草創之際，可謂一派發皇氣象。主持全國學政，蔡元培尤為注意察納雅言，對於陸費逵、王雲五等人各自提出的合理建議，或登門造訪，恭聽其意，或延攬入部，行其所願，純然出諸公心而從善如流。正是由於彙集眾人的智慧，蔡元培和教育部才接連推出革新措施：

1月19日，教育部發佈《普通教育暫行辦法》，共十四條，主要內容是：學堂改稱學校；教科書須合於民國的共和宗旨，禁用清學部規定的教科書；廢止舊時的獎勵出身制度；學校注重兵式體操等。這些通令各省的規定，極大震撼了年深日久的封建教育秩序，為全社會送來一股民主共和的清新之風。

1月30日，教育部下達在全國推行社會教育的通令。蔡元培深感國人年長而失學者為數之眾，欲求教育普及，必須力行社會教育。籌組教育部時，特設社會教育司，與普通、專門兩教育司鼎足而三，確立其體制上的地位。同時，要求各地廣為宣講，次第實行。推廣社會教育，實乃國情所急需，雖然難以立見成效，卻在學界開闢出一席之地，其篳路藍縷，確為不世之功。

民國業已創立，教育方針一日不明，全國學界便難有旨歸。有關人士喧騰于口，籲請總長速作定奪。蔡元培乃撰成《對於教育方針之意見》，於2月上旬公諸報端。這篇被後人視為「綱領性的文獻」，開宗明義便將教育劃分為「隸屬政治」和「超軼政治」兩種類別，認為，教育在專制時代基本隸屬於政治，而到共和時代才可能超軼於政治。循此觀念，作者對清朝學部1906年規定的忠君、尊孔、尚公、尚武、尚實的五項宗旨大加修訂，提出新的教育方針為：軍國民教育、實利主義教育、公民道德教育、世界觀教育和美感教育。前三項，與尚武、尚實、尚公相合，仍為隸屬政治的教育，而後兩項，則是教育家追求「形而上」的觀念目標，首次提出的「超軼於政治」的教育。至於原宗旨中的忠君、尊孔兩項，因與共和政體和信仰自由相悖離，特予刪除。作者強調，新列五項均為當今教育所必需，相互關聯，不可偏廢。軍國民教育和實利主義教育，旨在強兵富國；公民道德教育是以西方的自由、平等、博愛和與之相應的中國傳統的「義、恕、仁」為內容，用以節制前二項教育的副效用，諸如兵強而流於私鬥、侵略，國富而演成弱肉強食、貧富懸殊等。作者用不少筆墨演釋康得哲學中「現象世界」與「實體世界」的二元論觀點，以論證世界觀教育在人類認識過程中的「終極境界」。以及美感教育所具有的溝通「現象」與「實體」兩個世界的橋樑作用。

　　通覽全篇，令人感到：這位教育總長雖然將德智體美四育並舉，但其重視道德教育的傾向頗為明顯，公民道德、世界觀、美感三項教育均以培養共和公民的「完全人格」為基本目的，儘管後兩項以「超軼政治」相標舉，而實質並不曾改變。就內容而言，屬於蔡元培獨創

的是世界觀教育和美育，然而其表述幾乎完全沉溺於康得的哲學概念，為一般世人所不熟知，因而顯出幾分玄奧色彩。蔡元培後來的追述則要明確清晰得多：「提出世界觀教育，就是哲學的課程，意在兼採周秦諸子、印度哲學，以打破二千年來墨守孔學的舊習。提出美育，因為美感是普遍性，可以破人我彼此的偏見；美感是超越性，可以破生死利害的顧忌，在教育上應特別注重。」[1]這即是說，世界觀教育的實質在於破除來自各方面的思想桎梏，使人們臨近那種自由暢快，以其至性認知事物的精妙境界，而美育則重在陶冶情操，完善人格。從中不難看出，這位長期寢饋於哲理而偏好美學，同時又始終砥礪私德、涵養心性的教育家所特有的個性化色彩。當然，蔡元培關於民國教育方針的主張，在相當程度上也反映了西方近代價值觀念浸入中國社會之後的思想文化要求，並與辛亥以後的政治格局相適應，它的提出，大大推動了學術教育界除舊佈新的勢頭。半年之後，北京教育部正式公佈民國教育宗旨為：「注重道德教育，以實利教育、軍國民教育輔之，更以美感教育完成其德」。即大體上依憑蔡氏的主張。

發表對於教育方針的意見後不久，蔡元培奉孫中山之命，擔任迎袁專使赴北京交涉，為時一個月。其間，由次長景耀月代管部務。景系同盟會員，平素熱衷黨務，對教育之事過問不多。但代管期間，忽而開列數十人名單，分別冠以參事、司長、科長、秘書之名，報經總統府正式委任。其中，除原有籌備員外，增加許多與教育無涉而有黨派背景的人員。景氏的用意在於先入為主，使這些人在政府北遷後仍能占居位置。此舉，造成部內冗員驟增，工作雜亂的局面，招致原有

1　《我在教育界的經驗》，《蔡元培全集》第7卷，第197頁。

人員的不滿。3月中旬,蔡元培回部視事,面對如此情狀,詳言利弊得失,說服景氏和眾人,取消前述之舉,並果斷將已發之委任狀退還總統府。據說,總統府秘書長胡漢民對蔡元培的這一措施頗不以為然,深怪其「對於本黨老同志不肯特別提拔」。以至政府北遷、蔡仍主教育部時,有人請胡介紹入該部供職,胡不無抱怨地答曰:「別部則可,教育部不能。」[2]蔡元培此時的用人主旨是:唯才是舉,能者在職,不為黨派所圍。這一思想風格十分突出地表現在他與後任次長范源濂(靜生)的合作共事方面。

3月底,唐紹儀內閣成立,蔡元培留任教育總長,于4月入京上任。正式組建的教育部設在鐵匠胡同前清學部衙署內。他選中曾在清末擔任學部參事,時為共和黨人的教育行政專家范源濂為自己的副手,先後兩次親訪,坦誠相邀。他說:「現在是國家教育創制的開始,要撇開個人的偏見,黨派的立場,給教育立一個統一的智慧的百年大計⋯⋯教育是應當立在政潮外邊的。我請出一位異黨的次長,在國民黨裡邊並不是沒有反對的意見,但是我為了公忠體國,使教育有全國代表性,是不管這種反對意見的⋯⋯我之敢於向您提出這個請求,是相信您會看重國家的利益超過黨派的利益和個人的得失以上的。」此番誠意,使范大為感動,乃應允出任次長。[3]新建教育部計有部員70名左右,主要由蔡范二人推薦,蔡所薦者,歐美及日本留學生居多,范提出者,大多富有教育管理經驗,然均未注意黨派關係。蔡元培自述:民國「元年我在教育部時,請范君靜生相助,我偏於理

2　《自寫年譜》,《蔡元培全集》第7卷,第306頁。
3　梁容若:《記范靜生先生》,載臺灣《傳記文學》第1卷,第6期。

想，而范君注重實際，以他所長，補我之短」。二人的興趣分別偏好高等教育與普通教育，遂合力整頓共圖改革。蔡元培認定，共和時代教育能夠超軼政治，進而主張「教育獨立」，他在民國教育部的一系列舉措當可視為這一信念的實際體現。

　　蔡元培在北京政府中任職僅僅三個月時間。到京之初，接收前清學部，聘定部內人員，健全各級機構，發佈有關學令，確乎有幹番事業的志向。4月底，他與部員談話提出，鑑於各校程度參差不齊和清末辦學的「奢、縱」之弊，「擬先將中學以上官、公、私立學校，嚴加歸併，裁汰冗員，嚴定章程，以便早日開學」。這一設想可謂徹底整頓、全面更張。5月初，他通令將北京大學堂易名北京大學校，提名啟蒙思想家嚴復出任校長。隨後，在向參議院發表施政演說時又明確表示：總長之職「既勉強擔任，斷不敢存五日京兆之心」，並就教育方針、設施、行政權限、派遣留學生及少數民族教育諸問題一一陳述意見。其中特別強調：「在普通教育，務順應時勢，養成共和國民健全之人格；在專門教育，務養成學問神聖之風習。」[4]不妨說，此乃蔡元培委身教育的理想所在。為了確定民國教育的方針大計，他領導教育部發起召開了由各地專家參加的全國臨時教育會議。蔡元培在7月10日舉行的開幕式上宣佈，此次會議是「全國教育改革的起點」。教育部將事先草擬的四十餘項議案提交大會審議。這些議案，凝聚著蔡元培主持民國教育部半年來的心血，設計規定了新教育的體制和細則，從而構成實行十年之久的「壬子癸丑學制」的基本內容。其中，較能體現蔡元培個人主張的，是他提出的《學校不應拜孔子案》和由

4　《向參議院宣佈政見之演說》，《蔡元培全集》第2卷，第164頁。

其手訂的《大學令》。

　　尊孔讀經，千百年來一脈相承，近乎天經地義。這一文教積習與專制政治扭在一起，成為阻礙中國社會邁入近代門檻的惰性因素。已經接受歐風美雨沐浴的蔡元培認為：「尊孔與信仰自由相違」，雖然孔子及其學術有其價值，但後世將其演為儒教、孔教，定為一尊，令人頂禮膜拜，則極不合理。故而，力主普通教育廢止讀經，大學課程廢棄經科。針對清末學堂中通行的類似宗教儀式的祀孔習慣，他主張明令廢止。此舉對當時的文化思想界和一般社會心理形成不小的衝擊，昔日至高無上的偶像開始變得暗淡，多元文化漸漸瀰漫於知識階層。作為教育家，蔡元培較為偏好高等教育，留德期間即注意考察歐洲大學制度，主持全國學政後，規定除北京外，分別在南京、漢口、成都、廣州各設一所國立大學，以擴充高等教育。他親自起草《大學令》，仿效歐美有關制度，著重提高現有學校的辦學品質，規定：大學設置預科，預科畢業或經考試證明具有同等學歷者始得升入大學；大學高年級學生須完成一定研究課題方可畢業；大學分設文、理、法、商、醫、農、工七科，而以文、理二科為主，使之成為研究高深學理之機關。這些主張雖為全國臨時教育會議所採納，但大多成為具文，並未切實施行。然而，蔡元培關於大學教育的系列構想，卻為他幾年後辦理北京大學準備了行動方略。

　　儘管這位書生參政的總長秉持「教育應立於政潮之外」的願望，但他在苦心經營的全國臨時教育會議尚未結束之際，便以純粹的政治原因辭去內閣的職務，使得熱心教育改革的人士遺憾不已⋯⋯

3.2　在民初政爭中

　　事實上，從蔡元培由德歸來、踏入國門之日起，便已置身政治活動的舞臺，在民國初年的南北政爭中甚至一度扮演重要角色，成為舉國注目的人物之一。

　　歸國之初，寓居上海，正值張謇、章太炎、湯壽潛及趙鳳昌等滬上名流醞釀大元帥人選，此時孫中山還未歸國，多數人傾向黎元洪，陳英士等人則屬意於黃興。蔡元培兩相權衡，選擇後者，因為黎氏有與袁世凱部下妥協之嫌，恐於革命不利。表決之前，他夜訪章太炎、湯壽潛，勸說二人改推黃興，章、湯勉從其意。翌日，黃興被舉為大元帥，黎元洪次之。蔡氏此舉，顯然與同盟會諸人有所默契，在各派勢力之間，他的政治歸屬頗為分明。亦因如此，當同盟會與光復會這兩個反清革命團體之間的矛盾日顯尖銳之時，蔡元培的處境便有些微妙。還在辛亥的前一年，章太炎脫離同盟會，在東京設立光復會總部，公開與孫中山等人鬧分裂。武昌起義後，他提出「革命軍興，革命黨消」，意在解散同盟會。由於一些光復會系統的浙軍將領在推舉臨時大總統問題上持有異議，章氏便乘此要求十七省代表延緩選舉。蔡元培與光復、同盟兩會均有淵源，身處內爭之中，只得調停、周旋。他曾趕赴南京，代為轉達章太炎的意見，又將各省代表決意推選孫中山為臨時大總統的情況告知章氏。太炎此時在上海自組統一黨，邀蔡共寓一處。鑑於孫中山當選將成定局，章氏乃與蔡相約，浙人不入南京臨時政府任職，蔡敷衍應之。不久，孫中山派人招蔡入閣，太炎援引前約，扣其行裝，極力阻止。蔡則顧全大局，執意赴命，不惜

刊登通告，以謝「背約之罪」。隨後，蔡元培出任孫中山政府的總長，而章太炎卻沒有發表蔡擬就的「謝罪通告」。[5]此事當可窺見，蔡元培在內部紛爭中的實際傾向。

1912年2月中旬，國內軍事和政治的實權人物袁世凱，借南方革命之威，迫使清帝退位，孫中山如約讓以臨時大總統之位，但堅持袁氏須南下就職，以避由清禪位之嫌。為此，迭發電報，促袁南行，而袁氏則托詞延宕，殊無來意。在此情況下，孫中山決定派遣專使，北上迎袁。專使的條件，為同盟會員同時又是南方政府閣員者，蔡元培具備這些資格，遂被派為專使。南方政府派專使迎袁南下，似乎是要表明一種政治姿態，但也顯示了孫中山等人維護革命成果的意志和決心。不過，這一使命能否達到目的，局內之人表示悲觀者居多。有的朋友認為，此乃「倒楣的差使，以辭去為是」，蔡元培則覺得：南京政府必須有此一舉，畏難推諉，實不足取。遂偕宋教仁、汪精衛、魏宸組、鈕永建、王正廷、劉冠雄等八位歡迎員與唐紹儀、李石曾等共乘招商局「新裕」號客輪由海路北行。船行海上，眾人暢論遷都及改良社會風習等話題。同盟會諸人大多主張遷都南京，唯宋教仁持異議，以為首都南遷勢必減緩對北方的控制力。此前不久，吳稚暉等在上海發起進德會，提倡不嫖、不賭、不娶妾、不吸煙、不飲酒、不食肉、不做官吏、不當議員，旨在砥礪私德，淨化風氣。同船之人多數熱衷政治，乃刪除後兩項，索性俗稱「六不會」；唐紹儀進而提議成立社會改良會，以破除迷信，改變陋俗。蔡元培均列名其間，日後亦以培育良好風氣自任。

5　《自寫年譜》，《蔡元培全集》第7卷，第305頁。

2月下旬，蔡氏一行由津入京，刻意佈置的歡迎場面雖然隆重浩大，但捨舟登岸後感受到的氣氛卻與南方迥然不同。前來訪晤的當地代表反對遷都幾乎眾口一詞，蔡元培屢屢申明來意，排除「誤解」，不勝其苦。與袁世凱相見後，接連三天會談，這位權傾一時的「大人物」似乎心無芥蒂，表示，只要軍隊有人統攝，頗願脫離北京這個「臭蟲窩」。然而，袁派要人則力持袁氏不能南行，蔡堅守來意，履行使命。會談並無實質性進展。29日夜晚，蔡元培在專使團下榻的東城煤渣胡同法政學堂寓所與鈕永建、汪精衛閒談之間，驟聞槍聲響起，急忙打電話詢問陸軍部，答以第三鎮兵變。槍聲漸近，守護專使團的衛兵不知何往，情急之中，蔡等越牆避入相鄰的青年會教士、美國人格林的寓所。亂兵闖入專使團住地，大肆搶掠。翌日晨，蔡一行人避往東交民巷六國飯店。不久，與袁世凱關係密切的孫寶琦首先趕來慰問，述說昨晚正在袁氏官邸，得知兵變，袁即傳令切實保護專使團，並說：人家不帶一兵，坦然而來，我們不能保護，如何對得住云云。經此變亂的專使團諸人姑妄聽之而已。亂兵聲稱：「袁宮保自己要到南京做總統去，不要我們了！我們還是各人搶一點，回老家去！」京中輿論視此為兵變起因。繼北京之後，天津、保定等地也相繼發生兵變。外國列強藉口護衛使館和僑民，擬議調兵入京，更無異火上澆油。面對如此局面，蔡元培及專使團承受的壓力之大，可以想見。幾經磋商之後，蔡致電孫中山，認為：「速建統一政府，為今日最大問題，余盡可遷就，以定大局。」進而具體建議：取消迎袁南下之議，確定北京為臨時政府之地點。[6]同時，推定宋教仁等返甯面商

6　《蔡元培全集》第2卷，第143—144頁。

變通辦法。這一事態的演變,顯然對袁氏集團有利,袁氏甚而乖巧地提議請副總統黎元洪代其赴寧就職。南京方面並無良策可施,最後只得讓步。3月10日,袁世凱在北京宣誓就任臨時大總統,蔡元培代表南方接受誓詞,並致祝賀。此刻,他的使命已戲劇性地發生了改變。

迎袁失敗,表面上的責任在蔡元培一行人。以往史家責其「膽量不足」,「為袁所欺」,大多著眼於當事人的政治素質。不必諱言,書生氣十足的蔡元培出任艱巨,與歷盡波凶浪險的政界高手袁世凱相周旋,居於下風當在意料之中。問題在於,促袁南下就職這一決策究竟有多大的可行性。辛亥之後,政體變更,國基未穩,袁世凱的北洋系占居北方軍政重心,牽毫髮而動全身。促袁南下隱含國都南遷之義,如此重大舉動急驟行之,顯然有失草率。京、津一帶兵變,固然不排除袁氏施用伎倆的因素,但北方既得利益集團抵制軍政重心轉移的社會心理也有其作用。政治較量的成功,取決於軍事、財政、社會等多種實力要素構成的綜合優勢。孫中山領導的南京政府作為新興的政治力量,與袁世凱所代表的傳統勢力相比,還過於稚嫩、弱小,幾經交手,均為輸家。蔡元培迎袁不果,可謂南方一系列失敗中的一例。

專使團離京之前,受命籌組南北統一政府的唐紹儀擬議一內閣名單,蔡元培仍名列其中,主管教育,蔡極力辭卻,遂改為范源濂。外界不明,乃傳言:蔡迎袁無效受懲而被削職。此說一出,涉及南北關係,孫中山、唐紹儀等力主其留任,蔡亦不便再辭。唐紹儀內閣由南北兩方面人員混合組成,十名閣員,雙方各居其五。同盟會方面除蔡外,尚有王寵惠、宋教仁、王正廷,分主司法、農林、工商各部。唐本人與袁世凱有二十年的交誼,曾任南北議和的北方代表,前不久,

由謀客趙鳳昌提議，經孫中山、黃興贊同，加入了同盟會，成為兼顧南北的特殊人物。內閣中的外交、陸軍、內政、財政、交通五部則由袁派大員分任。置身於這樣一個政府之內，蔡元培充分體驗了民國初年政治風雲中專制與共和的矛盾衝突。他信守自由民主的價值觀念，原以為創建民國之後，共和政治即成為現實，依法履行公務的政府應當有所建樹。然而，袁世凱作為總統卻蔑視《臨時約法》規定的責任內閣制，獨攬大權，專斷行事。內閣中的袁派成員，事無鉅細，惟袁命是從；南方閣員欲有所為，卻受多方掣肘。遇事認真的蔡元培在內閣會議上不免常與段祺瑞、熊希齡等袁派閣員發生爭執，但收效甚微。總理唐紹儀力持責任內閣制，亦遭袁氏疑忌，接連受到詆毀。深深的失望，使蔡元培感到，與其「任此伴食之閣員」，不如高蹈遠引。於是約集同盟會閣員，對他們說：「目前情形，政府中顯分兩派，互相牽制，無一事可以進行。若欲排斥袁派，使吾黨同志握有實權，量力審時，絕無希望。不如我輩盡行退出，使袁派組成清一色的政府，免使我輩為人分謗，同歸於盡。」宋教仁對此主張不甚贊同，但面對內閣現狀亦無可如何，乃相約：遇適當機會，一齊辭職。[7]

　　不久，唐紹儀與袁世凱就直隸總督人選發生尖銳對立。唐組閣時，孫中山提出由王芝祥任直隸總督，唐商之于袁，並無反對表示。然時日遷延，此項任命遲遲不見發表。唐催促再三，豈料袁氏另有安排，直督一職委於心腹馮國璋，王芝祥改派他職。唐堅執原議，袁則將未經總理副署的委任狀逕自頒發。唐憤而出走天津，隨後辭職。蔡元培等同盟會四閣員踐行前約，連帶辭職。袁氏設法挽留，其親信梁

7　《自寫年譜》，《蔡元培全集》第7卷，第310頁。

士詒奔走遊說，力勸四人取消辭意。宋教仁對公開與袁抗爭有所保留，但蔡元培援引前約，執意共同退出政府。他在7月10日起草的致繼任總理陸徵祥的四閣員聯名辭職函中毅然宣佈，到部視事以14日為截止期限。這樣，袁世凱只得准予辭職。蔡等此舉，被某些人視為「鬧黨見而不顧及國家」。為此，蔡元培發表《答客問》，陳述原委，辨析是非。其實，蔡元培真誠追求民主政治，極願在共和制的政黨內閣中為國家開創一個新格局，可是理想與現實之間相距甚遠，廁身於「無方針無線索」之政府中，「機關停滯，萬事叢脞」，在袁氏的集權高壓之下，不過「充紙糊臺閣之片斷」而已，於國家前途毫無裨益可言。所以，他申明：「吾黨不必無執拗粗暴之失德，而絕無敷衍依阿之惡習。」顯示出為了理想和人格，絕不與污濁的現實共浮沉的高潔氣度，因而被頗具識見的新聞界人士讚許為「同盟會第一流人物」。

7月底，蔡元培離京南返上海。十余日後，武昌起義領導人張振武及方維二人未經審判即被袁世凱殺害。隨後，中國社會黨首領江亢虎又在漢口被無理拘捕。此類破壞法律、蹂躪人權的事件，與共和政體極不相容。蔡元培與吳稚暉等十餘人發起組織法律維持會，致電參議院，要求追究當局的法律責任。然而，民國成立以來的風風雨雨使蔡元培對於辛亥革命的實際意義有了比較客觀的認識。他在致蔣維喬的信中寫道：「此次革命，實專屬民族問題，於政治上排去滿洲親貴之權力而已。清代漢官之流行病，本未曾動，望其一時煥然更新，談何容易。惟乘此波動之機會，於各種官僚社會中，已擠入新分子，將來競爭之結果，必新勝而舊敗。」[8]冷靜的思考，切身的體驗，並沒

8　《蔡元培全集》第2卷，第286頁。

有磨蝕掉他篤守進化公理的信念，而可行的方法是在民族革命後進行社會改良。可以說，這是他辛亥之後選擇的政治路徑。閒居滬上，冷眼觀察國內時局，他料想到政治上的糾紛正方興未艾，自己一介書生亦難有作為，不如仍往德國，繼續深造。9月，即攜眷赴德，仍進萊比錫大學聽課與研究。翌年三月，國民黨領導人宋教仁在上海遇刺身亡。「宋案」調查結果顯示，袁世凱及其黨羽正是這一政治謀殺的指使人。孫中山力主與袁世凱決裂，遂召請海外同志歸國。蔡元培接到陳英士催促其返滬的電報後，迅即與汪精衛經西伯利亞回國，於6月初返抵上海。此後的三個月，他經歷了「二次革命」從醞釀、發動到失敗的全過程。

到達上海當天，蔡元培便到愛文義路100號訪孫中山和黃興，籌商對策。孫中山主張興師討袁，黃興則鑑於兵力不足，傾向通過法律解決爭端。蔡元培的態度如何呢？6月8日他在國民黨上海交通部的演說足以反映其主張，他說：「吾黨革命，本為大多數人民謀幸福，今仍當體察大多數人民之心理。現多數人民不主極端進取……吾黨只須以堅忍之決心，持穩健之步調，誓死締造真正共和，則多數國民，必表同情，吾黨自有戰勝之一日。吾同志諸公，處此危疑艱險之日，惟有運靜細之心思，蓄堅實之力量，採取輿情，以維持大局，則民國幸甚。」[9]不難看出，蔡元培注重民意，強調穩健，不贊同軍事冒險，企望從長計議。這一立場與孫中山不同。因此，當張謇、趙鳳昌等約請他和汪精衛往談，聲稱北京方面願意與黃興探討妥協辦法之時，他曾積極奔走趙黃之間，磋商條件，希望和平解決南北之爭。當然，對

9　《蔡元培全集》第2卷，第296頁。

於軍事抗爭，蔡亦並非完全放棄。激烈主戰的李烈鈞欲赴南京勸說精銳之部第八師起事，因該師旅長王用功曾為愛國學社成員，乃請蔡同行，以便洽談。蔡亦曾與之前往，無奈高級軍官反應持重，只得廢然而返。7月中旬湖口起兵「討袁」之後，南京等地紛起響應，蔡再次赴寧，為已參加起兵的第八師起草反袁通電。「二次革命」進行期間，蔡元培與吳稚暉、張繼等在上海編印《公論晚報》，並在《民立報》撰文，投身反袁鬥爭。他還與唐紹儀、汪精衛聯名致電袁世凱，要求其「宣佈辭職，以塞擾攘」。國民黨在南方各省的軍事行動不久即相繼失敗，孫中山、黃興等人流亡海外，革命進入低谷時期。

9月，又是秋風乍起之時，蔡元培與吳稚暉各自挈婦將雛，踏入日本郵船「北野丸」的三等艙，離開上海，駛向海天萬里之外的歐洲大陸。

3.3　變動不已的旅歐生活

進入民國以後，蔡元培活躍於政壇和教育文化界，每當因故不得不退離這個舞臺時，他便遠走海外，息影歐洲腹地，一面領略西洋人文哲理，一面著譯書籍傳播學術。這幾乎成為他個人生涯中的一個「週期性」現象。

還在北京教育部任總長期間，蔡元培接到萊比錫大學教授蘭普來西的一封信，請其派遣兩名中國留學生來他主持的世界文明史研究所進行合作研究。蔡即規定公費名額，物色人選。此後不久，他辭職離京，鑑於國內政局擾攘不定，萌生繼續赴德深造之念，其學友顧孟余

亦有此意。於是，蔡致函主持教育部的范源濂，希望得到先前規定的兩個公費留德名額，範隨即批准。當年秋間，蔡元培偕黃夫人及子女，與顧孟余夫婦同乘奧地利「阿非利加」號客輪，由海路駛抵德國，仍進萊比錫大學。蘭普來西教授大概不會想到，應邀前來的中國學生，竟是卸任不久的教育總長，按照研究專案和計畫，他要求蔡、顧二人提供中國文明方面的文字資料。這樣，蔡元培一邊聽課，一邊撰寫有關文稿，而由顧孟餘譯為德文。在萊比錫的治學生活僅僅持續了半年多一點的時間，就因國內發生「宋案」，應召回國而中斷……。

　　此時，蔡元培乘船行駛在一年前曾經走過的這條航線上，算來已是第三次赴歐了。他本想返回熟悉的萊比錫大學，繼續那寧靜的治學生活，可是受老友吳稚暉的勸導，這次行程的目的地卻是法國巴黎。法蘭西的燦爛文化和大革命時代形成的精神傳統，對他是有吸引力的，何況，那裡還彙集著李石曾等一班熱情的朋友。行前，他與商務印書館再次約定：在國外每日以半天時間撰擇書稿，該館每月致送二百元稿酬用以維持生活。此外，教育部故舊蔣維喬、董鴻禕等亦設法籌集款項，助其旅歐。1913年10月中旬，蔡元培到達巴黎，與家人暫寓市郊科隆布鎮的中華印字局內。前來迎接和款待他們的，正是老友李石曾。這位熱心公益而辦事疏闊的世家子弟，來法已近十年，他在此創辦的豆腐公司聞名遐邇，成為旅法華人的聚會地。早在四五年前，蔡從齊壽山那裡聞知李提倡素食的主張，深以為然，從此力行素食，堅持十餘年之久。這一特殊的生活習性，使蔡李二人相處頗為契合。來法之初，蔡家每日伙食即包於豆腐公司。然而，此處人員雜

杳，應酬頻繁，蔡元培設想的編書計畫無從實行。到了12月下旬，他便舉家遷入一法國人出租的房舍內，子女陸續進校就學，他一邊編書，一邊與黃夫人學習法語。其編著計畫，擬先編《文字源流》、《文法要略》和《中國文學史》三書，然後撰述哲學、心理等學科的著作。看來這些書目，既有蔡自選的，亦有商務指定的。由李石曾推薦的法語教師是性格開朗的歐思東先生，這位元擅長音樂的比利時人，對教授法語似乎並不在行，既不用課本又不講語法，只從文學書中隨意摘錄幾段予以講解而已，故而蔡自稱：「我們的法語學得不切實。」

在巴黎近郊居住的近十個月裡，蔡元培參與了旅法學界的一些活動。相距不遠的蒙塔爾紀城，聚集著百餘名留法儉學生，他們是李石曾、吳稚暉等人於1912年發起成立留法儉學會，設立留法預備學校以來陸續到達這裡的。當時，蔡主政教育部，曾贊助其事。此刻，面對初具規模的留法儉學事業，作為教育家是頗感欣慰的。他與汪精衛、李石曾等人每星期輪流為儉學生們作有關中西學術問題的演講，並為解決儉學生創辦《農學雜誌》的印行事宜，與在國內的王寵惠聯繫，請其推動中華書局承接此事。同時，蔡還與汪、李及張繼諸人醞釀籌辦一份刊物，面向旅歐華人，宣傳新思想新學說，宣導儉學主張。刊名初為《民德報》，後定名《學風》雜誌。蔡元培為此撰寫了《發刊詞》。他寫道：當今時代實為全世界大交通之時代，人類社會應當通力合作，增進世界文化，其中最重要的內容是「完全世界主義」的科學和美術兩項。他認為，以中國特有的諸多優越條件，本應為人類文明作更多貢獻，但令人自愧的是，除了值得誇耀的古代成果外，近代

的許多領域卻大多為歐洲人越俎代庖。欲改變這一現實，只能像日本人那樣，承認歐洲學術的價值，「奔軼絕塵以追之」，捨此別無出路。他強調，中國吸收外來文明，漢唐之際業已行之，佛學廣涉諸學即是顯證。然歐洲學術不似佛學的只限哲理，而已滲透于社會生活廣大方面，欲學習歐洲學術，捨派員留學別無他途。歷來留歐者甚少，倘以儉學行之，必可大為改觀。這篇洋洋灑灑數千言的文章，廣泛涉及中外古今的文化問題，極言學習西方近代學術文化的急切和必要，反映出作者擷西洋之精華挽故國之衰敝的真誠心理。由此篇《發刊詞》，當可想見蔡元培在蒙塔爾紀所作學術演講的大致內容。

可是，隨著1914年8月第一次世界大戰隆隆炮火的響起，籌備多時的《學風》雜誌不得不停辦，蔡元培等人的旅歐生活也為戰爭的陰影所籠罩。首先受到衝擊的是儉學生，由於學校關閉、國內匯款難以寄達，孤懸海外的儉學生面臨困境，一些人主張輟學回國。為救助儉學生，李石曾等發起成立旅法學界西南維持會，蔡元培撰寫該會通告，語重心長地勸導儉學生以學業為重，轉入戰火未及的法國西南部各校，繼續求學。維持會代覓學校，提供救濟，幫助儉學生們渡過了戰爭初期的難關。進入9月，德軍迫近巴黎，法國政府遷往西南沿海城市波爾多，蔡、李等人亦於是月中旬舉家避往西部鄉間的謨觴村。這個人口不足千人的村莊，交通極不方便，但蔡元培卻興致勃勃地參觀考察了鄰近的許多學校，並與我國和日本的同類學校進行了比較。半個月後，他們又遷至附近的小鎮聖多耐，蔡一家人住在一家帽店樓上，房東是相依為命的母女倆，她們對中國人的友情給蔡留下了深刻印象。不久，蔡、李等移居法國南部城市都魯士，其生活才漸漸安定

下來。在這頻繁的遷徙之中，蔡元培並沒有停止編著工作，他完成了《哲學大綱》一書的編譯，並著手繼續進行《石頭記索隱》的考證。

1915年春，日本向中國提出的「二十一條」披露於報端，旅法學界聞悉群情激憤。汪精衛、李聖章、譚熙鴻等紛紛來到蔡元培的住處，共商對策。蔡依據眾人的議論，草擬《華人禦侮會會章》七條，供大家討論。從這一檔看，所謂華人禦侮會，是採取激烈手段抗禦外侮的秘密愛國團體，會員應盡的責任分為「普通」與「特別」兩種，諸如：「見有敵人侮我同胞者擊之，事變如有株連，則挺身任之；不租屋於敵人；不售地產於敵人；不服役於敵人；見有華人之助敵而侮我同胞者，誅之；入敵境而偵探之」等等。蔡元培擬組秘密團體的設想，沒有被眾人採納，但國難當頭顯示出的忠勇氣概，確非一般文弱書生可比，此舉與他當年參與軍國民教育會暗殺團的活動不無異曲同工之妙，足以顯現其一以貫之的愛國激情。蔡元培等國民黨人在海外的一些活動也曾斷斷續續甚或不無歪曲地反映於國內報刊之上。當萬眾矚目「二十一」條的交涉、袁世凱政府內外交困之時，上海《新聞報》轉發了一條消息，大意是說：孫文、蔡元培宣言，國危停止革命活動云云。姑且不論這一消息的可信度如何，但其受益者顯然是袁氏政府。事實上，袁世凱、袁克定父子曾通過不同管道軟化和拉攏海外的國民黨人，其中包括蔡元培。他們利用李石曾的故交朱芾煌，匯寄鉅款予李及汪精衛、蔡元培三人，言稱：三君現狀頗窘，以此相助。其後，朱又來函，說是「總統極器重三公……深願歸國共襄危局」云云。此外，袁氏還經由他的法國顧問及駐法公使胡惟德轉告于蔡、汪：「總統甚倚重二公，現在國事艱難，務請勸告黨人勿再圖內亂」。

對於袁氏父子的「好意」，蔡元培並不為所動，他在當時寫給吳稚暉的信中即認為：「弟與袁世凱絕交，至分明。在彼亦不過笑弟為一迂儒，未必置於意中。……大約彼等總不肯放過精衛先生，而弟適與之同留法國，又二次革命時，適同時歸國，適同發一電，勸退任，遂生出種種連帶之關係。」[10]蔡的分析自不無道理，但袁氏視其為溫和派而與孫中山等人有所區別似亦是事實。

同年夏，蔡元培、李石曾等來到法國南部海濱的羅埃避暑，此後，蔡一家人便留居在這個風景秀麗的小城。這時，旅法華人的勤工儉學活動呈現活躍發展的態勢，李廣安、張秀波、齊雲卿等人於6月組織起勤工儉學會，倡行「勤於工作而儉以求學」。此項活動的發起者其實是李石曾。他與齊竺山創辦豆腐公司之初，從河北高陽招募許多鄉人入廠，為使其適應生活環境，實行了以工兼學的方法，效果頗佳，隨後逐漸推廣，一些學生亦仿效實行。李進而編印《勤工儉學傳》，以佛蘭克林、盧梭等名人早年做工苦學的實例，宣揚勤工儉學的精神和效果，藉以推動旅法勤工儉學活動的廣泛開展。蔡元培早先與吳稚暉參觀法國地淶泊人造絲工廠時，就曾探討過「學生做工，工餘求學」的可能性。此刻，對李石曾等倡行勤工儉學尤為支持，乃應約為《勤工儉學傳》撰序，以教育家的身份充分肯定和大力扶助這一可行的求學方式。幾乎與此同時，他與吳稚暉、李石曾、汪精衛等正式組建世界社，使這一發起籌備了三四年之久的同人團體終於得以落實。列名發起人的尚有張人傑、褚民誼、譚熙鴻和陳璧君。蔡起草的《世界社意趣》稱：「同人就學異國，感觸較多，欲從各方面為促進

10　　《覆吳敬恒函》，《蔡元培全集》第2卷，第389—390頁。

教育之準備，爰有世界社之組織。」從該社社章來看，創辦刊物、編譯圖書為其重要社務，故偶或亦稱「世界編譯社」。此外，推廣和扶助留法勤工儉學亦被列為社務之一。就實質而言，這是一個文化教育性團體，儘管其發起人大多具有政治背景。世界社成立後，責成汪精衛在東南亞及上海籌資，是年秋，蔡元培、吳稚暉等又聯名致函在美國的張繼，請其作為該社代表在美洲募款。實際上，民國以來先後成立的進德會、留法儉學會、世界社之類團體，儘管名目各異，而核心人物不外乎李石曾、吳稚暉二人。蔡因為與他們的密切關係而置身其間，對於各項事務亦頗多助力。

曠日持久的戰爭，造成法國勞動力的嚴重短缺，於是有招募大批華工赴法之議。在此背景之下，1916年3月，中法兩國教育界人士發起籌組華法教育會，旨在開展華工教育，推動雙向文化交流。該會於6月正式成立，蔡元培與巴黎大學教授歐樂分任中方和法方會長，汪精衛與法國眾議員穆岱分任副會長，李石曾、李聖章擔任中方書記，吳玉章為中方會計，該會組建之後，即受法國有關部門之托，派員回國到西南各省招募華工。蔡、汪等人聯名致函各省當局及教育機關，極言華工赴法的利益所在，即：「擴張生計；輸入實業知識；改良社會」，請其協同擇取體健品端，略具知識而不染惡習之青壯年應募赴法。顯然，蔡元培、李石曾等設想通過招募華工，吸收知識青年赴歐，勵行其勤工儉學，進而達到變相留學的目的。這便是後來大規模留法勤工儉學運動的發軔。為了施行華工教育，華法教育會於4月初開辦了略帶師範性質的華工學校，蔡元培主持入學考試，並編寫了德育、智育講義四十篇。其中德育三十篇頗具特色，它重於辨別疑似，

如：「文明與奢侈、理信與迷信、循理與畏威、堅忍與頑固、自由與放縱、鎮定與冷淡、熱心與野心、尖銳與浮躁、果敢與魯莽、精細與多疑、尚潔與太潔、互助與依賴、愛情與淫欲、方正與拘泥、謹慎與畏葸、有恆與保守」等，十分契合面臨多種價值觀念的人們修養品性、判明良莠的需要，堪稱難得的修身教材。8月，蔡元培與李石曾等編撰的《旅歐雜誌》正式創刊，這個半月刊「以交換旅歐同人之知識，及傳佈西方文化於國內為宗旨」，是反映旅歐華人思想及活動的主要園地。在這個刊物上，蔡先後發表了《文明之消化》和《對於送舊迎新二圖之感想》兩篇文章，足以代表這一時期他的文化主張和政治思想。

《文明之消化》一文的主旨是，學習和吸收西方文明，應當有所甄別，如同人體攝入養分，需要選擇食物，倘囫圇吞之，必致消化不良。文章指出：「歐洲文明，以學術為中堅……而附屬品之不可消化者，亦隨而多歧。政潮之排蕩、金力之劫持、宗教之拘忌，率皆為思想自由之障礙。……審慎於吸收之始勿為消化時代之障礙，此吾儕所當注意者也。」可見，蔡元培對於西方文明的認識，較之兩年前撰寫《學風》雜誌發刊詞時，已經深入冷靜得多，這一前一後兩篇文章頗有相輔相承之效，展示了作者在學習西方文明問題上的思想發展軌跡。《對於送舊迎新二圖之感想》一文，系寫於袁世凱敗亡歸葬、黎元洪走馬繼任之時。文章認為，「袁氏之罪惡，非特個人之罪惡也，彼實代表吾國三種之舊社會：曰官僚、曰學究、曰方士……今袁氏去矣，而此三社會之流毒，果隨之以俱去乎？」這確實是一個發人深省的問題。蔡元培理智地意識到，在袁氏專制劣跡的背後，存在著根深

蒂固的政治、文化、社會諸方面的惡性基礎，此乃造就歷史醜角的溫床。他不無感觸地寫道：「中華民國約法，有責任內閣之制，而當時普通心理，乃不以為然。言統一，言集權，言強有力政府。於是為野心家所利用，而演出總統，又由總統制而演出帝制。此亦崇拜總統、依賴總統之心理有以養成之。」因此，革新政治，關鍵在於改造社會。正是基於這一認識，他在致友人的信函中明確表示：將來回國後，「必不投身政治之漩渦，而專在社會間效力」。[11]

旅居法國的三年，由於涉足社會公務，蔡元培在治學著述方面不像在德國時那樣專注，與商務印書館議定的編書計畫亦大體未能完成。最先著手編寫的《文字源流》，是一本「小學」入門著作，蔡原本精於此道，又頗有興趣，但因缺乏必要的參考書，只得從《說文解字》中逐一勾稽，編成二十課後便停頓下來。之後，轉而編譯《哲學大綱》一書。這本哲學導讀性著作，是他參照德國李希脫爾《哲學導言》和泡爾生、馮特的《哲學入門》兩書編譯而成，其中除「曆舉各派之說」外，在「宗教思想」一節則闡發了他自己的獨特見解。此書於1915年1月初版，至30年代初已出至十一版，是一本受讀者歡迎的「引人研究哲學之作」。早在任職翰林院後期，蔡元培受前人徐時棟觀點的啟發，深信《紅樓夢》為影射小說，乃開始考證工作。在法期間，他將疏證舊稿加以整理，又按商務編輯的提議作一結束語，輯成《石頭記索隱》，於1916年上半年在《小說月報》的「名著」欄連載。蔡氏之說在紅學研究領域引發爭議，學術界乃以「索隱派」目之。其實，蔡的興趣仍然集中於美學及美術方面，他自選題目，擬編《歐洲

11　《覆蔣維喬函》，《蔡元培全集》第2卷，第395頁。

美學叢書》和《歐洲美術小史》，但直至回國之前，僅撰成《康得美學述》、《賴斐爾》各一卷。其中《賴斐爾》於1916年8月在上海《東方雜誌》刊出。

1916年6月袁世凱死後，國內政局出現轉機。7月間，范源濂出任教育總長，他表示，要「切實實行（民國）元年所發表的教育方針」。其時，浙籍人士陳介石、馬敘倫等提議迎請蔡元培回國擔任北京大學校長，教育部專門教育司司長沈步洲亦極力促成此事，范源濂徵得當局首肯，即致電於蔡。電文謂：「國事漸平，教育宜急。現以首都最高學府，尤賴大賢主宰，師表群倫。海內人士，咸深景仰。用特專電敦請我公擔任北京大學校長一席，務祈鑑允，早日歸國，以慰瞻望。」[12]對於蔡元培來說，這是一個歷史性的機緣。推進祖國高等教育的抱負，以及從思想文化入手改良社會的宿願，似乎均可藉此去施展，去實現！他沒有理由推卻這來自故土的召喚。

10月，蔡元培啟程回國。這位教育家一生中最輝煌的歲月即將來臨。

12　轉引自高平叔編：《蔡元培年譜》，第35頁。

第四章

主持北京大學的六年

4.1　學術至上

　　民國五年（1916）初冬時節，蔡元培回到上海。「二次革命」後流居海外的一班同志已經陸續歸來，可是在他抵滬的前一個星期，革命摯友黃興卻已長辭人世。追念故人，不勝依依。他慨允為亡友撰寫碑文，隨即托請黃的同鄉章士釗等代覓有關資料。其間，回故鄉紹興小住數日，旋即返滬。多數友人對他就職北京大學之事不甚贊同，認為北大腐敗，頹風難挽，整頓不成，徒毀名譽。但有的朋友卻主張不妨前往一試，即令失敗，亦已盡力。後者的意見頗合蔡元培的心願，遂於12月下旬北上進京。抵京之後，他與范源濂、沈步洲等商討數次，覺得「北京大學雖聲名狼藉，然改良之策，亦未嘗不可一試，故允為擔任」。12月26日，大總統黎元洪正式任命蔡元培為北京大學校長，翌年1月4日，蔡到校視事。在其後不久寫給尚在國外的汪精衛的信中，他陳述了自己的心跡：「在弟觀察，吾人苟切實從教育入手，未嘗不可使吾國轉危為安。而在國外所經營之教育，又似不及在國內之切實。弟之所以遲遲不進京，欲不任大學校長，而卒於任之者，亦以此。」這位篤信「教育救國」理想的教育家主觀上認定，擔任大學校長是辦教育，而非做官。故而，到京之初，他在接受「各政團招待時，竟老實揭出不涉政界之決心」。[1]顯然，他企望通過整頓教育達到改良社會的目的，而避免直接捲入政治，陷入紛擾。可以說，這至少是蔡元培出任北大校長之初所抱定的一個宗旨。

　　創立已近二十年的北京大學，對蔡元培來說，並不生疏。戊戌年

1　　《致汪兆銘函》，《蔡元培全集》第3卷，第26頁。

間，作為變法新政之一的京師大學堂創辦之時，他正在翰林院任職，其好友張元濟即受命出任大學堂總辦一職。八年之後，蔡擔任大學堂所屬譯學館的國文教習，並兼授西洋史，任教雖僅數月，卻頗得學生推重。又過了六年，他主政教育部，改定大學名稱，推薦校長人選（嚴復），變革學科設置，還親臨校內發表演說，倡明「大學為研究高尚學問之地」。他與曾先後主持該校的吳汝綸、馬相伯等人亦均有交往。應當說，對於這所全國最高學府的興廢利弊，蔡元培大體上了然於心，亦因如此，他才不惜違逆眾意而矢志有所作為。客觀地講，產生於清末「中西並用」時代的京師大學堂暨北京大學，經過張百熙及嚴復等主持人的努力，已經具備了一定的教育規模，尤其是進入民國之後，學生數量穩步增加，教學內容逐漸改進，呈現緩慢發展的勢頭。但是，與歐美近代大學相比，其校內體制、師生素質及學術風氣等還存在相當一段距離。科舉積習的流弊，晚清末世的頹風，深深浸染了這所處在歷代帝都的學府。開辦之初，學生均系京官，入學雇用差人，上課起居例稱「老爺」，真心求學者寥若晨星，熱衷功名利祿卻趨之若鶩。名為學府，實與官衙無異。後來，雖歷經嬗變，官僚政治的遺風卻難以革除。辛亥以後，學生視法科為升官發財的終南捷徑，蜂擁報考，而理工等科則倍受冷落。學風不正必然校紀鬆弛，一些師生甚而涉足風月場中，致使學校清名大受玷污。北大之腐敗，深為一般社會所菲薄。蔡元培認為，北京大學「之所以不滿人意者，一在學課之淩雜，二在風紀之敗壞」。欲救其弊，關鍵是將大學改造為「純粹研究學術之機關」。[2]

2　《致吳敬恒函》，《蔡元培全集》第3卷，第11頁。

蔡元培作為校長，來到北大的第一天，校役們照例排列校門兩旁深深行禮，以示歡迎。這位新任校長竟摘下禮帽，鞠躬還禮。向來不受重視的校役們對這一舉動驚詫不已，不禁感到：這位平等待人的蔡校長與以往的校長大人似乎很有些不同。1917年1月9日，蔡元培在校內發表就職演說，他向全校一千余名學生提出三項要求：「一、抱定宗旨，二、砥礪德行，三、敬愛師友。」其中，突出強調：大學乃研究高深學問之地，諸君須抱定宗旨，為求學而來；大學學生，當以研究學術為天職，不應以大學為升官發財之階梯。這番講話，將學術提到一個前所未有的高度，與他1912年在此所作演說的精神實質完全相同。可是，在有的學生看來，以為不過是校長訓誡學生的泛泛之談而已，並沒有立刻引起足夠的重視。隨後，蔡發佈了一個通告：「以後學生對校長應用公函，不得再用呈文。」原來，學生有事與學校當局接洽，須寫呈文，待校長批復之後，公諸告示牌上。革除這一近乎官衙的形式，使學生們隱約感到某種清新氣象。1月中旬，主編《新青年》雜誌，宣揚「德先生」與「賽先生」的陳獨秀應蔡之邀來北大出任文科學長，這一人事安排，使敏感的人們開始領悟到新校長整頓大學的決心和魄力。

辦好一所大學，最重要的莫過於聘任有真才實學的、高水準的教師，以滿足青年學生的求知欲望，進而誘發其研究問題的興趣，這是培養良好校風、提高教學品質的不二法門。蔡元培深悉此理，以極大的精力，從各個方面「廣延積學而熱心的教員」。進京伊始，他便採納湯爾和、沈尹默二人的提議，決定聘任宣導新文化運動的陳獨秀為文科學長，以接替業已辭職的原學長夏錫祺。其時，陳因事來京，客

居前門附近。蔡往訪數次，以誠相邀，並勸其將《新青年》遷京續辦，陳欣然應允，並向蔡推薦《新青年》的投稿人，時在美國留學的胡適，蔡翻閱有關文稿後，囑其促胡早日來校任教。幾乎與此同時，剛剛二十三四歲的自學青年梁漱溟通過范源濂的介紹，慕名訪謁蔡元培，並出示所撰《究元決疑論》一文請予垂教。蔡從《東方雜誌》上已讀過此文，對作者的佛學造旨印象頗深。此刻，他便邀梁到北大開設印度哲學課程，梁大感意外，極力辭卻。此後，蔡與陳獨秀約梁商談，多方勸導，梁終於同意任教，到1917年冬，這位並無大學學歷的青年便以講師身份走上北大的講壇。同年4月初，經許壽裳和魯迅的推薦，曾任紹興教育會會長的周作人應聘來到北大，由於時逢學期中間，不宜開設新課，蔡元培先安排他在附設于大學的國史編纂處任職，到新學期開始，便聘其為文科教授，講授《歐洲文學史》等課程。7月間，曾繼嚴復之後被任命為北大校長而未到任的章士釗，應聘為文科教授，主講邏輯學，並兼任學校圖書館主任。這期間，蔡元培還曾分別函請吳稚暉和汪精衛，希望他們來學校擔任學監或教學工作，但均無結果，只有李石曾「惠然肯來」，出任生物學教授。8月，學成歸來，且因發表《文學改良芻議》而「爆得大名」的胡適應聘為文科教授。9月以後，曾在北大代課的錢玄同和《新青年》撰稿人劉半農，相繼出任文科教授。11月，經章士釗提議，李大釗進北大擔任了原由章氏兼任的圖書館主任之職。這一年，蔡元培還聘請了因列名「籌安會」而潦倒於天津的國學大師劉師培為文科教授，主講中國中古文學史。

新聘教師的同時，蔡元培對北大原有教師進行甄別，視其學術造

詣的深淺，分別予以留聘或解聘。精通多種外語，擅長英國文學的辜鴻銘，儘管思想守舊、行為怪誕，仍留任教授之職。章太炎的大弟子黃侃，素來恃才傲物，狂放不羈，因其國學根柢深厚，成果斐然，亦被留聘。此外，被留聘的知名學者還有：陳黻宸、陳漢章、康寶忠、沈尹默、馬敘倫、沈兼士、馬裕藻、朱希祖等。對於那些學業荒疏、濫竽充數的教師，蔡元培依照合同解除聘約，即使頗有些背景和來歷的外國教師亦不例外。幾位被裁汰的英、法教師揚言要與蔡訴諸法庭，此事甚至驚動了外交當局，北京政府外交總長親自過問，英國公使竟然造訪於蔡，始而勸誘，繼而威脅。然而，這些壓力，都被蔡元培學術至上的正氣一一頂了回去。至於個別道德淪喪、毒化校風的學林敗類，他則堅決予以除名，擯之於校園之外。

　　由於文科自北大創辦以來即居於主幹地位，故而蔡元培投入較大精力首先整頓和充實這一傳統領域。而對學術規模相對薄弱的理科似乎有些無暇顧及。這一狀況，曾引起留美學界的疑惑乃至不滿。任鴻雋、朱經農曾先後致函胡適，認為，北大「儘管收羅文學、哲學的人才，那科學方面（物理、化學、生物等等）卻不見有擴充的影響，難道大學的宗旨，還是有了精細的玄談和火荼的文學就算了事了嗎？」甚至批評說：「大學專重文科，把理工科看得無關緊要，這種見界太偏淺了。」[3]留美學界的尖銳意見，自然有其道理。不妨說，這多少反映了美國式的大學觀念與蔡元培崇奉的德國大學觀念的微妙分野。然而，公平地講，蔡元培在理念上極為尊崇科學的價值，平生宣導科

<hr>

3　中國社會科學院近代史研究所編：《胡適來往書信選》上冊，北京：中華書局，1979年版，第69、96函。

學不遺餘力。其主持北大，受到多方面的客觀制約，科學落後的現實即其一，企望各個領域齊頭並進，同時獲取顯著碩果，近乎有些苛求。這一時期北大的理科，在夏元瑮等原有教員的基礎上，陸續從歐美畢業留學生中招聘了李四光、丁燮林、王撫五、顏任光、李書華、何傑、翁文灝、朱家驊等一批傑出學者，隨著他們的來校任教，西方近代自然科學開始比較系統地輸入我國文化教育領域，逐漸形成一種新知識體系。此外，法科教學也改變了先前主要由政府官員兼課的狀況，馬寅初、陶孟和、陳啟修、周鯁生、王世傑等專業學者相繼應聘而來，法律、經濟及社會科學等學科漸趨獨立和完善。總之，蔡元培選聘教師，只有一個標準，那就是學術造詣，在這個神聖的標準之外，不曾有第二個標準。因此，國內各方面的名流碩學及後起之秀逐步彙集于北京大學，很快便形成了崇尚學術的良好氛圍，大大激發起學生們的求知興趣，衰頹的學風驟然為之改觀。

在蔡元培主持北大的第一年，便出版了《北京大學日刊》，除發佈校內各種規章、消息之外，還刊登師生對於改進教學及管理工作的建議，並發表學術論文，引起論辯，活躍校內空氣。鑒於北大學生彼此關係鬆弛、自由散漫成風的情況，蔡元培召集學生骨幹，敦勸他們分別發起組織各類學會，廣泛吸引學生參與，學校則在經費、設施等方面予以鼓勵和贊助。隨後，諸如畫法研究會、新聞研究會、書法研究社、體育會、哲學研究會、數理學會、化學研究會、音樂會、技擊會等各類學術團體相繼成立，學生根據興趣愛好，自由參加，充分表現，健康的追求逐漸取代了低級趣味。即以新聞研究會為例，蔡元培兼任會長，以其辦報體驗及對新聞事業的獨特見解，數次發表演說，

從學理上闡發新聞與史學的異同；北大最年輕的教授徐寶璜為副會長，宣講新聞理論及採編業務。該會還邀請著名報人、《京報》社長邵飄萍來校講解他捕捉各類新聞的經驗和技巧。凡此種種，使得教師與學生、知識與趣味融為一體，校園生活變得多彩多姿，豐富充實。1917年底，蔡元培與其他國立高等學校校長陳寶泉、湯爾和、金邦正、王家駒、張謹、洪鎔等倡議組織「學術講演會」，「以傳佈科學，引起研究興趣為宗旨」。他們刊登啟事稱：「我國近年所以士風日敝、民俗日偷者，其原因固甚複雜，而學術消沉，實為其重要之一因。教者以沿襲塞責，而不求新知；學者以資格為的，而不重心得。在教育界已奄奄無氣如此，又安望其影響及於一般社會乎！同人有鑑於此，特仿外國平民大學之例，發起此會，請國立高等學校各教員，以其專門研究之學術，分期講演，冀以喚起國人研究學術之興趣，而力求進步。」該講演會自1918年2月以後每星期日上午舉行活動，其辦事處即附設在北京大學內。

蔡元培深知，大學教師要革除年年抄發舊講義的陋習，而不斷提高授課水準，就必須在教學之外從事必要的學術研究。到校一年之內，他便要求各學科成立相應的研究所，由專業教師和高年級學生共同研討學術問題。最先創辦並堅持開展活動的是國學研究所，其中的小說科由胡適、劉半農、周作人及兩名學生組成。他們定期舉行學術討論，根據研究所得分別作了《論短篇小說》、《中國之下等小說》、《日本近代小說的發展》等專題報告，既濃厚了學術風氣，也促進了各人研究問題的深度。當然，北大各學科研究機關的建立需要一個逐漸發展的過程，但蔡元培力主創辦研究所的主張，使得素以完成教學

為滿足的中國大學增加了科學研究的成分，在一定程度上也改變了文化教育界固守已有知識不求進取的積習。為使學者們的研究成果轉化為社會文化，蔡元培與張元濟協議，由商務印書館印行「北京大學叢書」，分批出版北大教師的學術著作。1918年7月，張元濟訪問北京大學，與蔡元培、陳獨秀、夏元瑮及各科教授座談，磋商叢書出版的具體事宜。兩個月後，陳大齊的《心理學大綱》、陳映璜的《人類學》和周作人的《歐洲文學史》作為第一批北大叢書正式出版。對於某些立意新穎、方法獨特的開創性學術專著，蔡元培極為欣賞，熱情推薦，曾先後為胡適《中國古代哲學史大綱》、徐寶璜《新聞學大意》、黃右昌《羅馬法》等書撰序，扶助青年學者迅速成長。1918年秋，他又提議創辦《北京大學月刊》，作為師生發表學術論文的專刊，並為之撰寫發刊詞，系統闡發學術自由的宗旨，該刊遂成我國最早的大學學報。蔡元培這一系列舉措，對於「振興學術」產生了極大作用，史家呂思勉評述道：「北京大學的幾種雜誌一出，若干種的書籍一經印行，而全國的風氣，為之幡然一變。從此以後，研究學術的人，才漸有開口的餘地。專門的高深的研究，才不為眾所譏評，而反為其所稱道。後生小子，也知道專講膚淺的記誦，混飯吃的技術，不足以語於學術，而慨然有志於上進了。這真是子民先生不朽的功績。」[4]

　　整飭北京大學的風紀，改變這所最高學府在社會上的腐敗形象，是蔡元培出任校長之初即已確定的目標。當校內的學術風氣開始初步確立之時，他便著手正面觸及這個「難題」。1918年1月19日《北京大學日刊》發表了校長撰寫的《北大進德會旨趣書》，隨之，校方向

4　　呂思勉：《蔡子民論》，載《宇宙風》第24期，1946年5月。

師生們散發了參加該會的志願書，一股「進德」之風迅即吹拂於校園之中。作為一個清正自守的知識份子，蔡元培對瀰漫於清末民初社會之上的污濁風習十分反感，1912年他列名發起「六不會」及「社會改良會」，希望矯正世風，但實效甚微。袁世凱當政時期，收買議員，鼓動帝制，揮霍公款，投機鑽營，世風日下，謬種流傳。蔡從法國歸來，目睹江浙一帶在教育、實業各界嶄露頭角者無不以嫖賭相應酬，內心倍覺傷感。及至北京，方知此風尤甚，官僚階層姑且不論，堂堂最高學府內竟存在什麼「探豔團」、「某公寓之賭窟」之類名目，一些師生打牌聽戲捧坤角，致使學校成為「浮豔劇評花叢趣事之策源地」。尤其使他感到不可思議的是，「往昔昏濁之世，必有一部分之清流，與敝俗奮鬥……而今則眾濁獨清之士，亦且踽踽獨行，不敢集同志以矯末俗，洵千古未有之現象！」[5]為此，他曾在南洋公學同學會和譯學館校友會等小範圍內提議實行禁止嫖、賭、娶妾的「三不主義」。此刻，他確信，將進德會的主張行之於北大，乃「應時勢之要求，而不能不從事矣」。北大進德會的戒規類同於1912年「六不會」的基本內容，但會員分甲、乙、丙三種，視遵守條件的多少而定。同年5月底，進德會正式成立，教職員及學生入會者近五百人，約占全校總人數的四分之一。經過通訊選舉，蔡元培為會長，李大釗等三十餘人為糾察員。陳獨秀、夏元瑮、胡適、溫宗禹、馬寅初、傅斯年、羅家倫、張申府等知名教授和學生骨幹均為會員。其實，北京大學的腐敗，不過是社會惡濁風氣的一個縮影，蔡元培力矯時弊，執著地開闢一塊「淨土」，其精神、其境界，委實令人讚佩。進德會的一紙規

5　《北大進德會旨趣書》，《蔡元培全集》第3卷，第126頁。

範儘管不可能約束所有會員的行為，然而它在改變觀念、扭轉校風方面還是起到了應有的作用。

　　儘快使北京大學接近和趕上歐美近代大學的水準，乃是熱衷高等教育的蔡元培奮力追求的大目標。為此，他對北大的教學體制和行政管理進行了一系列改革。這些改革的基本思路大體仿行德國的大學觀念和體制，在某些方面也參照了美國大學的現行做法，其中心主旨，是學術至上和教授治校。蔡元培始終認為，大學是研究高深學問之地，應當偏重於學理。因而，他特別重視文、理兩科，以此作為其他應用性學科的根本。還在1912年，他起草的《大學令》中即明確規定：「設法、商等學科而不設文科者，不得為大學；設醫、工、農等科而不設科者，亦不得為大學。」主持北大以後，又進而主張，大學只須設文、理兩科，其他偏於「術」的應用學科可仿德國之制，另設專科性高等學校，其修業年限及畢業資格與大學相同。循此，他將北大原有的工科並歸天津北洋大學，以辦工科的經費充實理科；取消商科，改為商業學門，歸入法科。他原設想將法科分離出去，另建獨立的專科學校，由於遭到多方反對，未能實行。鑒於預科自行其事，課程與本科不相銜接，遂將預科分別歸屬各本科，統一管理，以求一致。經過調整，北大以原有的經費，集中擴充文、理等科，使基礎理論的教學和研究得到突出和加強。其後，蔡元培又取消文、理界限，試行兩科溝通式教學；並採納留美教師的意見，以學分制取代年級制，促進教學品質的提高。在行政管理方面，蔡元培一改往昔校長獨攬校政的傳統，全面推行教授治校的體制：首先，成立由校長、各科學長及教授代表組成的校評議會，作為全校的最高決策機構，統領校

政。評議員任期一年，由教授選舉產生。隨後，建立各學科（即學系）教授會，負責規劃和組織各科教學活動，教授會主任亦經教授們選舉產生，任期兩年。後來又設立了教務長、總務長等職，均由教授出任。教授治校的實質，是校長將權力下放，交由教學及學術活動的主幹人員自行管理，切實按照教學規律興學辦校。這一體制變革，在「五四」前後的北大產生了明顯的積極作用，清末以來歷久不衰的官衙習氣得到了根本性克服，一個合乎近代大學規範的新型學校漸漸出現在世人面前。

在蔡元培主持北京大學的第二個年頭，新建的紅樓竣工投入使用，這座在當時堪稱雄大的建築物，似乎象徵著「學風丕振，聲譽日隆」的最高學府正在煥發著的勃勃生機。

4.2 相容並包

正經歷著深刻變化的北京大學，在很大程度上是一個學派林立，任情抒發的「自由王國」。

《新青年》雜誌離滬北遷後不久，即成為事實上的北大同人刊物，它的創辦人陳獨秀既沒有開設課程，也沒有單純投入文科學長的公務，其活動重心仍是通過《新青年》的激揚文字推動新文化運動不斷升溫。在他身邊聚攏而來的是一批同他一樣崇奉科學和民主、立志更新中國文化的激進學人，諸如胡適、陶孟和、錢玄同、劉半農、高一涵、李大釗、周樹人、周作人、沈尹默等。他們倡行白話文，創作自由體新詩，傳揚西方最新學說，力主個性解放；同時，抨擊封建禮

教，批判孔孟傳統，痛詆「選學妖孽、桐城謬種」，甚至提議廢除漢字……這些新派人物在北大、在全國知識界湧動起巨大的波瀾，形成辛亥以後意識形態領域內除舊佈新的強勁激流。

青年學生為老師們的大膽言論所鼓舞，紛起效尤。傅斯年、羅家倫、徐彥之等發起成立「新潮社」，創編《新潮》月刊，「專以介紹西洋近代思潮，批評中國現代學術上、社會上各問題為職司」。楊振聲、俞平伯、汪敬熙、成舍我、康白情、顧頡剛、毛子水、譚平山等一批有才華的學生參與其間，他們以評論、詩歌、小說等形式，與《新青年》密切配合，頗有「青勝於藍」之勢。

視中華文化為最高價值的劉師培、黃侃、陳漢章、林損等國學教員，對《新青年》一派的激越高論大為不滿，「慨然於國學淪夷」，他們商議續編清末民初曾風行一陣的《國粹學報》及《國粹叢編》，作為護衛古學的陣地。後來終於面世的《國故月刊》，「以昌明中國固有之學術為宗旨」，也確乎吸引了一些熱心國學的教師和學生。那個曾宣稱「進北大，除了替釋迦、孔子發揮外，不做旁的事」的梁漱溟，對校內盛行新思潮，以致「談到孔子差澀不能出口」的氣氛頗為抵觸，同時，對於《國故》只「堆積一些陳舊古董」的做法亦有所保留，他獨自在《北大日刊》上刊登啟示，公開徵求研究東方學的同道，並組成「孔子哲學研究會」，系統研講儒家學說，與新派人物的批孔反其道而行之。

在激進與保守的兩派之間，持調和觀點的也大有人在。由易家鉞、許德珩、黃日葵、段錫朋等北大學生組成的《國民》雜誌社，在

新、舊文化問題上便具有中性色彩。這一由學生救國會派生出的刊物，仍採用文言文，其政論文章啟迪國人愛國意識，宣揚新觀念，而學術論文則多採劉師培、馬敘倫、陳仲凡等人的著述，其創刊之際，黃侃特為之撰寫了祝詞。在教員中，朱希祖等亦被外界輿論視為介於新、舊兩派之間持中調和的人物。

各種不同的思想主張和學術觀點在北大能夠各行其道、盡情表現，適足反映了校長蔡元培所秉持的辦學原則和方針，那就是「思想自由，相容並包」。這位曾長期在歐洲學習和生活的教育家，理性地接受了西方價值觀念中的自由思想，同時，經過考察德、法等國的大學教育，確信學術自由乃各國大學的通例，不如此，便不會有發達的學術文化。他認為：「近代思想自由之公例，既被公認，能完全實現之者，卻惟大學。大學教員所發表之思想，不但不受任何宗教或政黨之拘束，亦不受任何著名學者之牽制。苟其確有所見，而言之成理，則雖在一校中，兩相反對之學說，不妨同時並行，而任學生之比較而選擇。此大學之所以為大也。」[6]在他看來，大學乃囊括大典網羅眾家之地，應當包容各類學問、各種觀點，「無論何種學派，苟其言之成理、持之有故，尚不達自然淘汰之運命者，雖彼此相反，而悉聽其自由發展」。他的這一思想，可謂根深蒂固，發之自然，並非出於某種功利性的策略考慮。然而，在中國這塊古老的土地上，雖說已進入民國時代，但自由民主的空氣仍然十分稀薄，在思想文化領域內，人們習慣於那種定於一尊的固有秩序，相當多的讀書人也未能革除「專

6　　《大學教育》，收入高平叔編：《蔡元培教育論著》，長沙：湖南教育出版社，1987年版，第488─489頁。

己守殘之陋見」。顯然，社會政治的表層變革並不能替代文化心理的深層更新。蔡元培於1912年曾提出世界觀教育，「意在兼採周秦諸子，印度哲學及歐洲哲學，以打破二千年來墨守孔學的舊習」。但時人對他的這番用意並沒有表現出足夠的理解和贊同。經過袁世凱的禍殃，遲至的新文化運動方始悄然發軔。正是在這樣的歷史契機中，蔡元培這位「自由主義者」，借助北京大學這方「聖土」，勵行「相容並包」，將世界各大學的通例行之於孔孟之鄉，在傳統社會瞠目結舌、嘖嘖非難之中，迅速改變著最高學府的面貌。

「相容並包」主張的最初闡釋，是在蔡元培為《北京大學月刊》撰寫的發刊詞中。他申明，大學乃共同研究學術之機關，而學術研究「非徒輸入歐化，而必於歐化之中為更進之發明；非徒保存國粹，而必以科學方法，揭國粹之真相」。可以說，這是他對待中西兩大文化系統所持的進取態度，也是實行相容並包的目標引導。他尖銳批評學界存在著的株守一家之言而排斥其他學問的積習，指出：「治文學者，恒蔑視科學，而不知近世文學，全以科學為基礎；治一國文學者，恒不肯兼涉他國，不知文學之進步，亦有資於比較；治自然科學者，局守一門，而不肯稍涉哲學，而不知哲學即科學之歸宿，其中如自然哲學一部，尤為科學家所需要；治哲學者，以能讀古書為足用，不耐煩於科學之實驗，而不知哲學之基礎不外科學，即最超然之玄學，亦不能與科學全無關係。」要拓展學術視野，必須廣設學科，增進交流，這便是實行相容並包的現實需要。他借用「萬物並育而不相害，道並行而不相悖」的儒家古訓，說明眾家學說爭鳴于大學之中，似相反而實相成。並進一步強調：「各國大學，哲學之唯心論與唯物

論，文學、美術之理想派與寫實派，計學之干涉論與放任論，倫理學之動機論與功利論，宇宙論之樂天觀與厭世觀，常樊然並峙於其中，此思想自由之通則，而大學之所以為大也。」他期望通過《北京大學月刊》的印行，使外界瞭解「吾校相容並收之主義，而不至於一道同風之舊習相繩」。借助國學經典，陳說世界通則，為相容並包的辦學方針在傳統和時代兩方面求得合理性，從而使中國的大學教育在開放、多元和自由選擇的氛圍中得到完善和發展。這便是蔡元培「相容並包」主張的底蘊所在。

根據這樣的辦學宗旨，蔡元培在選聘教師、安排課程、豐富課外活動等方面充分體現了廣泛的包容性。他意識到，陳獨秀等人編撰的《新青年》雜誌代表了辛亥革命以後思想文化界的進步潮流，足以指導青年學生步入一個前所未有的認知境界。因而將這些時代精英納入北大的教師陣容。陳獨秀進入北大之後，由於銳意推進新思潮，加之性格耿介而有時又細行不檢，招致一些同仁的不滿和議論。蔡從大處著眼，對陳極盡維護之力，保障其啟蒙事業不致夭折。與此同時，許多在中國舊學方面研究有素的學者，也被蔡元培請入北大，並得到應有的重視。研治經學、造詣頗深的崔適，著有《春秋複始》等書，對《公羊春秋》詳解有加，闡釋甚明，蔡便邀請他開設課程，講述研究心得。精通中國戲曲藝術的專家吳梅，擅長詞曲，蔡請其擔任國文系教授，從而使先前視為「淫詞豔曲，有傷風化」的詞曲藝術，被作為一門學問而佔有一席之地。素以研究殷商甲骨文而著稱于世的羅振玉、王國維，亦曾受到蔡的邀請，王還一度允為擔任北大研究所國文門的通信導師。誠如當年北大學生顧頡剛所言，蔡先生聘任教師「不

問人的政治意見，只問人的真實知識」。正因如此，像辜鴻銘、劉師培那樣政治上保守的人物，因其確有學識，亦被延聘。各類學者相繼踏上北大講壇，使這所大學的課程表空前的博雜；在經學方面，既有主講今文學派的崔適，也有古文學派的劉師培；在文字訓詁方面，既有章太炎的弟子朱希祖、黃侃、馬裕藻，也有其他學派的陳黻宸、陳漢章、馬敘倫；在舊詩方面，主唐詩的沈尹默、尚宋詩的黃節、宗漢魏的黃侃，同時並存；在政法方面，有英美法系的王寵惠，又有大陸法系的張耀曾；在外語方面，也一改以往僅偏重英語的傾向，增設法、德、俄等國語言文學，甚至還將世界語列入選修課……在此基礎上，蔡元培努力實踐其「尚自然，展個性」的教育思想，「他希望人家發展個性，他鼓勵人家自由思想，他惟恐人家不知天地之大，他惟恐人家成見之深，他要人多看多想多討論」。在比較和選擇中，確立青年學生的思想觀念和學識基礎；在比較和競爭中，自然完成對各種學派、各類觀點的擇優汰劣。無疑，「相容並包」的辦學方針，內含著發展教育和學術的客觀運行法則，北京大學的變化和進步，證明了「相容並包」方針的可行和有效。

其實，蔡元培提出並付諸實行的「相容並包」主張，在很大程度上反映了他個人的教育背景、知識結構及其「融和中西文化」的思想。他早年飽讀儒家經典，並登臨科舉階梯的頂端，中年以後，基於時變轉而涉獵西洋文化，以至數年旅居德、法，深入接觸歐洲文明，充分感知西方人文的精神實質。從而形成了多元、立體的文化價值觀念，認定「今世為東西文化融合時代」。他認識到：一個民族要對世界文化有所貢獻，必須具備兩項條件，「第一，以固有之文化為基

礎；第二，能吸收他民族文化以為滋養料」。[7]這即是說，在並不毀棄中國傳統文化價值的前提下，積極引入外來文化成果，通過並存與競爭，造就一個既有根基又不乏活力的適合時代的融合型文化。他認為，「教育家最重要的責任，就在創造文化，而創造新文化，往往發端於幾種文化接觸時代。」[8]沒有接觸，便無融合、創造可言。這位矢志培育新文化的教育家，一方面「素來不贊成董仲舒罷黜百家獨尊孔氏」的專制做法，另一方面，力主「對於新思潮要捨湮法，用導法，讓它自由發展，定是有利無害」。因此，促使中西兩種文化接觸、融合的必要途徑，便是實行「相容並包」，捨此別無選擇。就學術文化而言，蔡元培確信，「思想學術，則世界所公，本無國別」。他曾多次表明這樣的觀點：學術的派別是相對的，而不是絕對的，並非永遠不相容的。即使產生了對立的觀點也應作出正確的判斷和合理的說明，避免混戰。應當說，蔡元培實行的「相容並包」，為舊學提供了求得更新發展的可能性，為新學開闢了立足和張揚的空間，這就使中國學術思想界出現了爭奇鬥豔、百家鳴放的活躍局面。五四新文化的空前繁盛與北京大學推行「相容並包」方針有著顯而易見的因緣關係。

蔡元培在北大實行的「相容並包」，成為日後中國知識界津津樂道的一個話題。人們或以此印證學術文化自身發展的規律，或從中揣度蔡本人在五四新文化運動中的基本偏向，甚或藉此伸張文化壓抑狀

7　《旅法中國美術展覽會目錄序》，高平叔編：《蔡元培全集》第4卷，北京：中華書局，1984年版，第484頁。
8　《在檀香山華僑招待太平洋教育會議各國代表會上的演說》，《蔡元培全集》第4卷，第72頁。

態下扭曲的正當要求，等等，不一而足。即使當年新文化陣營中人對此的認識亦頗不一致。青年教授胡適認為：「蔡老先生欲兼收並蓄，宗旨錯了。」似乎在埋怨校長未能獨力扶助新學。陳獨秀則不同意這一看法，在致胡的信中寫道：「蔡先生對於新舊各派兼收並蓄，很有主義，很有分寸；是尊重講學自由，是尊重新舊一切正當學術討論的自由。……他是對於各種學說，無論新舊都有討論的自由，不妨礙他們個性的發展；至於融合與否，乃聽從客觀的自然，並不是在主觀上強求他們的融合。我想蔡先生的兼收並蓄的主義，大概總是如此。」[9]二十多年後，陳論及蔡仍讚歎道：「這樣容納異己的雅量，尊重學術自由的卓見，在習於專制、好同惡異的東方人中實所罕有。」[10]看來，在此問題上，陳獨秀較之胡適更能理解「相容並包」的深刻意義。曾經作為《新青年》重要成員之一的周作人，在其晚年撰寫的回憶錄中談到「相容並包」主張時卻認為，「我以為是真正儒家，其與前人不同者，只是收容近世的西歐學問，使儒家本有的常識更益增強，持此以判斷事物，以合理為止，所以即可目為唯理主義。」[11]周氏一生思想起伏頗大，暮年冷寂深沉，所發議論不失獨特精到之見。梁漱溟曾以其特有的思維方式評論了蔡的個性與相容並包的關聯，他在40年代初所寫一篇文章中指出：「蔡先生除了他意識到辦北大需要如此之外，更要緊的乃在他天性上具有多方面的愛好、極廣博的興趣。意識到此一需要而後相容並包，不免是人為的（偽的）；天性上喜歡如此，方是自然的（真的）。有意的相容並包是可學的，出於性

9　陳獨秀致胡適函，轉引自周天度：《蔡元培傳》，北京：人民出版社，1984年版，第103頁。
10　陳獨秀：《蔡孑民先生逝世後感言》，收入《蔡元培先生紀念集》，第69頁。
11　周作人：《知堂回想錄》，香港三育圖書有限公司，1980年版，第478頁。

情之自然是不可學的。有意相容並包，不一定包容得了。唯出於真愛好而後人家乃樂於為他所包容，而後儘管複雜卻維繫得住。一這才是真器局，真度量。」[12]他認為，實行相容並包乃蔡之至性所致，尋常人是不可企及的，這番論說，多少有些玄奧，然其知人論事的識見不可謂不深刻。當年的北大學生馮友蘭在70年代後期口述自傳時，憶述在北大的感受說：「所謂『相容並包』，在一個過渡時期，可能是為舊的東西保留地盤，也可能是為新的東西開闢道路。蔡元培的『相容並包』在當時是為新的東西開闢道路的。」[13]這一觀點目前在學術界具有普遍的代表性。

在中國漫長的歷史編年中，思想文化的百家爭鳴局面僅僅在短暫的時刻出現過幾次。每一次百家爭鳴局面的到來，都為人才湧流、思想創新和文化建設提供了無與倫比的優越環境，其觀念定勢往往影響後世的幾代人。這思想上自由「狂歡」的輝煌時刻，常常令後人特別是知識份子珍念不已。「五四」之前方興未艾的新文化運動，帶著歷史的啟蒙使命，由實行「相容並包」的北京大學輻射於九州方圓，形成近代中國第一次百家爭鳴的活躍局面，學術文化風氣由此為之改變。人們如此高度評讚蔡元培「相容並包」的做法，其根由或許就在於此。「相容並包」主張的思想根基是學術至上和思想自由，蔡元培牢牢地把握住這兩個原則尺度，不因一己的愛好和傾向而有所變通，從而在校內真正造就了一種學術民主的空氣，也在相當程度上贏得各方面的廣泛敬重和擁戴。即使頑固守舊的辜鴻銘於校內也信服蔡的領

12　梁漱溟：《紀念蔡元培先生》，收入《我的努力與反省》，第325頁。
13　馮友蘭：《三松堂自序》，北京，三聯書店，1984年版，第325—326頁。

導，在「五四」之後的「挽蔡」活動中同樣維護其權威。固守舊學的黃侃甚至對人表示：「余與蔡子民志不同，道不合，然蔡去余亦絕不願留。因環顧中國，除蔡子民外，亦無能用余之人。」[14]當年北大的教師戲稱其校長為「古今中外派」，頗為貼切地說明了蔡元培實行「相容並包」方針所保持的「超然形象」。正如梁漱溟所說：「因其器局大，識見遠，所以對於主張不同，才品不同的種種人物，都能相容並包，右援左引，盛極一時。後來其一種風氣的開出，一大潮流的釀成，亦正孕育在此了。」[15]

4.3　「五四」前後

第一次世界大戰協約國方面的勝利，及美國總統威爾遜提出的「十四點建議」，在中國知識界鼓蕩起強烈的政治激情和對未來的樂觀嚮往。人們歡慶「公理戰勝強權」，以為備受列強欺凌的中華民族從此可以擺脫厄運，踏上坦途。原先決計致力文化建設的學人們，再也掩抑不住熱衷社會政治問題的興致，《新青年》雜誌遂衍生出政論時評性的刊物《每週評論》。這一對世界時勢的浪漫估計和新文化運動的重心移動，構成五四運動得以勃發的直接潛在因素。

在此過程中，作為學界最具影響力的人物，蔡元培的言行是引人注目的。他曾目睹歐戰爆發之初的殘烈景象，對戰時歐洲亦頗多觀感，隨著戰事的演變，他內心所接受的克魯泡特金「互助論」的思想

14　關於辜、黃對蔡的態度，參見周作人《知堂回想錄》「蔡子民」一節和周天度《蔡元培傳》第104—105頁。
15　梁漱溟：《紀念蔡元培先生》，收入《我的努力與反省》，第324頁。

更為堅定了。他認為，「此次大戰，德國是強權論代表；協商國，互相協商，抵抗德國，是互助論的代表。德國失敗了，協商國勝利了。此後人人都信仰互助論，排斥強權論了」。自19世紀末年以來，由於嚴復《天演論》的影響，社會達爾文主義觀念在中國知識社會中幾乎獨領風騷，少數知識份子有幸接觸西方其他社會學說，對「優勝劣敗」一類觀點有所豐富甚或修正。蔡元培即代表了思想界這一動向。1918年11月，當北京城內完全沉浸在歡騰氣氛之中時，他與北大同人及社會名流在天安門廣場連續演講，即廣泛宣揚其「生物進化，恃互助，不恃強權」的信念，為歐戰結束後的樂觀情緒注入了思想旨歸。中國雖然宣佈參戰，但派往戰區的卻是幾十萬華工，勞工們用艱辛和汗水，為祖國換得「戰勝國」的名義。歡慶之際，蔡元培沒有忘記勞工們的作用，特意發表了題為《勞工神聖》的著名演說。他以罕見的激情大聲疾呼：「此後的世界，全是勞工的世界呵！……凡用自己的勞力作成有益他人的事業，不管他用的是體力，是腦力，都是勞工……我們要自己認識勞工的價值，勞工神聖！」這個給時人留下深刻印象的演說，反映了蔡元培「泛勞動」的激進平民思想，在同類場合的演說中別具一格，儘管還看不出它與一年前發生在俄國的工人革命有何直接關聯，卻為日後中國工農運動的興起提供了思想養分。

從這時起，蔡元培亦復明顯涉足社會政治領域。自民國建立以後，對於國內政治爭端，他基本傾向于和平解決，不贊成訴諸武力，即使對於高揚護法旗幟的南方政府亦是如此。由於歐戰結束，國內的和平呼聲大起，旨在終止南北分立的和平期成會，全國和平聯合會、國民制憲宣導會等相繼成立，蔡元培參與了上述組織的初期活動。

1918年11月18日，他致函孫中山，婉勸其贊同南北和平，提挈同志，共同營造民主政治的基礎，「倘于實業、教育兩方面確著成效，必足以博社會之信用，而立民治之基礎，較之於議院占若干席，於國務院占若干員者，其成效當遠勝也」。此後不久，他又與熊希齡聯名致函孫中山，以和平期成會負責人名義，懇請其「大力匡勸」。孫中山於12月4日覆函蔡元培，表示，爭取和平，應是有法律保障的和平，敷衍苟且，只會暫安久亂；歐戰之後，公理大昌，要實現真正的共和政治，絕非少數暴戾軍閥所能做到。因而要「貫徹初衷，以竟護法之全功，而期法治之實現」。[16]顯然，孫、蔡二人在解決國內政治問題上的具體主張並不一致。蔡似乎更多地傾向於維護一個公認的中央政府，在統一、和平的條件下，通過發展實業及教育，奠立共和政治的社會基礎，逐步完善國家體制。孫則保持了一個革命家的本色，為了民主共和的目標，毫不妥協，執著地進行包括軍事手段在內的政治抗爭。他們二人的民主價值觀大體相同，但外在表現形式在排除清廷之後卻有某些不同。在國內和平問題上，二人基本上各行其道，誰也沒有說服對方。

與此同時，蔡元培與教育界人士發起了「退款興學」運動，促使西方列強退還庚子賠款，用以發展中國教育文化事業。同年12月，他與陳獨秀、夏元瑮、黃炎培、沈恩孚、王兼善等人聯名提出《請各國退還庚款供推廣教育意見書》，籲請各界借助歐戰結束後有利的國際條件，敦促各國將「此後每年賠款，悉數退還吾國，專為振興教育之用度」。並進而提出「促成此事之方法」，即上書行政當局，請其贊

16　蔡、孫來往之信函，載《蔡元培全集》第3卷，第220—221頁。

助；致函各國賢達人士，求得支持；發動國內外輿論，造成聲勢等等。此後，他即與學界同人著手進行具體工作。是年底，梁啟超、葉恭綽等赴歐考察，並旁聽巴黎和平會議，蔡特意拜託他們，請其向各國宣傳退款興學主張，擴大影響。翌年4月，他又致函在法國的李石曾：「運動賠款退還一事，已由北京及上海各教育機關推定先生及陶孟和、郭秉文二君在歐辦理；郭、陶已到美洲，不久赴歐。對於英語各國，以郭為代表；對於法語諸國，則當請先生為代表。」[17]其後，李和郭等人開始在英、法朝野進行退還庚款的遊說，退款興學運動自此發軔。至1921年，北京政府因參戰而緩付庚款五年的期限已滿，運動勃然達到高潮。此後，有關的交涉持續進行，直到30年代初方告結束。在此過程中，蔡元培精心擘畫，多方奔走，始終是這一運動的核心人物。

北京大學的諸多改革措施，尤其是陳獨秀、胡適等人彙集北大之後，迭發抨擊舊思想舊學術、倡行白話文的言論，在社會上引起很大反響。固守道統的人們對此類「離經叛道」行為大為不滿，皆視蔡元培為造成這一狀況的主要責任者。就蔡個人而言，對於《新青年》等刊物上的各種言論未必都能贊成，但在傳揚科學的價值、反對獨尊孔孟、使用白話文以改變國人「言文不一致」現狀等方面，他與陳、胡一派的主張基本相同。而這些，正是新文化運動的實質內容。儘管他在相當大的程度上確實做到了容納各方、兼收並蓄，但對陳獨秀等人的扶持和保護亦十分明顯。因此，他愈來愈感受到來自傳統社會的壓力。1919年2月間，桐城派古文家林紓在上海《新申報》的「蠡叟叢

17　《蔡元培全集》第3卷，第287頁。

談」欄目中先後發表影射小說《荊生》、《妖夢》，詆毀北京大學的革新力量。其中，以白話學堂校長元緒影蔡，述其對校內教師毀倫常、倡白話之舉動「點首稱賞不已」，結果為閻羅妖所吞殺，化成一堆「臭不可近」的糞土。誠如胡適所言，這類「遊戲文字」，「很可以把當時的衛道先生們的心理和盤托出」。與此同時，林紓還在北京《公言報》開闢《勸世白話新樂府》一欄，複行先前為《平報》撰寫白話諷諭新樂府之例，「遇有關世道人心題目，即出一篇」。並稱言：「琴南年垂七十，與世何爭，既不為名，亦不為利，所爭者名教耳。」這位當年曾以譯述《巴黎茶花女遺事》、《黑奴籲天錄》、《迦茵小傳》等西洋文學作品而風靡一時的文壇驕子，此刻卻成了新思潮反對派的代言人。上述間接地影射攻擊似乎尚嫌不夠，3月18日，林紓在《公言報》公開發表《致蔡鶴卿元培太史書》，陳述他對學界前途的「悲憫之情」。

　　林、蔡二人均科舉出身，先前曾有過交往。蔡出掌北大之後，有人提議聘林任教，蔡認為林的那套桐城古文功夫已過時，未予延攬。不久，一位名叫趙體孟的人，為出版明季遺老劉應秋的遺著，函請蔡向商務印書館代為先容，並請其介紹梁啟超、章太炎及林紓等名流為遺著題字。為此，蔡致函林氏，告知此事。林卻借機發作，回復了一封公開信。信中略謂：大學為全國師表，五常之所系屬。但近來盡反常軌，侈為不經之談，用以嘩眾，必以覆孔孟，鏟倫常為快。且實行白話，盡廢古書，則都下引車賣漿之徒，所操之語，按之皆有文法。更有甚者，所謂新道德者，斥父母為自感情欲，於己無恩，不圖竟有用為講學者。須知天下之理，不能就便而奪常，亦不能取快而滋弊。

大凡為士林表率，須圓通廣大，據中而立，方能率由無弊。切不可憑位分勢利而施趨怪走奇之教育。「今全國父老以子弟托公，願公留意，以守常為是。」很明顯，林紓將蔡元培在北大實行的改革斥責為「盡反常軌，趨怪走奇」，對新文化宣導者們更是極盡詆毀，即使市井傳言，亦寧信其有不信其無，且詞令間充斥教訓口吻，儼然一派「伸張正氣」之概。《公言報》在刊載林氏公開信的同時，還發表一篇《請看北京學界思潮之變遷》的文章，此文以貌似客觀的筆調指出，北大自蔡元培任校長後，氣象丕變，尤以文科為甚；進而評述校內各學派及其主張，指責陳獨秀、胡適提倡新學、否定傳統，「其鹵莽滅裂，實亦太過」[18]。

面對傳統社會的強勁挑戰，蔡元培沒有保持沉默或退縮，他於林氏公開信發表的當日，便寫就《致公言報函並附答林琴南君函》，寄交《公言報》於4月1日發表。他首先表明，雖林氏原函稱「不必示覆」，而「鄙人為表示北京大學真相起見，不能不有所辨正」。他指出，林責備北大各項，多據外界紛傳之謠言，並非真實情況，如此混淆真偽，實在有悖其愛惜大學的本意。其後，他論事說理，對林氏公開信中「覆孔孟，鏟倫常」，「盡廢古書，行用土語為文字」的指責進行有力地申辯。他寫道：北大教員中開設涉及孔孟學說之課程者所在多有，其中尊孔之人亦非少數，豈有覆孔之虞？即使「《新青年》雜誌中，偶有對於孔子學說之批評，然亦對孔教會等托孔子學說以攻擊新學說者而發，初非直接與孔子為敵也」。校內所組織之進德會，增進道德風尚之意甚明，豈有剷除人類倫常之理？至於文言與白話，

18　（北京）《公言報》1919年3月18日。

僅僅形式不同而已，並非勢若水火，兩不相立，謹嚴之文言，於授課之時，亦須通俗之白話講解。善作白話文的胡適、錢玄同、周作人諸位，其古文根底甚深，有著述可資為證，並非以白話藏拙，遜於先人。最後，他重申自己辦學的兩種主張：一、對於學說，仿世界各大學通例，循「思想自由」原則，取相容並包主義；二、對於教員，以學詣為主。因為「人才至為難得，若求全責備，則學校殆難成立」。他強調，教員授課，以「言之成理、持之有故，尚不達自然淘汰之命運」為界限，其校外之言動，本校既不過問，亦不能代負責任，況且，「公私之間，自有天然界限」，「革新一派，即偶有過激之論，苟於校課無涉，亦何必強以其責任歸之於學校耶？」蔡氏的覆函，分明是一篇為北京大學洗去「不白之冤」的辯護詞，通篇平實深沉，重在說理，毫無意氣輕浮之態，於細謹的辯白之中，申述堅定的辦學主旨和革新意向，入情入理，不卑不亢，恰到好處地護衛了新思潮的生存權利，同時也避開與守舊頑固勢力正面激烈衝突。

　　林、蔡二人的信函，一來一往，一攻一守，反映了「五四」前夕中國文化思想領域內的矛盾對立。這種相對意義上的觀念論爭，往往不可避免地引來傳統社會的政治介入。劉半農曾回憶說：「衛道的林紓先生卻要於作文反對之外，借助於實力─就是他的「荊生將軍」，而我們稱為小徐的徐樹錚。這樣，文字之獄的黑影就漸漸地向我們頭上壓迫而來，我們就無時無日不在栗栗危懼之中過活。」[19]蔡元培作為北京政府的簡任官，當然更能感到來自權力中樞的不安與干擾。大

19　劉半農：《初期白話詩稿序目》，收入《半農雜文二集》，上海良友印刷公司，1936年版，第354頁。

總統徐世昌幾次召請蔡等學界人士，親自過問「新舊兩派衝突」之事；勢焰正熾的安福系成員甚至提出撤銷蔡的校長職務，整飭北大文科。一時間，各種謠言沸沸揚揚，不脛而走。3月26日，對北大的興革尚能理解的教育總長傅增湘，也致函予蔡，對《新潮》雜誌大膽批評傳統社會的言論表示擔憂，內稱：「近頃所慮，乃在因批評而起辯難，因辯難而涉意氣。倘稍逾學術範圍之外，將益啟黨派新舊之爭，此則不能不引為隱憂耳。」並且勸導說：「凡事過於銳進，或大反乎恒情之所習，未有不立躓者。時論糾紛，喜為抨擊，設有悠悠之詞，波及全體，尤為演進新機之累。」他企望北大師生「遵循軌道」，穩健行事。蔡元培於一星期後覆函傅增湘，這封由傅斯年代寫的信函略如蔡答林紓函之格調，一方面堅信「大學相容並包之旨，實為國學發展之資」，另一方面則懇請總長代為「消弭局外失實之言」，同時也表示：「元培亦必勉勵諸生，為學問之競進，不為逾越軌物之行也。」[20]就此函而言，蔡表現出相當的靈活性，對傅增湘來函所提要求基本予以合作，至少在字面上沒有拂逆這位同樣承受很大壓力的教育總長。

其實，蔡元培此時正為北大新派內部的問題所困擾。高擎新文化大旗的陳獨秀，以其明快的思想和灑脫的文筆，開闢出思想啟蒙的嶄新局面，成為眾多新青年仰慕的偶像。可是由於他在個人生活方面不夠檢點，嫖娼醜聞被公諸報端，以致輿論譁然，議論蜂起。反對派對此不無炫染，而新派人物卻無以為辯。此事無疑使蔡元培陷於被動、難堪的境地。社會上反對新思潮的人揚言要將陳獨秀逐出北大，而先

20　傅、蔡來往信函，載《蔡元培全集》第3卷，第284—286頁。

前向蔡推薦陳的湯爾和、沈尹默等人此刻也堅決主張解聘其職。蔡欣賞陳的才幹，辛亥之前從事反清革命時即對其苦撐局面、獨力辦報的精神產生「一種不忘的印象」！兩年來的合作共事，尤其是《新青年》北遷之後在思想文化界開創的新格局，愈加使蔡感到這位新文化運動主將的不可缺少。面對內外壓力，蔡最初並不讓步，甚至不惜自己被革職。然而社會道德牽引下的公眾輿論，其力量是強大的，作為進德會的宣導者，蔡亦自有苦衷。幾經商議，最後不得已採取變通方法免去陳文科學長之職，留聘為教授，校方給假一年。顯然，這是一個折中的處置辦法，不難想像在此過程中蔡元培做出了怎樣的努力。應當說，在新、舊思想尖銳對立的情勢下，陳獨秀引發的風波早已超出了「評斥私德」的範圍，而成為新舊較量的一個熱點。蔡元培執意將陳獨秀留在北大，其用心可謂深遠。

　　1919年春天，正在巴黎舉行的「和平會議」越來越成為國人關注的焦點，在「公理大昌」的心理作用下，人們期待中國外交獲得前所未有的大成功。2月中旬，蔡元培與汪大燮、林長民、王寵惠、熊希齡等人組成國民外交協會，旨在作為政府外交的後援。他們致電出席「和會」的中國代表，要求其據理力爭，一舉收回先後被德國、日本侵佔的山東主權。可是，隨著夏季的臨近，從西邊傳來的竟是令人大失所望的訊息：和會決定將德國原在山東掠得的權益悉數讓予日本，此決定分三條寫入《凡爾賽和約》。5月的最初兩天，上海《大陸報》和北京《晨報》分別披露了中國外交失敗的慘訊。人們終於明白：強權依舊蔑視公理，貧弱的中國仍是列強的俎上肉，於是激憤的情緒開始蔓延。5月3日，蔡元培從汪大燮那裡得知：北洋軍閥操縱的錢能訓

內閣已密令中國代表簽約。這是一個危急的時刻，他迅即召集學生代表，告知這一消息，同時與王寵惠、葉景莘以北京歐美同學會名義急電中國首席代表章宗祥，勸誡其切勿在和約上簽字。北大學生聞風而動，當晚即在北河沿第三院禮堂召開大會，議決將原訂5月7日「國恥日」舉行的活動提前到翌日進行。5月4日下午，北大等校的三千多名學生走上街頭遊行示威，要求「外爭國權，內懲國賊」，隨即火燒曹汝霖住宅，痛毆章宗祥，而三十餘名學生亦遭警方拘捕。

對於這一事件，蔡元培的心情頗為複雜，甚至矛盾。他個人認為，辛亥光復之後，全國學風應從熱衷政治轉為潛心學業，不鼓勵學生涉及政事。1912年，他在上海中國公學即已表明這一觀點。「五四」前一年，北大學生因反對「中日軍事協定」而前往總統府請願，他曾出面阻止，並一度辭職。但此次中國外交失敗，令他痛心疾首，環顧國人，惟有熱情明達的青年學生勇於率先表達民意，而這在冷漠麻木的社會裡尤顯難能可貴。因此，得知學生將採取行動，他沒有像一年前那樣全力阻止，而是保持某種「放任」姿態。雖然當年北大學生的諸多回憶不乏相互矛盾的細節記述，但蔡內心同情乃至讚許學生的愛國舉動是毫無疑問的。當然，由於運動而停止課業是他所不願意看到的，至於焚宅毆人的「越軌之舉」更非其意料所及。然而不管怎樣，當學生與政府形成對立之後，他的處境變得十分困難。政府方面認定此次學生運動與北大平日提倡新思想有關，蔡隨即成為眾矢之的，安福系進而提出查封北大，懲辦校長。在緊張嚴峻的形勢下，他不慌不懼，一方面與政府周旋，減緩壓力；一方面安撫學生，勸其複課。同時，與各國立學校校長奔走營救被捕學生，經過多次交涉，終於如

願。此時，「學生尚抱再接再厲的決心，政府亦持不作不休的態度」，身為校長置身其間，他感到已難有作為；而權力上層正擬議由馬其昶取代他出長北大。在此情況下，蔡元培於5月8日夜晚正式提交辭呈，第二天清晨便悄然離京赴津。

校長辭職出走，北大師生既震驚又困惑。特別對他離京前留下一紙啟事中所引僻典，「殺君馬者道旁兒」一語頗為費解，甚至以為蔡校長有責備學生之意。10日午後，北大職員段子均從天津帶回蔡致學生的一封信，內稱：「僕深信諸君本月4日之舉，純出於愛國之熱誠。僕亦一國民，豈有不滿於諸君之理。惟在校言校，為國立大學校長者，當然引咎辭職，僕所以不於5日提出辭呈者，以有少數學生被拘警署，不得不立於校長之地位，以為之盡力也。」[21]這封信，道出了作為國民與作為國立大學校長的矛盾心理，也解釋了何以事件發生數日後才辭職的原由。北大師生及北京教育界迅即發起「挽蔡」運動，要求政府明令挽留蔡校長。學界「挽蔡」出諸摯誠，而政府方面的所謂「慰留」則虛應故事，毫無真意。蔡元培在天津逗留數日，旋即南下遠走滬、杭，息影於西子湖畔。幾年來在北大經歷的風風雨雨，確乎使他感到疲憊，而北方社會濃重的官衙舊習更令人厭煩。置身這湖光山色之中，返璞歸真而恬意自如，辛勞奔波了大半生的蔡元培此刻確曾萌生摒除塵囂，寄情山水，著書譯書，就此終老的意念。他草擬了《不肯再任北大校長的宣言》，以驚人的率直傾訴了不願再任「半官僚性質」、「不自由」的大學校長的心曲。其堂弟蔡元康顯然認為這篇文字不宜發表，遂以自己的名義在《申報》刊出啟事，稱：家兄

21　《蔡元培全集》第3卷，第295—296頁。

患病，遵醫囑屏絕外緣，俾得靜養云云。這樣，蔡元培便得到了一段相對寧靜的「世外」生活。

在這段時間裡，他最終完成了出版李慈銘《越縵堂日記》的工作。李慈銘一生堅持記日記四十年之久，文字達數百萬言，其中對清代同、光朝政和北京等地社會風貌有生動具體的記述，尤其是大量的讀書劄記，文史價值甚高。李病逝後，蔡受其家人之托，對七十余冊李氏日記曾作初步整理，以備刻印。後來，沈曾植、繆荃孫、劉翰怡等人先後籌畫印行該日記，均未能實現。1919年初，蔡元培得知李慈銘的藏書將要出售，立即與友人商定：「仿曾湘鄉日記例」，以影印方式刊出李氏日記。他約請張弧、傅增湘、王幼山、王式通四人作為發起人，謀求社會的支持，得到李的故友及文化出版界人士的大力贊助。蔡進而與主持商務印書館的張元濟議定出版事宜。此刻，閒居滬、杭，他得以專心致力於日記的編印。其間，李慈銘之侄璧臣帶來日記六十四冊（另有九冊由樊增祥取走），蔡翻檢後與之商議，決定先印同治癸亥至光緒戊子，即1863年—1888年的日記五十一冊，取越縵堂為其共名，以浙江公會名義付印。此後，從送交書稿，審定書樣到題簽書名，商議書價，蔡都親自經手。至1920年，《越縵堂日記》終於影印問世。

命運似乎註定蔡元培不可能做「世外之人」。由青年學生發起的「五四」愛國運動，隨著工、商階層的參與，終於實現了拒簽和約、罷免曹、陸、章的目標，北京學界的「挽蔡」亦隨之成功。6月下旬，沈尹默、馬裕藻、狄福鼎等北大的師生代表相繼南來，力勸蔡取消辭意，返校複職。北京政府教育部亦派員促駕。同時，各方面敦勸

其複職的函電紛紛而至。眾意難違，蔡乃於7月9日通電放棄辭職。然此時胃疾復發，難以即刻北上，他電請北大溫宗禹教授繼續代行校務，卻被堅辭，這樣，正在江蘇教育會任幹事長並主編《新教育》雜誌的蔣夢麟便以蔡個人代表身份進入北大暫主校政。此後，儘管安福系曾嘗試以胡仁源、蔣智由取代蔡元培，但在北大師生的銳意抗爭下均未得逞。不過，經歷此番風潮的學生還能安心學業，服從管理嗎？蔡的一些朋友擔心此後學生「將遇事生風，不復用功了」。蔡本人對「五四」以後學生界的認識要積極、全面一些，但也認為有必要做些「善後」引導。他於返京之前與學生代表談話或公開致書全國學生，均闡發了這樣的觀點：此次運動，學生喚醒國民，作用重大，然犧牲學業，代價不輕。青年救國，不可單憑熱情，主要應靠學識才力，因而目前應當力學報國。由此，他提出：「讀書不忘救國，救國不忘讀書」的口號。他十分讚賞北京學界關於「恢復五四以前教育現狀」的主張，其中顯然含有重建學校秩序、繼續全力進行文化學術建設的用意。正是懷著這樣的想望，蔡元培於9月中旬回到北京，重主校政。返校伊始，他便提出進一步完善校內體制，使之不因校長的去留而影響校務正常運轉。為此，擬議組織行政會議和各專門委員會，負責日常校務。進校不久的蔣夢麟受命通盤規劃，具體實施，這位美國哥倫比亞大學畢業的教育學博士組設總務、教務兩個職能機構，並聘請各系教授充任財政等專門委員會委員，使北大行政方面的教授治校更形完備。此後，蔣作為總務長，成為蔡最為倚重的助手，每每蔡離校遠行，均由蔣代理其職。

「五四」之後的北京學界呈現更加自由活躍的局面，各種思想廣

為傳播，各類團體大量湧現，蔡元培仍舊相容並包，任其自由競爭。胡適、陶行知等簇擁他們的美國老師杜威博士四處講學而久居北京，實用主義哲學和教育理論喧騰于一時；景仰俄國布林什維主義的李大釗從1920年起兼任教授，其新穎的政治經濟學觀點和史學理念開始流行於青年中間；新文學運動中誕生的一代文豪魯迅正式受聘在北大講壇研講其獨步一時的中國小說史；「隻手打倒孔家店的老英雄」吳虞，也走出四川谷地來到最高學府，繼續點評先秦諸子；就是那位從官場上被迫退出來而轉向學術竟成果斐然的梁任公，也不時涉足北大校園登臺演說，闡發學理、與人論辯……這一時期，蔡元培一仍其信奉的互助論思想，對周作人積極宣導的「新村主義」頗感興趣，曾在《新青年》雜誌上撰文評論周氏所譯日本新村倡辦人武者小路實篤的著作，並對青年學生發起成立的工學互助團給予熱情贊助。正是出於對理想的追求，他在北大內部大力推行平民教育。他認為，五四運動帶給學生的最大收益，是他們由此感受到啟迪民智的極端必要性，從而能夠以空前的熱情利用課餘舉辦平民夜校和星期演講會，編印通俗刊物，這是極為可貴的行動。對此，他不僅高度讚許，而且從校方的角度提供財、物支援。1920年1月18日，北大平民夜校開學，他發表演說，稱這一天「是北京大學准許平民進去的第一日」。此前，懸掛在馬神廟北大門前那塊彷彿虎頭牌一般的匾額被摘了下來，這無異象徵性地撤除了橫在最高學府與普通民眾之間的一道傳統屏障。這樣，相當數量的校外旁聽生便自由地登堂入室，選聽課程，構成一派自由、開放辦學的宏大氣象。應當說，這氣象來自蔡元培的教育理想，來自五四之後那活躍舒展的社會文化氛圍。

與此同時，北京大學這個事實上的「男子學校」也開始出現女生的身影。王蘭、鄧春蘭等九位勇敢的女性先後以旁聽生身份進入最高學府，同年暑假，她們通過入學考試成為北大的正式學生。為她們的入學敞開大門，開放綠燈的是蔡元培。當時，有人責問他：招收女生是新法，為何不先請教育部核准？他回答道：「教育部的大學令，並沒有專收男生的規定；從前女生不來要求，所以沒有女生；現在女生來要求，而程度又夠得上，大學就沒有拒絕的理。」三言兩語，於輕描淡寫之中，智巧地破除了傳統束縛，開創出我國大學男女同校的先例。此舉，對於封建守舊的中國社會不啻是一種挑戰。剛剛經過直皖戰爭而取代皖系控制北京政權的直、奉兩系首領曹錕和張作霖，在中央公園的一次宴會上，竟忽然談起「姓蔡的」（指其實行男女同校等舉措）「鬧得很凶」，以至要「看管他起來」。這一動向，引起蔡及其朋友們的警惕，李石曾為了減緩矛盾、免生意外，遂運動政府派蔡赴歐美考察。1920年10月，蔡元培告別北大師生，陪同杜威和到華不久的英國哲學家羅素等人赴湖南長沙進行學術講演，他本人亦就文化、美學及教育等問題作了七次系列性演說。一個月後，便束裝啟行，踏上赴歐美考察的漫長旅程。

4.4　歐美之行

蔡元培此次遠行，固然是由於軍閥暴戾而促發，但學界需要他在國外辦理的事務卻並非可有可無。第一次世界大戰之後，歐美各國的教育、科學、文化均發生一定變革，對此加以考察，顯然有益於「五四」之後國內的文化建設；學界發起「退款興學」運動之後，各

國反應不一，要實現這一設想，尤需教育界有力人士之推動；規模頗大的赴法勤工儉學運動隨著法國戰後經濟形勢的惡化而陷入困境，對這一棘手問題，必須做出處置；北京大學計畫營建新圖書館，海外募捐乃解決資金不足的重要途徑，同時，邀請知名學者來華講學，聘請海外學子歸國任教……上述種種，構成蔡歐美之行的既定任務。與他同行的，有羅文幹、湯爾和、陳大齊、李闡初、張申府、劉清揚等。其中，羅文幹是以修訂法律館總裁身份受命考察歐美司法情形。1920年12月27日，蔡元培一行抵達法國。

　　1921年1月，對於蔡元培個人來說是一個暗淡的月份。與他共同生活了二十年的妻子黃夫人在新年元旦這天病逝，一個多星期之後，蔡接到了噩耗。匆匆出國之前最擔憂的事情終於發生，遠在異國他鄉，只能獨自承受這人生的悲苦和打擊。懷著沉重的內心隱痛，卻必須責無旁貸地處理難度甚大的留法勤工儉學事務，在此問題上，他的舉措招致了嚴重的非難——

　　早在1917年，李石曾等華法教育會成員陸續回國以後，便著手建立組織，開辦學校，積極宣導留法勤工儉學。這期間，蔡元培的活動重心雖在北京大學，但他仍然在相當程度上參與華法教育會「京兆分會」的工作，與彭志雲等一起動員、聯絡和管理留法勤工儉學事宜。湖南學生大批放洋赴歐之前，即首先與蔡等人聯繫，得其贊助。山西留法學生亦是通過蔡的幫助，得以順利進入法語補習學校，之後前往法國。當然，在這一特殊的留學教育運動中，李石曾投入了主要精力，起著主導作用。至1919年和1920年，留法勤工儉學運動達到高潮，全國各省的青年約二千人先後分作二十批奔赴法國。蔡、李等宣

導者的初衷，是鑑於法國因歐戰而勞動力缺乏，通過輸送中國青年赴法，採用先前成功的經驗，實行勤工儉學，使單純的勞務輸出成為變相的留學教育，為國家培育人才。當留法運動進入高潮以後，他們甚至樂觀地認為這一華法教育的盛況肯定有助於促使法國當局退還庚子賠款。然而，留法運動的管理工作十分薄弱，甚至呈現混亂和失控的態勢。相當數量的赴法學生未經外語補習且攜款甚少，致使華法教育會在法國的安置工作倍感艱難。1919年下半年，蔡元培曾致電在巴黎的李石曾，建議暫停派送學生，李於翌年初回國後，重申勤工儉學生必備的條件，甚至一度宣佈停止派送。但留法勢頭的發展已非他們的意志所能改變。1920年6月以後，法國經濟急劇惡化，工廠倒閉或開工不足，加之大批軍人退役，勤工儉學生們覓工甚難，處境窘迫，只得依靠巴黎華法教育會救濟。而教育會方面人力、財力均有限，已無力負荷如此沉重的負擔，而一些工作人員又處事不當，使得學生與教育會的關係日益惡化。同年7月，蔡、李連發兩電，囑教育會挪用正在籌建的里昂中法大學的經費以維持學生；8月，又派高魯赴法處理勤工儉學事務，高到法後即全面改組了教育會的辦事機構—學生事務部。但此類措施治標不治本，危機仍在深化。正是在這樣的情況下，蔡元培來到了法國。

蔡的到來，使留法學界「若大旱之望雲霓，以為解決此困難問題惟有斯人」。然而，他只帶來一筆須轉交湖南學生的省捐助款，別無任何救濟經費。而此時巴黎華法教育會的財政已瀕臨破產：從1920年11月到翌年1月的三個月期間，按月平均計算，經費開支增加四倍多，貸款增加二倍多，到1920年底，教育會負債高達六十余萬法郎。

面對如此情形，作為教育家，蔡亦無回天之術。1月間，他在巴黎聽取各方面所反映的情況後，便於12日和16日以華法教育會長名義發佈兩個通告。第一個通告說：華法教育會、儉學會、勤工儉學會性質不明，是造成矛盾的主要原因，因此，儉學會、勤工儉學會應由學生自行組織，與華法教育會分立，教育會只從旁襄助。至於經濟方面，須以省為單位尋求教助。第二個通告則宣佈：「華法教育會對於儉學生及勤工儉學生，脫卸一切經濟上之責任，只負精神上之援助」，對於學生的經濟維持到2月底截止。這兩個通告發佈之前，蔡在其日記中寫道：「在巴黎參加學生善後事業委員會，因留法勤工儉學生未失業時有存款於華法教育會，及失業者多，皆向會求助，會中款絀，即暫挪學生存款作挹注。積久，不但求助者無可助，提存款者亦不能照付，遂滋糾紛。現委員會議決，速籌法幣六十萬法郎，還所挪存款及再發七十人維持費兩個月，此後華法教育會不再問學生經費事。」[22]這是他本人對此事的唯一記述，也是兩個通告的最直接的注解。

不難想像，蔡氏兩個通告發出之後，原本滿懷希望的學生會有怎樣激烈的反應。正如當年周恩來撰寫的通訊所述：「自兩次通告發出後，留法學生之大波瀾起矣。」在蔡一生中，恐怕沒有哪件事比在此問題上受到來自青年的非難更多、更嚴重的了。留法學界對於兩個通告的態度和評論，大致可分如下幾種：1.強烈責難。認為蔡對於「所有勤工儉學生一切困苦情形徒聽教育會二三小人之言，專委罪於學生」，所發通告是「臨險抽篙」，「陷青年於絕域」。持此觀點的大多是集中在蒙塔爾紀等待領取維持費的勤工儉學生及其同情者。2.處置

22　《西遊日記》1921年1月2日，《蔡元培全集》第7卷，第324頁。

失當。周恩來認為，「提倡勤工儉學諸先生意雖盡善，法未盡美，致演成今日之現象」，他們的精神雖甚可嘉，但「所委託辦事之人，所應付之方策，則又不能稍為之曲護，總謂之處置失當」。3.無所謂。這派意見認為，勤工儉學生理應擺脫對華法教育會的依賴，因此蔡的通告並不重要。趙世炎認為，「現在根本動搖，就是因為沒有忠於勤工。」李立三認為，「現在唯一的辦法，還須勤工儉學生自家猛省，共同補救。」這些人大都是在工廠勤工儉學較有成績者。4.能夠理解。認為蔡此舉「純系經濟問題」，乃出於不得已。對此危局，「不能全責教育會，政府和國內父老，亦當分任其咎」。5.代人受過。張東蓀認為，勤工儉學「一敗至此，俗語所謂拆了這樣的大爛汙，則主其事者不能不負責任……蔡先生不恤為人吐罵，而代人揩去爛汙……不過代人受過而已」[23]。

客觀地講，蔡的兩個通告是在華法教育會財政瀕臨破產的情況下，不得已發出的。在當時，採取這個非常辦法，只是時間問題，遲早總要有人做此處置，捨此別無他法。問題是，蔡對於一些勤工儉學生評價不高，認為他們「既無勤工之能，又乏儉學之志」，而對其實際困難則瞭解不夠，估量不足，更多是從教育會角度考慮問題，給人一種急於甩掉包袱的印象。通告的發出，雖然果決，但面對孤懸海外的勤工儉學生的生計問題，顯然還欠細緻和穩妥。不過，勤工儉學運動所積存的種種矛盾和問題，最後竟由蔡做終結性整頓而為人詬病，倒確乎有些代人受過的意味。需要指出的是，留法勤工儉學實質上是

23　可參見張曉唯：《蔡元培與留法勤工儉學運動》，載蔡元培研究會編：《論蔡元培》，北京：旅遊教育出版社，1989年版。

中國歷史上一次獨特的平民子弟留學西方的教育試驗，這一嘗試雖然發生了始料未及的效果（出現了一批共產主義者），但從留學教育角度看，它基本上沒有成功。當時留法學界就對勤工儉學的能否問題有過激烈爭論，其宣導者顯然是以理想主義精神開展這一大規模活動的，因而從一開始便有某些脫離實際的先天不足。當時曾有人指出：「李石曾、蔡子民諸先生提倡的時候，急於要開風氣，既沒有有耕種這種主義，又沒有仔細選擇。」似乎是說，勤工儉學的思想既未普及，赴法人員的條件又過於寬泛。因而，一旦客觀形勢惡化，潛伏的問題和矛盾也就突發出來，導致悲劇性結局。

蔡元培發佈兩個通告以後，曾應學生代表的邀請，於1月25日在巴黎共同商議善後辦法。此後，他又與駐巴黎總領事廖世功、留歐學生監督高魯聯名致電北京政府教育部，報告留法學生現狀，籲請各省「從速設法匯銀接濟……並祈立即阻止各省遣送勤工儉學生，否則萬無辦法」。同時，他將湖南捐助款妥為轉交給徐特立、湯松等代表，還出面與法國勞動部門接洽，盡力安排一些學生就業。然而這些已是他盡力於勤工儉學運動的尾聲了。

在歐洲，蔡元培滯留了五個月，以在法國訪問的時間為最長，此外，還先後遊歷了瑞士、比利時、德國、奧地利、匈牙利、義大利、荷蘭和英國。原擬順訪丹麥，因遇海員罷工，未能成行。這期間，他走訪了包括巴黎、柏林、牛津、劍橋在內的幾十所大學，詳細考察其學校傳統、辦學特點、管理體制及專業分佈，尤其對法國的大學區教育體制深感興趣。在英國愛丁堡的一次演說中，他發表感想說：國內正在倡行地方自治，採用法式大學區制，可以解決各省地方教育的提

高和管理問題；不過，法國大學區的權力過分集中於校長一人，似應略作變通，設立評議會統攬其權。這一認識，是其日後在中國從事大學區試驗的思想基源。蔡元培還與西歐各國的知識精英和教育行政官員進行了廣泛接觸，旨在建立和加強相互間的學術交流與聯繫。3月8日，他偕李聖章訪問坐落在巴黎的鐳錠研究所，會晤了居里夫人。這位發現鐳元素的科學家向蔡表述了希望中國科學昌明的良好願望，尤其強調中國不能沒有鐳錠的研究機構，並提議這個研究機構最好設在北京，因為那裡的環境清靜，不像巴黎嘈雜而又有污染。蔡深感其「質樸誠懇」，邀請她利用本年暑假訪美之機，順便到中國講學。居里夫人因假期短暫，難以來華，乃答應以後爭取訪華。一個星期後，3月16日，蔡與夏元瑮、林宰平在柏林訪問了愛因斯坦。蔡詢以能否往中國講學，愛因斯坦表示甚願訪華，並問來華講演應操何種語言，稱自己的英語「甚劣」，蔡答可用德語，配備翻譯。一年之後，愛因斯坦通過中國駐德公使與蔡商定，前往北京大學講學，但由於書信誤期等因，愛氏雖到上海，卻未能實現講學。此外，受梁啟超的囑託，蔡在德國還拜訪了著名哲學家倭鏗，並通過張君勱與法國哲學家柏格森聯繫，敦請這兩位學者訪華。其後，倭鏗推薦的杜裡舒應邀來華講學。

此次歐洲之行，對於蔡元培來說，真可謂是對歐洲人文傳統和近代文明的一次巡禮。他參觀了數以百計的各類機關、設施、名勝、景觀，對西方文化的瞭解更加全面、具體。他瞻仰了盧梭、黑格爾的故居，觀覽了拿破崙一世的紀念館，又一次重遊萊比錫，光顧當年歌德寫作《浮士德》的奧愛布赫小酒館，也漫遊了那古氣森森的龐培城和

古羅馬時代遺留下的建築群，更有幸飽覽梵蒂岡教皇宮內拉斐爾、米開朗基羅等大師的藝術傑作。同時，他又廣泛領略近代科技的繁盛成果，曾興趣盎然地參觀巴黎大學語言學研究所的語音試驗設備，走訪六〇六發明人愛里希的研究所，還現場直觀體現先進醫療技術的複雜手術。當然，他也切身感受到歐戰給各國人民造成的心理創傷，尤其對一位德國大學教授所表現出的激切復仇情緒留下了深刻印象。在異域他邦，蔡元培見到不少在此留學或旅居的學生和朋友，諸如傅斯年、劉半農、章行嚴、徐志摩、林語堂等，蔡的許多活動，便是由他們陪同進行。

6月1日，蔡元培從法國駛抵美國紐約，第一次踏上這塊「新大陸」。他由東向西，遍訪華盛頓、巴爾的摩、芝加哥、西雅圖、洛杉磯等重要城市，參觀了哥倫比亞大學、紐約大學、哈佛大學、芝加哥大學以及國會圖書館、卡耐基研究院等學校和機構，與孟祿、李佳白、芮恩施等知名人士晤談。在這個新興的國度，他充分體味到崇尚實用的學術風氣，即使在「形而上」領域，亦呈現「實用哲學漸超過於康得黑格爾派之觀念論」的趨勢。與在歐洲訪問略為不同的是，他在美幾乎每到一地，必作演說，總計接近30次，演說內容大多涉及國內新文化運動的介紹和有關東西文化融合的觀點。在華盛頓喬治城大學的一次演說中，他明確闡述道：東西文化交融的時代已經到來，現今學者應當「以西方文化輸入東方，以東方文化傳佈西方」，做兩種文化交流的媒介。在美期間，他還與羅家倫等北大留美學生座談，出席國民黨海外機關的會議，向各界愛國華僑講述北大的現狀及其與中國文藝中興的關係，並募集捐款。8月中旬，蔡元培受北京政府教育

部委派，出席了在夏威夷檀香山舉行的太平洋教育會議，韋愨、王天木等陪同其與會。蔡以中國代表身份向會議提交了《小學教育採用公共副語議》和《舉行太平洋各國聯合運動會》兩項提案，前者主張對十歲以上的小學生開設世界語課程，後者則建議每年舉行一次太平洋地區運動會，由各國輪流承辦。同月底，蔡離開夏威夷，乘船回國，經日本橫濱、神戶，於9月14日返抵上海。

在近十個月的時間裡，蔡元培作了一次名副其實的環球旅行。他以其在中國教育界的崇高聲望和對新文化運動的突出建樹，受到歐美知識界的廣泛尊敬和熱情禮遇，法國政府贈送他三等榮光寶星名譽徽章一枚，里昂大學和紐約大學則分別授予他文學、法學名譽博士學位。值得注意的是，蔡的歐美之行，使中國教育界與各先進國家建立了高層次的廣泛的聯繫，這對二三十年代中外文化交流產生了積極影響。

4.5　「不合作！」

1921年9月18日，蔡元培回到北京。遠行歸來，環顧海內，依舊是擾攘不已的武人政治和兵戎相見的戰亂紛爭。京師教育界經歷了「五四」之後的又一次大風潮，剛剛恢復平靜，他的許多同事和朋友通過罷課、請願，甚至受傷流血，才促使政府發放拖欠已久的教育經費。在軍閥主政的年月裡，蔡元培深知苦撐教育殘局的艱辛，然而目睹歐美各國教育、科學、文化的先進程度，出自一個教育家的天職和良知，他只能振奮自己，勸慰和勉勵他人，共圖國家民族的「百年大

計」。在北大歡迎他歸來的大會上，他勸勉師生們道：從事教育之人，無論遇到怎樣的困苦，也不可自行放棄天職。甚至認為，「罷課是一種極端非常的手段，其損失比『以第三院作監獄』及『新華門受傷』還要厲害得多」[24]。顯然，這位抱定教育救國信念的大學校長企望師生們不為任何現實障礙所阻，潛心於傳播知識和建設文化的神聖目標。從這年10月始，蔡元培在北大開設美學課程，並著手編寫《美學通論》一書。校長親自授課，吸引了大批學生，據蔣複璁回憶：「他教的是美學，聲調不很高可是很清晰，講到外國美術的時候，還帶圖畫給我們看，所以我們聽的很有味，把第一院的第二教室完全擠滿了……擠的連臺上也站滿了人，於是沒有法子，搬到第二院的大講堂。」[25]此種盛況，自然有益於濃厚校內教學空氣，同時，也集中體現了蔡元培宣導美育的實際努力。

還在出任北大校長之初，蔡元培在北京神州學會的一次演說中，將他自1912年以來一直宣導的美育主張作了進一步發展，提出「以美育代宗教說」。當時，一些人憾於我國無宗教，遂致道德淪喪、國勢衰頹，急於要引入基督教；而另一些人則尊孔子為教主，倡立孔教，以維繫所謂的「世道人心」。蔡元培認為，在科學發展的近代社會，宗教早已失卻了其蒙昧時代曾經發揮的作用，欲陶冶人類高尚美好的情操，莫如捨棄宗教而代之以純粹之美育。因為宗教教義具有很大的排他性，往往強行令人遵從，而美的「普遍性」和「超越性」特點，

24　所謂「以第三院作監獄」，是指1919年「五四」事件之後，軍警大肆拘捕遊行示威的學生，並將其拘禁於北京大學第三院內；「新華門受傷」，是指1921年6月3日，北京大學等校教職員為索薪而在新華門向政府請願時，被軍警毆傷的事件。

25　見《蔡元培先生紀念集》，第86—87頁。

可使人類心靈的寄託和純潔情感的生成變為一個自然過程。他的這一演說詞，於同年八九月間先後刊載在《新青年》雜誌和《學藝》雜誌上，令知識界有耳目一新之感，但人們對於這一主張不甚了然，熱心響應者為數寥寥。到1919年新文化運動處於高潮之際，蔡又在《晨報副刊》發表《文化運動不要忘了美育》一文，懇切提醒「致力於文化運動諸君」莫忘美育，他寫道：「文化不是簡單，是複雜的；運動不是空談，是要實行的。要透徹複雜的真相，應研究科學。要鼓勵實行的興會，應利用美術。」不用美育提起一種超越利害的興趣，融合一種劃分人我之僻見，保持一種永久平和的心境；單單憑那個性的衝動、環境的刺激，投入文化運動的潮流，終不免產生種種流弊。在這篇文章中，蔡元培將美育與科學並提，視為新文化運動不可或缺的重要內容。到這時為止，至少在北大範圍內，美育已在教學和課餘生活中占居了一席之地。此後，蔡利用諸多場合，系統宣講美育的有關理論，出國考察前在湖南所作的七次講演，竟有四次屬於這類內容。他在北大及北京高等師範學校親自開設課程，更推動了西方美學理論的傳播。這種種努力，引起教育界人士一定程度的關注和興趣，主編《教育雜誌》的李石岑請他撰文介紹實行美育的具體方法，蔡遂撰成《美育實施的方法》。

依照蔡元培的設想，實施美育須家庭、學校、社會三方面協調一致，從一個人孕育母體中的胎教，到接受各級學校教育，乃至社會生活環境，均注入精妙的美感教育，這不僅要使每一個社會成員具備自覺的「求美」意識，還需要科學文化相應的發展水準和社會公益設施的充分完善。顯然，他為人們勾畫了一幅系統美育的理想圖景，它絕

非可以一蹴而就，卻足以成為中國幾代教育家追求不捨的宏遠目標。當然，這一炫麗的美育藍圖提出于20年代軍閥混戰、民生凋敝的時期，與灰暗的歷史背景不很諧調，其明顯的超前性似乎註定了它在很長一段時間裡「曲高和寡」的命運。惟其如此，癡迷於重造國民精神的蔡元培，才愈發執著地宣揚美育的價值和意義，並在可能的限度內大力扶植各類藝術教育，健全公共文化設施。客觀地講，蔡一生力倡美育，始終不懈，他基本做了兩件事：一是全面介紹西方美學理論，使美育觀念至少在知識界初步被接受；二是在中國奠立獨立的藝術教育基礎，培育了一批美術、音樂等方面的人才。不妨說，蔡的宣導美育，基本不是在構建新的理論體系方面，而主要表現於具體的教育實踐。他努力實施的美育，實質上是一種「心育」，是造就高尚情操和完美道德的一種外在途徑，也可以說，是中國士人注重修身養性傳統的近代表現形式。他所追求的是感乎於外、發乎於內的自覺地心理完善，而與一般社會倡立某種價值體系迫人就範的道德培養方法大異其趣，這正是其「以美育代宗教」主張的底蘊所在。

人們說，蔡元培奉行「相容並包」宗旨無所不包。其實，也有例外，他對於宗教是並不包容的。1922年春天，世界基督教學生同盟在清華學校召開年會，引發了上海、北京等地激烈的「非宗教運動」。蔡以極鮮明的立場，參加了北京非宗教大同盟的活動，併發表演說，指出：「現今各種宗教，都是拘泥著陳腐主義，用詭誕的儀式，誇張的宣傳，引起無知識人盲從的信仰，來維持傳教人的生活。這完全是用外力侵入個人的精神界，可算是侵犯人權的。」他尤其反對教會學校和青年會誘惑未成年的中國學生信仰基督教，主張「以傳教為業的

人，不必參與教育事業」。北大教授周作人、錢玄同、沈兼士、沈士遠和馬裕藻五人曾對非宗教運動表示異議，認為這有悖於「信仰自由」。蔡對他們的觀點頗不以為然，強調信仰自由應包含信教與不信教的雙重自由，實際是為非宗教運動辯護。時隔數月之後，歐美派女學者陳衡哲致函予蔡，對他無條件地贊成非宗教運動表示困惑，函稱：「觀各處反對宗教之電文，幾無一能持平心靜氣之態度者；而且所持之理由，又大率膚淺，不從歷史上及學理上立論，但專事漫罵，此豈足以服敵方之心哉？」對於陳女士的抱怨，蔡覆函答曰：「『非宗教』，本為弟近年所提倡之一端，不過弟之本意，以自由選擇的隨時進步的哲學主義之信仰，代彼有儀式有作用而固然不變的宗教信仰耳。此次非宗教同盟發佈各電，誠有不合論理之言。然矯枉終不免過正，我等不能不寬容之，不忍驟以折衷派挫其銳氣。」[26]由此可見，蔡元培拒斥宗教，一以貫之，其中既有維護民族自尊的現實情感，又有出自學識理念的思想根由，他摒除外來宗教，也反對國粹宗教化傾向，其主旨仍是秉持「思想自由」原則，保持一個超然的自我和從事一種「超然的」教育。

　　然而，時勢是艱危的。儘管蔡元培懷抱發展教育的真切願望，但教育經費短絀的陰影始終驅之不散。連年的窮兵黷武，耗占了國家的大部分收入，撥到教育項目上的經費僅為政府預算的百分之一。即使這些，還被經常拖欠，大學教員往往只能領取半月工資。20年代初，北京「各校的教育經費比從前更形困迫，盼政府發款，像大旱的時候盼雨一樣艱難。添聘教員沒有錢，購買書籍沒錢，購買儀器沒有

26　陳、蔡來往信函，見《蔡元培全集》第4卷，第226—227頁。

錢，購買試驗用的化學藥品沒有錢，乃至購買一切用品都沒有錢。學生終日惶惶，覺得學校停閉就在旦夕，不能安心求學；教職員終日惶惶，迫於饑寒，沒有法子維持生計，亦不能安心授課」。在如此窘迫的情狀下，各校要求「教育經費獨立」的呼聲日漸高漲。蔡元培曾經設想發放教育公債，使「教育經費從由政府間接取得變成直接向國民取得」。1922年3月，當「教育獨立」運動步入高潮之際，他發表了《教育獨立議》一文，提出，「教育事業應當完全交與教育家，保有獨立的資格，毫不受各派政黨和各派教會的影響。」因為教育是百年樹人的大計，謀求遠效，而政黨的政策追求近功，變化不定，將教育委之於政黨，必然更變頻仍，難有成效；至於教會，則保守成性，拘泥信條，與教育發展的自由規律格格不入。因此，教育事業不可不超然於各派政黨和教會之外。那麼，如何實行「超然的教育」呢？他的方案是：採用法國的教育體制，在全國劃分若干大學區，每區建立一所大學，大學事務，由大學教授所組成的教育委員會主持，並推舉校長；教育總長須經高等教育會議承認，不受政黨內閣更迭的影響，各區教育經費仿美國的做法，從本區中直接抽稅，貧困之區則由中央政府撥付稅款補助之。蔡元培的「教育獨立」主張及其方案，反映了北洋軍閥統治時期中國教育界力圖擺脫惡濁政治的困擾，從根本體制上為發展教育尋求出路的強烈願望。它固然是那個時代的特有產物，但也是蔡這一代人仿行西方教育制度所刻意追求的一個迷人的夢。「教育獨立」運動終於並無實質性成效，北大等幾所國立高校依舊艱難度日。隨著國內政局顯現某種轉機，蔡元培等學界中人開始企盼出現一個「好人政府」。

同年四五月之間，第一次直奉戰爭在京、津附近爆發，雙方的十餘萬兵力在近一個星期的時間裡激烈廝殺。為了保障學校安全，蔡元培提議組建北大保衛團，由李四光、丁燮林、白雄遠負責籌備，學生參加者達三百餘人。此前，北大剛剛舉辦了中斷六年之久的運動會，重視體育和「知識階層武化」的現實需要，使這所最高學府出現了「學生軍」。後來蔡還約請軍事家蔣百里等來校講演，對學生進行軍事教育。這些做法，與1912年蔡元培的軍國民教育思想是完全一致的。兩派軍閥的激戰，以直勝奉敗而告收場。此後的兩年，直系軍閥單獨控制了北京政權。這個由英美等國支持的軍閥集團，較之當時的皖、奉兩系，似乎略具一點清名，特別是那位秀才出身的「常勝將軍」吳佩孚頗得時人的好感。直系當權，使不少盼望政治清明的人一度想入非非。曾經發誓「二十年不談政治」的胡適，居然也「第一次作政論」，寫了《我們的政治主張》一文，當他覺得「此文頗可用為一個公開的宣言」時，便約請北大的十餘名同人及校外朋友在蔡元培寓所彙集，經眾人討論修訂後，於5月14日聯名發表。這篇「書生議政」的文字，主張好人應當站出來參與政治，組織一個為各方面均能接受的「好人政府」，推行政治改革；首先實現南北議和，召集1917年被解散的國會，制定憲法，進而裁兵、裁官，使國內政治漸次步入正軌。應當說，這一宣言反映了歐美派知識份子和平改良現實政治的善良願望，在當時輿論界引起一定程度的共鳴。蔡元培肯於領銜發表此種宣言，除了政治思想方面的原因之外，還與他深悉一般社會的心理趨向有關。故此，當直系的曹錕、吳佩孚完成了「法統重光」之後，他便電請孫中山終止北伐，結束護法。儘管此舉招致一些南方國民黨人的嚴厲指責，但他我行我素，自信其言合乎民意。在北大任職

的幾年內，蔡基本是作為社會名流涉足國內政治，卻較少顧及自己的黨派身份，從而在許多問題上表現出相當大的自由度。他與梁啟超等「研究系」要員時相過從，以至林長民提議另組新黨，擁蔡、梁二人為魁首；他與吳佩孚系統的孫丹林等人亦曾多次聚首，暢論時局，在一段時間內，他像許多人一樣對吳寄予期望；[27]王寵惠、羅文幹、湯爾和等好友入閣秉政之後，他與北大同仁更幾乎成為「院外集團」；而蘇俄代表越飛抵京，他又隱然代表國民黨與之晤談。總之，蔡元培這一時期的政治活動雖非主要方面，卻是頗為複雜的。

　　這一年的暑假，國內教育界人士齊集濟南，舉行中華教育改進社第一次年會。蔡元培作為該社董事向大會致開幕詞，會議重點是討論修改學制問題。9月下旬，北京政府教育部召開學制會議，審議和通過學校系統改革草案等議案，蔡以會議主席身份主持其事。隨後公佈的新學制（壬戌學制），較之民國初年的「壬子癸醜學制」有了很大的改進：小學由七年縮短為六年，義務教育暫以四年為准；注意地方實際需要，不做硬性規定；重視學生的職業訓練和補習教育；課程設置和使用教材側重實用；實行選科制和分科教育，兼顧學生升學和就業兩種需要。同時，新學制還確定了普通教育的「六三三」制。此次教育改革所確立的改革標準中有「發揮平民教育精神」、「謀個性之發展」等項，這與蔡元培平素的主張十分吻合，顯然他為新學制的制定和實施做出了很大努力。

27　上述情況，可參見中國社會科學院近代史研究所中華民國史研究室編《胡適的日記》（北京中華書局1985年版）中的有關記述，以及丁文江、趙豐田編《梁啟超年譜長編》（上海人民出版社2009年版）中有關信函。

蔡元培任職北大的最後一個學期，是在十分困難的境況下度過的。整個8月，他與北京其他七所國立高校的校長一起同政府進行了頑強地交涉，以求解決教育經費問題。他真切感到，「解決經費困難，實一最大而最重要之事」。因為，「開學在即，不名一錢，積欠在五月以上」。向政府索要欠款的同時，北大在經費開支方面也採取了措施，其中規定向學生徵收講義費。此舉導致一場學生直接抵制學校當局的風波。10月17、18兩日學生代表數十人先後到會計課和校長室請願，要求校方撤銷徵收講義費的校令，蔡元培向學生解釋無效，雙方形成僵局，學生意欲罷課，蔡則斷然辭職，隨後，北大其他行政人員亦連帶辭職，校務陷於停頓。後經多方調解，蔡收回辭意，仍返校主政，歷時一周的「北大講義費風潮」始告平息。收費暫緩實行，學生馮省三卻被開除。社會上對此次風潮議論紛紛，而箇中情由及其苦楚，只有蔡等主要當事人體味最為深切。在政治、經濟狀況不足以維持公益事業的社會裡，求學難，辦學尤難，人們大可不必苛求某一方面而任施褒貶。

　　1922年12月，北京大學創建24周年。17日，校內舉行紀念會，蔡元培發表講話，回顧和總結了這所最高學府的發展歷程。他說：北大的24年可分三個時期。自開辦至1912年，為第一時期，在這十餘年間，學校歷經波折，其體制主要是模仿日本。開辦之初，北京環境多為頑固派所包圍，辦學的人不敢過違社會上傾向，學校方針實行「中學為體，西學為用」。故教者、學者大都偏重舊學，西學方面不易請到好的教習，學的人也不很熱心，很有點看作裝飾品的樣子。但是，中學方面參用書院舊法，考取有根底的學生，在教習指導之下，專研

一門，這倒是有點研究院性質。自1912年至1917年，為第二時期，校長和學長率多為西洋留學生，加之國體初更，百事務新，大有完全棄舊之概。教員、學生在自修室和休息室等地方，私人談話也以口說西話為漂亮。那時，中學退在裝飾品的地位了。但當時的提倡西學，也還是販賣的狀況，沒有注意到研究。自1917年至今，是第三時期，校內提倡研究學理的風氣，力求以專門學者為學校的主體，在課程方面也是謀求貫通中西，即如西洋發明的科學，固然用西洋方法來試驗，就是中國固有的學問，也要用科學方法加以整理。[28]這番講話，以中、西文化在大學的消長和融合為主線，概括地論述了北大的發展歷史和各時期的特點，其中對他主持校政六年來學校所發生的變化也作了客觀陳述。是否可以這樣說，蔡元培對自己在北大的作為還是充滿了自信的，他的總結和估價，經過後人的審視，基本上是站得住腳的。

在蔡元培發表上述講話的前一個月，北京發生了轟動一時的「羅文幹案」。羅文幹是北大的兼職教員，曾在《我們的政治主張》上簽名，時為所謂「好人政府」王寵惠內閣的財政總長。王內閣在政治上傾向於吳佩孚，招致直系軍閥內部曹錕一派的不滿，眾議院議長吳景濂等迎合此意，誣指羅文幹簽訂奧國借款展期合同有受賄行為，致使總統黎元洪下令將羅逮捕，造成內閣危機。經過近兩個月的司法審理，1923年1月11日，羅被無罪釋放。但軍閥政客集團不肯甘休，教育總長彭允彝竟獻計提出覆議，使羅再次蒙冤入獄。目睹這種種政治陰謀和卑劣行徑，蔡元培已無法忍受，他認為彭氏此舉是蹂躪人權獻

28　《蔡元培全集》第4卷，第295—296頁。

媚軍閥的勾當，而在情誼上又深信羅的為人和操守，為其大抱不平。乃與湯爾和、邵飄萍、蔣夢麟等人商議此事，均認為有表示的必要，蔡遂於17日憤然提出辭職。其辭呈謂：「數月以來，報章所記，耳目所及，舉凡政治界所有最卑污之罪惡，最無恥之行為，無不呈現於中國。……元培目擊時艱，痛心於政治清明之無望，不忍為同流合污之苟安；尤不忍於此種教育當局之下，支持教育殘局，以招國人與天良之譴責。惟有奉身而退，以謝教育界及國人。」這可能是近代中國最直率、最能體現知識份子氣節的一份辭職書。兩天之後，他在各報刊出不再到校視事的啟事，當即離開北京。隨後，便發表了那篇著名的《不合作宣言》，向世人剖白心跡：「我是一個比較的還可以研究學問的人，我的興趣也完全在這一方面。自從任了半官式的國立大學校長以後，不知道一天要見多少不願意見的人，說多少不願意說的話，看多少不願意看的信。想每天騰出一兩點鐘讀讀書，竟做不到，實在苦痛極了。而這個職務，又適在北京，是最高立法機關行政機關所在的地方。只見他們一天天地墮落：議員的投票，看津貼有無；閣員的位置，稟軍閥意旨；法律是舞文的工具；選舉是金錢的決賽；不計是非，只計利害；不要人格，只要權利。這種惡濁的空氣，一天一天地濃厚起來，我實在不能再受了。」[29]

　　在蔡元培看來，一個政府到了不可救藥的地步，有德能的人便應離它而去，這即是不合作，持不合作立場的人多了，政府自然也就消亡了。他曾在不少場合宣揚這些高妙的道理，此刻則躬身實踐其「不合作主義」了。這是一個正直的人在憤世嫉俗時所做的「自由主義」

29　（上海）《申報》1923年1月25日。

選擇。不論外界輿論如何品評此舉，北方的胡適撰文稱許也罷，南方的陳獨秀指責其消極也罷，這一次，蔡元培是決心高蹈遠引了。北大師生的「驅彭（允彝）挽蔡」、北京政府的被迫「慰留」，只不過使他又保留了幾年校長名義，而北京大學的「蔡元培時代」至此則是無可挽回地結束了。

第五章

「黨國元老」和學界泰斗

5.1　元老參政

辭職離京後，蔡元培在天津暫住了兩個多月，才南返上海，後回紹興。其間，曾到上虞白馬湖，參觀春暉中學。1923年7月20日，他與愛國女校初期的學生周養浩女士在蘇州留園喜結良緣，這是蔡的第三次婚姻。十天后，蔡元培攜帶妻兒，搭乘「波楚斯」號客輪離滬赴歐，又一次旅居海外。

這一年的秋天和冬天的大部分時間，他是在比利時的布魯塞爾度過的。抵歐伊始，他便重操舊業，著手編譯《簡明哲學綱要》一書，同先前一樣，這是與商務印書館約定的慣例，其預領稿酬用以維持舉家旅歐的費用。此書於翌年8月在上海出版。在此期間，他應邀前往沙洛王勞工大學作《中國之文藝中興》的演說，縱論中國和歐洲文明的發展程式，主旨仍是東西文化融合，該演說詞後在《東方雜誌》刊載。1924年初，為了便於妻女學習美術，蔡移居法國。3月底，他應留英學人之約，趕赴倫敦遊說英國政府和各界人士，力促將退還的庚子賠款用於發展中國文教事業，並向當地散發《處理退還庚款的備忘錄》。隨後，他前往哥尼斯堡，代表北京大學參加德國學術界為康得二百周年誕辰舉行的紀念大會，表達中國學界對這位哲學大師的「重視和尊敬」。返回法國後，又協助留法學生舉辦旅法中國美術展覽，並為展品目錄撰寫序文，向歐洲公眾介紹中國文化。同時，他還參與了里昂中法大學的部分事務。8月間，蔡到維也納出席第六屆國際世界語大會，其後，又在荷蘭海牙和瑞典斯德哥爾摩參加國際民族學會召開的學術會議，其中心議題是哥倫布發現新大陸之前美洲的民族問

題。此時，蔡對民族學產生濃厚興趣，與會期間，適遇萊比錫大學的同學但采爾，這位德國民族學專家勸他不妨到漢堡去，因為那裡的博物館收藏資料甚豐。11月底，蔡元培即到漢堡大學報名入學，進行有關民族學的學習和研究，時年已58歲。從他初到德國留學迄今，已經流逝了近二十個春秋，其間經歷了多少風風雨雨，卻未曾改變他那童心般的求知欲。這除了秉性如此之外，似乎還找不到其他的解釋。蔡一生不乏高官顯位，但始終不失書生本色，世人服膺其人格，未嘗不出於此。

1925年3月，孫中山在北京病逝的消息傳到歐洲，蔡元培立即撰寫挽聯和祭文，深切悼念這位「中國自由神」。4月間，他前往倫敦，參加中、英人士舉行的追悼會，並致悼詞。孫、蔡二人均為真誠的民主主義者，在民國創立前後他們合作共事，交誼摯誠。孫作為革命領袖，傾力於社會政治的變革；蔡作為教育家，則主要側重文化學術的建設。二人追求的總體價值目標完全相同，而在某些具體問題上的主張又不盡一致。孫充分理解蔡在北方推動新文化的積極意義，因而在一年前舉行的國民黨第一次全國代表大會上堅持將蔡選入領導機構。蔡高度崇信孫的三民主義和五權分立的構想，將此奉為晚年參政的政治基準，但對其思想體系的解釋有時也不免見仁見智的成分。其所撰祭文稱：「凡先生之所昭示，至大如《建國方略》，至高如《三民主義》，無不以學術為基礎，而予吾人以應出之途程。尤扼要者，謂革命之根本，在求學問之深且闊。」於此可見一斑。

同年「五卅運動」發生後，不少外國報刊大肆渲染中國的「排外傾向」，以當年的義和團比附之，甚至散佈中國有「赤化危險」，鼓

噪由日本和英國動用武力了結爭端。為此，蔡元培撰寫《為國內反對日英風潮敬告各列強》一文，澄清事件真相，駁斥無稽之談。此文被譯為英、法、德等文字，在歐洲各報發表。這篇文章中有兩點值得注意：一是提出各國對華不平等條約乃釀成事端之主因，急應無條件廢除，從而觸及到問題的實質；二是反駁所謂「赤化」時，蔡氏對於國內的反共團體及其活動頗為了然，幾乎能夠信手拈來用作駁論的證據，可知他雖遠在歐洲，而對國內的時局演變還是比較關心和瞭解的。此次旅歐，蔡元培始終無法解脫來自北京大學的纏繞，代理校長蔣夢麟和北大評議會不時來電，催促他返校主政。就蔡而言，一方面為實際上卸下了校長重任和擺脫開北京官場環境而慶倖，另一方面在感情上又仍舊眷戀這所由他一手整頓而煥發生機的學府，在很大程度上與之藕斷絲連。這樣的矛盾心態，使得他數次婉拒和延宕請其回校的要求，同時，也不得不認真考慮重主校政的可能性。因此，當北京政府教育部電促其回國時，蔡元培終於踏上歸程，於1926年初春返抵上海。

初入國門，他便在滬上的滄州飯店接受《國聞週報》記者的採訪，就政治、教育、共產主義諸項問題發表意見。關於國內政治，他只作泛泛而談，無多新意。論及教育，他則明確表示：「今日學生界之浮囂現象，余至不贊成」，並且認為，一些學生的活動，是「由少數操縱其間」，那種「強人以同，不惜出於恫嚇無理之手段」，完全悖離思想言論自由之原則。至於共產主義，他說：「共產主義，為餘素所服膺者。蓋生活平等、教育平等，實為最愉快、最太平之世界。然於如何達到此目的之手段，殊有研究、討論之餘地。以愚觀之，克

魯泡特金所持之互助論，一方增進勞工之智識與地位；一方促進資本家之反省，雙方互助，逐漸疏瀹，以使資本家漸有覺悟，以入作工之途，則社會不致發生急劇之變化，受暴烈之損失，實為最好之方法。若夫馬克思所持之階級鬥爭論，求效過速，為害無窮。」他甚至認為，俄國的共產主義試驗，徒憑理想，已「遭遇失敗」，中國「既有前車之失，又何必重蹈覆轍」[1]。這番談話，再清楚不過地反映了蔡元培對於現實「熱點」問題所持的態度，須知，這是他回國之後第二天所表明的思想見解，足以說明他這一時期對國內問題的獨立觀察和認識。

回國之後，蔡元培顯然面臨著重要的政治抉擇。是如約北上，仍舊充任北京政府的簡任大學校長？還是「不合作」到底，為南方政府即將開始的北伐做政治上的策應？他選擇了後者。這其中，既有他個人做出的決斷，也有明察時局的朋友們進行勸導的因素。在此後的一年間，他參與了蘇皖浙三省聯合會的工作，以「聯省自治」反對佔據東南的軍閥「聯帥」孫傳芳，配合北伐軍的軍事行動。並且，與褚輔成、陳儀等在杭州宣佈浙江自治，進而籌組浙江省政府。此時，北伐軍總司令蔣介石函請蔡為浙江政治會議委員及政務委員會委員等職，並請其在張靜江返浙之前，代理政治會議主席職務。可以說，這是蔡元培以元老身份涉足國民黨政權的開始，也是他與蔣介石建立直接政治聯繫的最初階段。由於東南局勢的反覆，蔡與馬敘倫等人為躲避孫傳芳的通緝，曾於1927年初避走福州、廈門等地。隨著2月中旬北伐

1　高平叔編：《蔡元培政治論著》，石家莊：河北人民出版社，1985年版，第257頁。

軍進佔杭州，他便開始正式代行浙省政務。至於北京大學方面，儘管教職員一再促其返校重理校務，甚至連十年來「除教課外，於教務素不過問」的周作人也致長信促駕，而胡適更以不北來則「資格喪失」相警告，可是，在國內政局劇變前夕，蔡元培的選擇頗為堅定，幾十年的政治閱歷和黨派歸屬畢竟有其作用，這是他與自由主義知識份子又有所區別的一個方面。他曾正式提出辭去北大校長名義，只是由於師生們的堅持，北京政府才未予允准。到奉系軍閥入主北京，將北大等數所國立高校合併為「京師大學校」後，蔡的校長名義事實上已不復存在。

北伐軍進入長江流域以後，國民黨內在對待共產黨及其工農運動等問題上的分歧趨於表面化。蔣介石在南昌自成中心，抗命武漢的國民黨中央。他在政治上的迅速「右轉」，得到相當一些社會勢力的支持。素稱國民黨四元老的蔡元培、吳稚暉、李石曾、張靜江採取了一致的擁蔣立場。蔡沒有張、吳等人與蔣的那種淵源關係，此前他與黨內這位「後起之秀」的接觸似乎也甚為一般。蔡之傾向於蔣，除了江浙勢力的連帶影響之外，恐怕與對時局的共同認識不無關係。1927年4月間，蔡在上海與蔣頻繁往來，成為這一時期該政治圈內的一個重要人物。蔣與「四老」及其他軍政要員就「清黨」和在南京建立政府的連日密商，蔡與聞其間；國民黨監察委員會的部分委員數次開會，以監委會名義討論和通過由吳稚暉提出和擬就的彈劾共產黨的文告，蔡則主持會議並提出「取消共產黨人在國民黨黨籍」；蔣氏國民政府在南京成立，蔡代表國民黨中央黨部授印，同時發表演說，痛詆武漢政府為俄國人操縱之「破壞政府」。此後，蔡元培在南京政府中一度

出任要職，從表面上看，這一時期成為他從政生涯的高峰。

國民黨的「清黨」，導致大批共產黨人和進步青年慘遭屠戮，血雨腥風使知識界為之震驚。上海商務印書館的青年編輯胡愈之目睹發生在寶山路的慘狀，遂起草一份抗議書，經鄭振鐸、章錫琛、周予同、李石岑等同人簽名，「交給國民黨中央委員中的文化界著名人士蔡元培、李石曾、吳稚暉」。遠在北方的周作人也在他主編的《語絲》上先後發表《怎麼說才好》、《功臣》等文，抨擊「清黨」中的殘虐行徑，並不無憤慨地指出：「最奇怪的是智識階級的吳稚暉忽然會大發其殺人狂，而也是智識階級的蔡（元培）、胡（適）諸君身在上海，又視若無睹……」他認為，「南方之事全敗於清黨」，而「吳、蔡諸元老」難卸其責。當年曾是國民黨左派的柳亞子在後來憶及其老師的這段經歷時寫道：「蔡先生一生和平敦厚，藹然使人如坐春風，但在民國十六年上半年，卻動了一些火氣，參加清黨運動。一紙用中央監察委員會名義發佈的通緝名單，真是洋洋大觀，連我也受影響。」[2]顯然，蔡元培參與「清黨」，使得「五四」以來的知識份子中曾對之產生某種失望情緒，一些當事人更是印象深刻，以至耿耿於懷。應當說，蔡之介入「清黨」，自有其思想意識上的根由，前述其自歐歸國的言論，頗可窺知他反對俄國式階級鬥爭的基本政治傾向；同時，他站在維護國民黨的立場上，對吳稚暉所提「共黨謀叛情形」抱有同感，因而很自然地投入到這場所謂「護黨救國」的運動之中。當然，他畢竟仍是「書生從政」。在「清黨」實施過程中，不贊成亂捕濫殺，而希望將這種政治上的彈壓行動納入較為規範的「法治」程

2　　柳亞子：《紀念蔡元培先生》，收入《蔡元培先生紀念集》，第125頁。

式。如此斯文的主張與殘酷的現實極不諧調，但它所透露出的某種價值取向，卻埋下了他與國民黨最高當權者之間產生一定程度心理裂痕的思想種源。

從1927年「寧漢合流」，到30年代中期，蔡元培在南京政府中的處境頗為微妙。他的活動重心仍在教育、科學和文化的行政管理方面，先是出任大學院院長，後又主持中央研究院，但也時常以元老身份調停各派之間的矛盾衝突，盡力維護統一的政治格局。同時，隨著他對蔣氏集團認識的變化，開始與國民黨內的左翼派別建立聯繫，合作共事，在保障人權和推動抗日方面用力尤著。

1928年8月，由於試行大學區制受挫，加之國民黨內的派系傾軋，蔡元培提出辭去大學院院長和代理司法部長等本兼各職。10月，他致函蔣介石、胡漢民和譚延闓，表示：「此後，願以中央監察委員之資格，盡力於黨務；以政治會議委員之資格，盡力於政務；以中央研究院院長之資格，盡力於教育、學術。」[3]不妨說，這是蔡遭遇事業上的重大挫折之後，為自己在南京政府中所選擇和確定的基本位置，從後來的活動看，他大抵是依此行事的。1929年3月，蔣介石與桂系矛盾加劇，桂系主持的武漢政治分會擅自罷免唯蔣命是從的湖南省主席魯滌平，釀成「湘案」。蔣請蔡等人「查辦」此事。為了緩解甯漢衝突，蔡苦心孤詣，奔走調停，力避武力解決。然而這種種努力終歸無效，蔣桂戰事隨即發生。兩個月後，作為蔣桂戰事的延長，粵桂戰爭又爆發在即，蔡急電李宗仁，勸其「即釋兵柄，暫避海外」，

3　　《蔡元培政治論著》，第333頁。

以求「兩粵得以息爭」。1931年2月，蔣介石軟禁胡漢民，致使寧粵分裂。「九一八」事變後，蔡出任艱巨，與張繼、陳銘樞南下廣東，談判議和，促成「和平統一會議」在滬舉行，實現了國難之際的「舉黨一致」。蔡元培的上述政治活動，儘管是代表南京方面進行的，但他的行動主旨是免除分裂、消弭內戰，謀求一個和平、建設的局面。實際上，這個時期，蔡與蔣介石的關係已經發生著變化。蔣的剛愎自用、專斷獨裁，與蔡格格不入；其濫殺青年，誅鋤異己，尤為蔡所反感。南京國民政府成立以來，內爭頻仍，戰事連年，建設乏力，「憲政」緩慢，蔡的內心失望亦不難想見。因此，當蔣介石第一次下野後謀求複職時，蔡並不積極助力；蔣馮閻中原大戰爆發之際，蔡致力於和平息爭，曾有意促蔣去職。這些，無疑招致了蔣的不滿乃至忌恨。從1930年開始，鄧演達、宋慶齡等左派人士逐漸與蔡建立了密切聯繫，他們至少在爭取民主、捍衛人權方面有著高度一致，其活動顯然具有反蔣的性質。

隨著「九一八」和「一二八」兩大事變相繼發生，民族危機的陰影再次籠罩國人心頭，蔡元培的政治活動也明顯地超出黨派的框限，主要著眼於國家民族的根本利益。1932年12月，他與宋慶齡、楊杏佛、黎照寰、林語堂等發起成立的中國民權保障同盟，即是由社會、文化等各界知名人士組成的一個民間性組織。該同盟宣言稱：「各先進國家皆有保障民權之世界組織，由愛因斯坦、覺雷塞、杜威、羅素及羅蘭之流為之領導，此種組織之主要宗旨，在保障人類生命與社會進化所必需之思想自由與社會自由。」[4]可知，他們組建民權同盟是

4　（上海）《申報》1932年12月18日。

援此而行，而所針對的卻是國民黨政府壓制民主、蹂躪人權的黑暗現實。同盟正式成立前夕，蔡、宋等人為北平警方非法拘捕許德珩等人一事，致函蔣介石，指出：「年來國事凌夷，民氣消沉，皆因民權不立，人民在家時懷朝不保暮之恐懼，對外何能鼓同仇敵愾之精神？欲求全國精誠團結，共赴國難，惟有即日由政府明令全國，保障人民集會、結社、言論、出版、信仰諸自由，嚴禁非法拘禁人民，檢查新聞。」[5]這是同盟發起人向主政當軸發出的正當籲請，同時也申訴了保障民權的現實重要性。12月30日，民權保障同盟正式成立，宋慶齡為主席，蔡元培為副主席，楊杏佛為總幹事。同日，蔡向中外記者發表「個人感想」說：「我等所願意保障的是人權。我等的對象就是人。即同是人，就有一種共同應受保障的普遍人權。」他提出，保障民權，第一，無黨派的成見「決無專為一黨一派的人效力，而不顧其他的」；第二，無國家的界限；第三，對於已定罪或未定罪的人，亦無甚區別。他特別強調，「希望諸君，對於普遍人權的保障，能超越國家黨派的關係，以下判斷。這是鄙人所盼望的。」[6]在「天賦人權」的價值觀念支配下，蔡的黨派意識大大淡漠了。

中國民權保障同盟的實質性工作是營救被國民黨當局拘捕的政治犯，在其存在的半年時間裡，先後營救了許德珩、侯外廬、羅登賢、廖承志、陳賡、丁玲、潘梓年等各方面人士。並且，調查監獄情形，要求改善獄中待遇；抗議軍政當局殺害作家應修人和記者劉煜生的暴行，等等。蔡元培積極參與這些活動，發揮了重要作用。但是，客觀

5　《蔡元培政治論著》，第400頁。
6　《蔡元培政治論著》，第403─404頁。

地分析，他與宋慶齡等左派人士在從事民權保障的內在動機上還是存在某種差別。1933年2月，蔡在上海八仙橋青年會發表題為《保障民權》的演講，提出，保障民權是「國民黨訓政時期的需要」，也是「國難時期的需要」，況且，「各種事業，均感人才缺乏；若有為之才，偶因言論稍涉偏激，或輾轉聯帶的嫌疑，而輒加逮捕，甚至處死，則益將感為事擇人之困難，而無術以救國」。[7]珍惜人才，為國家和民族保留元氣，是他作為愛國教育家所秉持的崇高主旨，也是他參加民權保障同盟的基本動因，誠如魯迅所說：「他同情革命者，也不過是為了民族而已。」[8]6月18日，楊杏佛被刺身亡。這是對中國民權保障同盟的致命打擊，它在蔡元培心裡留下了深深的創傷。楊杏佛是蔡晚年事業上的主要助手，也是他從事政治活動所倚重的謀士和聯絡人，楊的遇難，表明國民黨當權者在向蔡等人示警。此後，民權保障同盟終止了活動，蔡元培則仍以個人身份進行一些力所能及的保障民權的工作。

作為「黨國元老」，蔡元培晚年的心境似乎有些悲戚，他平生追求的許多理想非但沒有變為現實，國家和民族的現狀卻日非一日。1934年，辛亥革命二十三周年紀念日，他在青島發表演說流露了這種心緒。他說：「辛亥革命，建立民國，本圖實行三民主義，以造福於人民。乃二十三年來，人民生計，未能多大改良，不特水旱偏災，頻年不免；而工業不興，外貨傾銷，農村有破產之慮，都市多失業之輩，是民生主義尚未能實現也。民權實行，以一省中各縣能自治、一

---

7 《蔡元培政治論著》，第414—415頁。
8 馮雪峰：《回憶魯迅》，北京：人民文學出版社，1952年版，第110頁。

國中各省大多數能自治為條件；而今日，不特各省，即各縣中能達到孫先生所舉自治標準者，殆尚無一也。是民權主義亦未能實現也。至於民族主義，則不但次殖民地之資格未能提高，而『九一八』以來，連失東北四省，至今不敢言恢復。」[9]憂憤之中，隱含著對於當權者的失望和不滿。在南京政府中與蔣介石地位相當的另一實力人物汪精衛，早年與蔡頗有交往，還在1932年初，汪、蔣合作後汪出任行政院長，即曾勸蔡常駐南京，「對於行政，時加指導」，卻為蔡所婉拒。1937年初，汪從海外歸國不久，又致函予蔡，試探請其相助的可能性。蔡覆函稱：「弟生性迂愚，對於政治問題，毫無興會；即不得已而參加，亦常持急流勇退之態度；非不為也，實不能也。對於文化事業，雖無專長，要為性之所近，不賢識小，聊盡挹壞涓流之義務而已。」[10]相對說來，蔡對於汪，尚能傾訴衷腸，但在涉足政事問題上依舊敬謝不敏，可以看出，他對南京政府能否真正有所作為存在疑慮。

不過，蔡元培回復汪精衛信函中的那段話，也確實道出了他在政治和文化事業兩者間的真正興趣所在，即其自謂的「性近於學術而不宜於政治」。大體說來，蔡乃學界中人，而非政治中人，雖然以元老身份參政，然其主要精力還是投入在教育、科學、文化方面，而成為世人公認的學界泰斗。

9　　《蔡元培政治論著》，第458頁。
10　　《蔡元培政治論著》，第481頁。

5.2　學界泰斗

　　南京國民政府的建立，全國形式上的政治統一，為國民黨內熱心教育改革和文化建設的有志之士提供了施展其抱負的現實可能。蔡元培即是這部分人的突出代表。多年來，魂牽夢繞的「教育獨立」構想終於獲得了一次全面試行的機會，而系統發展中國科學事業的宿願，顯然也到了付諸實行的階段。他的這種主觀判斷，頗為激奮地促使他投身南京政府初期的一系列重要活動。很明顯，蔡元培指望政治上的變動會有助於教育文化上的更新。正如人們所評論的那樣：「蔡先生之進於廟堂，是為了實行他的主張。」[11]

　　在南京政府成立不到兩個月的時間裡，蔡元培以中央教育行政委員會委員的身份，先後領銜提出設立大學院和推行大學區的改革措施。早先成立於廣東南方政府時期的中央教育行政委員會，在全國性政權創建之後，只能作為一個臨時性過渡機構，按照政府體制，應當設立教育部。但是，蔡元培等人「籌議再三，以為近來官僚化之教育部，實有改革之必要」。於是，他們創設了大學院，作為管理全國學術及教育行政的最高機關。何以要捨棄人們熟知的教育部之名而代之以國人生疏的大學院呢？蔡等人的考慮是：民國建立後的「十餘年來，教育部處於北京腐敗空氣之中，受其他各部之薰染；長部者又時有不知學術教育為何物而專鶩營私植黨之人，聲應氣求，積漸腐化，遂使教育部名詞與腐化官僚亦為密切之聯想」。欲改官僚化為學術

11　胡繩：《爭民主的戰士永生──紀念蔡元培先生》，載重慶《新華日報》1945年1月11日。

化，莫若改教育部為大學院。[12]從表面上看，此舉只不過做了名稱上的變動而已，然而，其內中所孕含的深義卻頗堪玩味。北洋政府教育部在全國學界留下的腐敗形象確實應予清除，一個新興的全國性政權在某一領域推出革故鼎新舉措亦在情理之中。問題在於，大學院標榜學術化，而反對官僚化，其內部建制中的大學委員會，純然由學術權威組成，負責「議決全國學術教育上一切重要問題」，這便使大學院從一般政府職能部門中游離出來，具有了一定的自主性，而強烈地表現出教育獨立的傾向。大學院全稱「中華民國大學院」，而不稱國民政府大學院，這在當時就產生諸多議論，甚至被指為欲獨立於政府之外。蔡元培的本意，是希望從體制上將教育完全交予教育家管理，減少非學術性因素的支配作用。

與創設大學院相並行的是試行大學區制。這一取自法國的教育行政制度，是將全國劃分若干大學區，通常以省為單位，區內各級教育全部委諸作為教育學術中心的大學校負責，其校長綜理大學區內全部教育行政。以大學區為教育行政單元，這便取代了各省和區的教育廳、局，使從事教育的學者直接管理地方教育，排除了政治官員涉足學界的弊端。蔡元培等人認為，先前「一般教育之行政機關，薄書而外，幾無他事。其所恃以為判斷之標準者，法令成例而已，不問學術根據為如何。於是而與學術最相關之教育事業，亦且與學術相分離，豈不可惜！」[13]。因此，他們設想通過大學區內組建的評議會和研究院，突出體現「以學術化代替官僚化」的宗旨，從教育體制上改變

12　《大學院公報發刊詞》，高平叔編：《蔡元培全集》第5卷，北京：中華書局1988年版，第194頁。
13　《請變更教育行政制度呈》，《蔡元培全集》第5卷，第134—135頁。

「吾國年來大學教育之紛亂與一般教育之不振」的狀況。仿行法國的大學區制，是蔡元培多年來執著追尋的一個夢想，在他看來，這樣做不僅使教育獨立能夠成為現實，而且會大大促進各省高等教育的發展，為學術和教育的振興注入活力。

在觸及從中央到地方的教育改革問題上，蔡元培與李石曾、吳稚暉，甚至張靜江，均採取了一致的積極主動立場，從而使國民黨的中央政治會議於1927年6月先後通過了他們提出的呈文和議案，同時，任命蔡元培為大學院院長，並且決定首先在江蘇、浙江兩省試辦大學區。時隔十五年，蔡元培再次出掌全國學政，並且肩負著較之1912年的改革似乎更為艱巨的重任，因為那次改革主要是適應政治上的更新，而此次變更教育行政制度，則是謀求從根本上解決多年來困擾中國教育的機制性問題，這不僅要涉及人們的觀念和習慣，還將衝擊乃至打亂社會政治肌體的平衡。對於年逾花甲的老教育家來說，此番「出山」，是實現其生平理想的最後一次嘗試。

同年10月，蔡元培在南京正式就任大學院院長。他隨即提出「使教育科學化、勞動化、藝術化」的主張，以作為制定教育方針的基本內容。他具體闡釋道：「一、提倡科學教育，一方面從事科學上高深之研究，一方面推廣民眾的科學訓練，俾科學方法得為國內一般社會所運用；二、養成全國人民勞動的習慣，使勞心者亦出其力以分工農之勞，而勞力者亦可減少工作時間，而得研求學識機會，人人皆須致力於生產事業，人人皆得領略優美的文化；三、提起全國人民對於藝

術的興趣，以養成高尚、純潔、捨己為群之思想。」[14]應當說，這是一個頗為全面而又理想化的教育方針，其中既強調了科學的提高，也十分明確地提出要使科學方法普及於國人；而關於勞動化的解釋，則再一次反映出蔡的教育平等思想和「泛勞動」的觀念，這是他所企望的理想社會；至於藝術化，則是其美育主張的擴展和繼續。這個教育方針的框架，基本上是屬於「純教育型」的，尚未參雜當時的「黨化」色彩。在大學院，蔡元培力謀教育經費得到充分保障，他深知，經費支絀，再好的教育計畫亦無從落實。為此，他曾籌備教育銀行，指撥各項附稅，充作基金，預為教育事業之用。12月，他與孫科聯名向國民政府提出《教育經費獨立案》，擬請「通令全國財政機關，嗣後所有各省學校專款，及各種教育附稅，暨一切教育收入，永遠悉數撥歸教育機關保管，實行教育會計獨立制度，不准絲毫拖欠，亦不准擅自截留挪用……如此，則教育經費與軍政經費完全劃分，經濟公開，金融鞏固，全國教育永無廢弛停頓之虞」。這項議案，雖然在國民政府第十六次會議上獲得通過，但幾個月後，隨著「財政統一」措施的推行，教育經費問題又陷入「有待討論」的境地。

　　蔡元培主持大學院，為時僅僅十個月。這期間，大學院在南京舉行了全國教育會議，與會的各方代表和專家八十餘人，審議議案近四百件，內容廣泛涉及各級各類教育的重要問題，這對於國民政府時期各項教育法規和條例的制定具有直接影響。在會上，蔡元培重申了「教育科學化、勞動化、藝術化」的主張，強調此三項乃「今後急須努力進行者」。大學院先後在上海和杭州創辦了勞動大學、音樂院和

14　《全國教育會議開會詞》，《蔡元培全集》第5卷，第228頁。

西湖藝術院，這三所高等院校的建立，具體體現了蔡的教育主張。同時，大學院還分別通令全國：廢止春秋祀孔的舊典；並在中小學校倡行語體文。廢止祀孔之舉，曾在社會上引起不小的反響，一些保守人士痛詆這項決定，儘管如此，坐落于廣大城鄉的孔廟還是終於喪失了其本來的功用，孔夫子的威靈在經歷了「五四」衝擊波之後，看來確實是氣數已盡。在破除獨尊孔子的問題上，蔡元培的確做到了前後一貫，義無反顧。此外，大學院還設置了特約著作員，聘請國內在學術上貢獻突出而無職務收入者擔任，聽其自由著作，每月致送補助費。吳稚暉、李石曾、魯迅、劉海粟等均曾受聘。實質上，這是蔡元培對知名學人給予特別資助的一種獨有方式。

作為新式的教育行政管理機構，大學院在創設之初，僅下設秘書處和教育行政處。蔡元培力主簡化內部組織，提高辦事效能。然而，隨著實際工作的展開，這種狀況反而有礙於高效率的管理，遂先後兩次修改大學院組織法。一方面擴充職能機構，實行對口管理，另一方面增設一名副院長，主持日常事務。這樣一來，大學院的內部機構設置便頗近似於以往的教育部。原先，對大學院持懷疑態度的人，即以大學院不倫不類為口實，提出恢復教育部，以求與國民政府其他各部相一致。教育界的一些人士亦對大學區制易於忽略普通教育提出反對意見，而實際工作中出現的混亂更增加了反對大學院和大學區制的聲浪。尤其是在試行大學區制的中央大學區（江蘇）內，問題和矛盾十分突出，在很大程度上非但未能實現教育行政的學術化，反而助長了官僚化的惡性蔓延，因而招致教育界的極大不滿。蔡元培顯然承受著很大的壓力，他曾利用不同場合，說明「大學院本為一草創之新組

織，無日不在試驗之中」，而大學區制的試行更須逐步見效。但是，來自國民黨內和教育界的反對意見頗為尖銳，蔡作為發起者處於被動境地。1928年8月，國民黨五中全會依據孫中山《建國大綱》確立了政治體制，其中包括在行政院設立教育部。這樣，大學院的取消便只是個時間問題。就在此時，蔡元培和李石曾這兩位積極倡行大學區制的教育界耆宿，在北平大學區問題上發生意見分歧，蔡的主張未被多數人採納。在此情況下，蔡於8月17日提出辭去大學院院長等本兼各職。10月，大學院被恢復為教育部，一年之後，大學區制的試驗亦以失敗而告終。

蔡元培鑑於北洋政府時期官僚化的教育部擾亂學界事務、阻礙學術發展的種種弊端，認為，只有使教育從政治中分離出來，獲得獨立地位，才能順利發展。他確信，法國的大學區制是實現教育獨立的最佳方案，故而，以國民政府的建立為契機，急切地實施了這項改革。這一舉措，實質上是對中國集權政治的某種挑戰。可是，在法國行之有效的良好制度移植華夏之後，竟弊竇百出，頓成眾矢之的，確乎使蔡元培大為意外。問題出在他以理想色彩濃重的良好願望在中國這塊古老的土地上嫁接法國大革命之後結出累累果實的根苗，不同的社會物候必然產生大相徑庭的結果。蔡氏一生，為理想所驅動，其成功在此，其失敗亦在此。令人感興趣的是，蔡元培等人的大膽改革之舉，何以順利地為國民黨核心集團所允准？看看這一改革試驗施行的時間，便不難找到答案。蔡於1928年4月發表關於大學院組織問題的談話時提道：「當時國民政府方以全力應付軍事，於對教育事業，尚無具體計畫。」因此，當蔡與李石曾、吳稚暉等元老提議試行大學區制

時，未遇任何阻力。一年之後，軍事行動大體結束，而改革試驗則步履維艱，國民政府進入正軌運轉，教育界的「獨往獨來」局面隨即終止。可見，蔡元培等人推行的大學區制只是特殊歷史時期的一次有限的局部試驗。教育和學術自有其發展的客觀法則，但畢竟仍屬社會的有機部分，很難設想它能夠真正擺脫政治而獨立。不過，減少不合理的行政干預，使教育和學術在寬鬆的氛圍中健康發展，是「五四」以來覺悟了的中國知識界的共同追求。正是在這一點上，蔡元培的努力深刻反映了一種正當的社會心理，儘管他所選取的歐洲方案未必行得通，但人們理解這一嘗試背後的拳拳之心。

離開大學院之後，蔡元培沒有再直接參與教育行政，他表示，「願以餘生，專研學術」，從此，中央研究院成為這位老人唯一的事業寄託。作為中國有史以來的最高學術研究機關，中央研究院是遵照孫中山的遺願於1928年創辦的，蔡元培負責籌備建院，並出任院長。該院最初歸屬大學院，後直接隸屬國民政府。蔡元培一生中大部分經歷是從事教育，而晚年轉而傾注全部精力培育和擴展科學研究事業，這一選擇，並非偶然。

在向西方學習的過程中，蔡元培深深服膺歐洲文化中的科學精神，他認定，「現代文化，基於科學」。正是在科學技術迅速發展的前提下，近代文明才得以產生。反觀中國，令他痛心疾首的是：「我們的教育至少兩千年來沒有面向更高的科學教育，而卻是用完美的品質去塑造人，賦予他一種文學素養而已。」[15]儘管中國古代也曾出現

15　《中國教育的發展》，《蔡元培全集》第4卷，第473頁。

一些偉大的科技發明，但在強大的儒家正統文化居於至尊地位的情況下，只能聽任其自生自滅，由墨子而萌發的科學精神始終難以形成強勁的文化傳統。雖然，在清代中期，樸學大師們頗為表現出嚴謹的科學態度，但這少得可憐的科學成分與國計民生相去甚遠，在實際社會生活中難成風氣。回首中國的近代化歷程，蔡元培指出：「我國輸入歐化，六十年矣。始而造兵，繼而練軍，繼而變法，最後乃始知教育之必要，其言教育也，始而專門技術，繼而普通學校，最後乃始知純粹科學之必要。」正是基於這些認識，他反覆強調：「欲救我國之淪胥，必以提倡科學為關鍵。」「欲救中國於萎靡不振中，惟有力倡科學化。」他確信，「我國科學智識之落後，絕非國人智慧之後人」，只要我們「一改空談之舊習，致力於實際探討」，國家前途就有希望。[16]具有蔡元培這種認識和信念的人，在那個時代絕非少數。然而，像蔡那樣如此虔誠地尊崇科學的價值，為提高國人的科學素養而數十年不懈地進行韌性的努力，則至少在他那一輩人中間顯得十分難得。不論是在民元教育部，還是主持北京大學，他都高度重視科學教育，對諸如科學社、中華學藝社等科學團體也盡全力予以贊助，扶掖其發展。在大學院，他更是明確地將「科學化」列為教育宗旨之首，主張大力「實行科學的研究與普及科學的方法」。這位畢生致力中西文化融合的學界鉅子，曾語重心長地告誡國人：「歐化優點即在事事以科學為基礎；生活的改良，社會的改造，甚而至於藝術的創作，無不隨科學的進步而進步。故我國不言新文化就罷了，果要發展新文化，尤不可不於科學的發展特別注意呵！」由此可知，蔡元培晚年專

16　以上所引，參見高平叔編：《蔡元培論科學技術》一書，石家莊：河北科學技術出版社，1985年版。

心供職中央研究院，與他的理想和追求大有關係。

國立中央研究院，系「中華民國最高學術研究機關」，其職責為「實行科學研究，並指導、聯絡、獎勵全國研究事業」。按照蔡元培的說明，該院乃「綜合先進國之中央研究院、國家學會及全國研究會議各種意義而成……其組織分行政、研究、評議三部，而研究為其中堅」。到1929年初，中研院先後建立了物理、化學、地質、天文、氣象、動植物、心理、工程、歷史語言、社會科學等十個研究所，分佈於南京、上海、北平等地。擔任這些研究所所長職務的，均為在各學科領域具有高深造詣的科學家和學者，諸如丁爕林、莊長恭、李四光、余青松、竺可楨、王家楫、汪敬熙、周仁、傅斯年、陶孟和等。據1931年的統計：中研院的專職研究人員約為170人，其中研究員50人，助理研究員120人。此外，兼職或特約研究員尚有49人。可以說，中研院的科研陣容達到了前所未有的規模，而且確實做到了極一時之選。許多知名學者都曾先後在這一研究機構任職，如翁文灝、塗長望、嚴濟慈、胡剛複、吳有訓、陳遵媯、伍獻文、唐鉞、趙元任、王小徐、陳垣、李濟、王雲五、陳寅恪、林語堂、周鯁生、楊端六、陳翰笙、吳定良等。中央研究院的總辦事處設在南京，同時設有上海辦事處，行政人員總計二十餘人，全院行政事務由總幹事負責。在蔡元培主持中央研究院期間，先後擔任或代理總幹事一職的有楊杏佛、丁爕林、丁文江、朱家驊、傅斯年和任鴻雋。其中，以楊杏佛和丁文江二人的成績最為突出。

楊杏佛早年留學美國，先後在康乃耳大學和哈佛大學攻讀機械以及工商經濟專業，曾與任鴻雋等共同發起成立中國科學社。大學院成

立後，楊擔任教育行政處處長，旋即出任副院長，是蔡元培的得力助手。蔡自述：「我在大學院的時候，請楊君杏佛相助。我素來寬容而迂緩，楊君精悍而機警，正可以他之長補我之短。」[17]這種合作關係也帶入了中央研究院。中研院草創之時，百事待舉，楊協助蔡元培籌畫落實，充分展現了他多才多藝，處事幹練的管理才能。楊遇刺後，蔡頓失股肱，繼而聘請丁文江擔任總幹事。丁文江早年留學日本和英國，是中國近代地質學的主要開拓者之一，同時又在古生物學、人類學和軍事歷史等方面有所建樹。他曾先後出任北票煤礦總經理和淞滬商埠督辦，具有很強的管理能力和決策魄力。在中研院，丁在蔡的全力支援下，組織評議會，成立基金保管委員會，制定各研究所預算標準，為該院日後的發展做了必要的基礎工作。尤其是組建中研院評議會，意義甚大。由於種種複雜的關係，中研院創立之後，擬議中的評議會遲遲難以組成，延宕七八年之久。丁文江到院後，廣泛與各方協商，擬訂條例，在不長的時間內即組織起全面代表國內各類研究機構和高等學校的評議會，使之成為全國學術機關的聯席會議，十分有利於學術聯絡和合作，也大大拓展了中研院的工作範圍，增強了其權威性。與此同時，丁還針對中研院的實際情況提議將研究工作分為三類：即：一、屬於常規或永久性質的研究，如天文、氣象、地質等；二、利用科學方法研究本國的原料及生產，以解決各種實業問題；三、純粹科學研究及與文化有關的歷史、語言、人種和考古學。這種分類，使科研工作層次清晰，易於管理，並具有廣泛的適應性。蔡元培對丁文江的工作予以高度評價，稱其「為本院定百年大計」，值得

17　《我在教育界的經驗》，《蔡元培全集》第7卷，第200—201頁。

「特筆大書」。[18]

　　那麼，在精英薈萃、群龍聚首的中央研究院，蔡元培如何實施領導以發揮其各自的特長呢？翁文灝曾作過一段全面的記述：「蔡先生主持中央研究院的主要辦法，是挑選純正有為的學者做各研究所的所長，用有科學知識並有領導能力的人做總幹事，延聘科學人才，推進研究工作。他自身則因德望素孚，人心悅服，天然成為全院的中心。不過他只總持大體不務瑣屑干涉，所以總幹事、各所長以及幹部人員，均能行其應有職權，發揮所長。對於學術研究，蔡先生更充分尊重各學者的意見，使其自行發揚，以尋求真理。因此種種，所以中央研究院雖然經費並不甚多，卻能於短時期內，得到若干引起世界學者注目的成績。」[19]事實確實如此，蔡元培領導中央研究院，奉行的是人才主義和學術自由，以及理論性科研與應用性科研相互兼顧的辦院方針。創建全國最高學術研究機構，蔡盡力網羅一流科學人才，只要學術造詣深厚，勝任研究工作，便不顧及其學派門戶和政治傾向，充分予以任用和尊重。同時，宣導科學研究的自由精神，實行西方通行的「學院的自由」，即在保證重點研究專案的同時，充分尊重研究者在合理範圍內憑自己的興趣與見解選擇和決定研究方向、研究專案，而不受他人的限制。因為「學院自由，正是學術進步之基礎」。上述做法，與蔡在北京大學的實踐可謂一脈相承。進行專業性科學研究，往往容易在處理理論性研究與應用性研究問題上產生偏差。蔡主持制訂的《中央研究院進行工作大綱》中強調：「純粹科學研究之結果，

18　《丁在君先生對於中央研究院的貢獻》，收入《蔡元培論科學技術》，第288頁。
19　翁文灝：《追念蔡孑民先生》，收入《蔡元培先生紀念集》，第68頁。

因多為應用科學之基礎，而應用科學之致力亦每為純粹科學提示問題，兼供給工具之方便。故此，二事必兼顧然後兼得，若偏廢或竟成遍廢。」[20]這就為在中國開展有組織的系統學術研究確立了正確的指導原則。

　　然而，在當時的社會歷史條件下，組織和進行具有一定規模的科學研究工作談何容易！姑且不論由於科學落後、基礎薄弱而面臨的困難，以及來自傳統觀念和落後勢力的阻力，即以經費來說，便使蔡元培焦思苦慮，舉步維艱。1929年7月，中研院正式創建已經一年，但「並未領有建築費及設備費。各研究所及圖書館、博物館籌備處，均于每月經常費中提出大部分，以供設備之需」。草創階段的這個「全國最高學術研究機關」，只能就現有經費「截長補短，逐漸佈置」。國民政府規定，每月由財政部門撥付10萬元，作為中研院經常費用，但實際上由於連年內戰，耗費鉅資，經費拖欠嚴重。1930年10月，蔡元培在院務報告中抱怨道：「本院經費經常支絀。以經常費數目而論，用之辦理一二研究所，尚嫌不足，現本院已成立之研究所、處、館等計有十一處之多，雖平時儘量從事節省，而欲求計畫之實現，頗感困難。」這種狀況，顯然大大限制了中研院工作的全面展開。但同時，愈加展現出蔡元培為發展中國科學事業所付出的巨大努力。他以「非求速成，而常精進」之語懇切勉勵院中同仁在艱難時世中創造一番業績。同時，他利用自己在國民黨政權中的影響，盡力為中研院創造一個適宜的發展環境。

20　《蔡元培論科學技術》，第303頁、第305頁。

從20年代末到30年代中期，國立中央研究院逐漸完善，在短短數年之內形成了一定的學術規模，並在天文、氣象、地質和考古發掘領域取得可觀成績。其中，南京紫金山天文臺的建立，全國範圍內地層結構和礦物資源的調查，以及對河南安陽小屯殷墟遺址的發掘，都具有十分重要的意義。比之具體的研究成果更為重要的是，蔡元培主持的中央研究院，為中國形成獨立的科學研究體系初步奠定了根基，相當一批科學技術研究人才得以組織起來，從事專業性學術工作，發揮其特長，這便造就了一個對於科技落後的中國來說彌足珍貴的科技群體。五四新文化運動中大力提倡的「賽先生」（科學）終於在這個東方古國有了安身立命的固定場地。自19世紀末葉以來，中國人一味譯介轉述西方科學成果的狀況，到中研院獨自進行研究工作時，方告結束。不論中央研究院曾怎樣受到時局因素的影響和制約，它的成立及其工作，都是中國「五四」以來新文化建設的一樁大事，它在中國學術發展史上所具有的轉折性意義以及對知識價值的更新作用均是不可低估的。如果說，蔡元培改革北京大學，開創了「學術至上」、自由競爭的一代風氣，那麼，他所主持的中央研究院則為學術科學化進程打通了道路。

在領導國立中央研究院的同時，蔡元培還兼任了與學術文化有關的許多或屬名譽或係實質的職務。1929年始，他被選為中華教育文化基金董事會的董事長，主持管理和支用美國退還的庚子賠款。運用這筆款項，他一意扶持科學研究事業和各項文化教育設施，並資助了眾多有志於科學技術的莘莘學子。他還分別兼任國立北平圖書館長、故宮博物院理事長、全國國語教育促進會會長等職。眾多的學術教育文

化方面的兼職，說明了蔡元培在中國學界所受到的高度尊敬和推崇。1935年秋天，蔣夢麟、胡適、丁燮林、王星拱、趙太侔、羅家倫等人，提議集資為蔡元培營造一處住宅，作為慶祝他七十壽辰的獻禮。此舉立即得到數百人的熱烈回應。蔣、胡等人聯名致函蔡稱：「我們知道先生為國家、為學術勞瘁了一生，至今還沒有一所房屋，所以不但全家租人家的房子住，就是書籍也還分散在北平、南京、上海、杭州各地，沒有一個歸攏庋藏的地方。因此，我們商定這回獻給先生的壽禮，是先生此時最缺少的一所可以住家、藏書的房屋……我們希望先生把這所大家獻奉的房屋，用作頤養、著作的地方；同時，這也可以看作社會的一座公共紀念坊，因為這是幾百個公民用來紀念他們最敬愛的一個公民的。」1936年元旦，蔡元培回復了一封詞意懇切的信，內謂：「諸君子的用意，在對於一個盡忠于國家和文化而不及其私的公民作一種紀念。抽象的講起來，這種對於公而忘私的獎勵，在元培也是極端贊成的。但現在竟以這種獎勵加諸元培，在元培能居之不疑麼？但使元培以未能自信的緣故，而決然謝絕，使諸君子善善從長的美意，無所藉以表現；不但難逃矯情的責備，而且於贊成獎勵之本意，也不免有點衝突。元培現願為商君時代的徙木者，為燕昭王時代的駿骨，謹拜領諸君子的厚賜，誓以餘年益盡力於對國家對文化的義務；並勉勵子孫：永遠銘感，且勉為公而忘私的人物，以報答諸君子的厚意。」[21]

　　贈屋祝壽，堪稱美談。建屋計畫雖因中日戰事而流產，但人們心中已築成的「公共紀念坊」，將會銘記這位近代中國學術建設的大師所立下的不世之功。

21　《蔡元培全集》第7卷，第1—2頁。

第六章

著述概觀

蔡元培一生主要從事教育、科學、文化事業的組織和領導工作，其學術方面的著譯大體是在歐洲留學期間完成的，就他的總體活動而言，屬於第二位的工作。但蔡本人主觀上始終以鑽研學術研究為職志和宿願，只要條件允許，便鍥而不捨、樂此不疲。這便使得他對於近代學術的發展現狀和趨勢，以及學術自身的內在規律有著廣泛而深切的體驗，可以說，他在近代中國文化學術進程中的作為和建樹，基本得力於此。蔡元培的學術興趣相當廣泛，幾乎達到了「以一事不知為恥」的程度，因而在中西學術方面涉獵的學科十分龐雜。然而認真考察也不難發現，他所特別感興趣的學科基本衍生於哲學這一基本門類。從19世紀末開始閱讀西方文化典籍，到20世紀最初幾年，他便對哲學問題產生濃厚興趣。如前所述，他之選擇德國為留學之地，主要是出於德國乃近代哲學誕生地之考慮。他曾先後翻譯多本哲學導論性著作，向國人介紹西方哲學流派及觀點。後來上海《申報》館慶祝建館五十周年而出版《最近五十年之中國》特刊，蔡特為之撰寫《五十年來中國之哲學》一文，充分反映了他對哲學問題的長期關注和深刻見解。由對於哲學的偏好，而發展為在倫理學、美學乃至美育等方面的研究興致，形成可觀的學術成果，並產生一定的社會影響。不妨說，由哲學而倫理學、而美學，是蔡氏生平治學的主要軌跡。

當然，也有例外。蔡氏晚年篤好民族學，多次撰文介紹該學科及其研究方法，在一定程度上表現出一種興趣性跳躍。至於其秉承中國舊學的餘脈而展現於學術成果者，則是那部實際尚未完成的《石頭記索隱》。

蔡元培的研治學術，有著十分明顯的一些特點。首先，其治學大

體是為其教育實踐供給理論依據和養分，不論是倫理學的譯著，還是美學的介紹和美育的宣導，均與近代中國教育的更新發展息息相關。其次，刻意追求使中西學術文化之精華合於一體，即是說，在學術觀念上無中西優劣之抽象評判，但取各自合理成分而融合之。其三，其治學方法尚未脫清代學者之窠臼，除一般介紹西洋學術之外，以科學方法整理國故的設想難以形成學術實績，故學術影響終於侷限不彰。

6.1　《中國倫理學史》

清朝末年，歐風美雨襲入華夏古國，千古不易的倫理道德觀念開始受到西洋思想的強勁挑戰。社會道德在多元價值觀的作用下呈現失衡狀態，首先在知識界和青年中傳統倫理道德與歐美價值觀念發生碰撞，深感困惑和迷惘之人所在多有。鑑於此，文化教育界有識之士力謀構架新的道德體系，以適應時代的變遷。1899年，改良變法失敗後退居上海的張元濟曾與來華訪問的日本學者內藤湖南有過一次晤談。這兩位元東方學者一致認識到：要培養人才，首先必須興辦學堂；在形成知識份子的倫理道德方面，則應首先關心學校裡的學生。其後，張元濟投身商務印書館，在編輯出版新式學堂教科書方面，尤其注重修身教科書的編寫和出版。其實，此時正在從事教育工作的蔡元培與張元濟抱有同樣的志向，他甚至具體地提出將西洋的自由平等觀念與中國傳統道德中的可取成分加以有機結合的主張，他這個時期所編選的《文變》一書，實際上便體現了上述宗旨。故而，蔡元培、張元濟等人共同承擔了商務印書館的修身教科書編寫工作。可以說，這是蔡元培涉足近代倫理學的誘發因素。

蔡元培負責編撰的《中學修身教科書》共計五冊，是他先後在國內和德國寫成的，於1907和1908兩年陸續出齊。這套修身教科書「悉本我國古聖賢道德之原理，旁及東西倫理學大家之說，斟酌取捨，以求適合於今日之社會」。全書分為上、下兩篇；上篇計有修己、家族、社會、國家、職業五章，側重於實踐倫理的闡釋；下篇則重點介紹西方近代倫理學理論，諸如良心論、理想論、本務論、道德論等。從內容上看，這部成書於清代末年的修身課本，仍大體上貫穿了儒家倫理實踐的傳統，在修身齊家、交友處世諸多方面向人們提供了古道可風的君子儀范。值得注意的是，在論及個人與國家的關係時，蔡元培引入了西方近代國家觀念，強調個人之於國家既有應盡之義務，也有應享受之權利，「人之權利，本無等差」，「國家者，非一人之國家」。這裡的「天賦人權」的平等觀念和否定專制政體的強烈意識是顯而易見的。不僅如此，書中還大力張揚「博愛」思想，反覆申述：「博愛者，人生最貴之道德也。人之所以能為人者以此。」「博愛者，人生至高之道德。」並且，以儒家經典中早已為世人稔熟的格言古訓比附證明，使這一思想易於為國人所接受，以此作為統率人際關係的原則。書中還提出了一些十分新穎的倫理道德觀念，例如該書開篇即揭明：「凡道德以修己為本，而修己之道，又以體育為本。」如此重視體育的作用，在以往的修身教育中尚不多見。蔡氏《中學修身教科書》在清末乃至民國初期曾為各類學校廣泛採用，書中所體現的混合型倫理觀念對新、舊過渡時代的中國社會還是頗為適宜的。

繼《中學修身教科書》之後而世的《倫理學原理》一書，是蔡元培向國人系統介紹西方近代倫理學理論的一部有影響的譯著。該書著

者是德國近代著名哲學家、倫理學家和教育學家弗裡德里希·泡爾生（1846—1908），這位一生大部分時間在柏林大學從事教學和著述的學者，以其《倫理學體系》一書而揚名近代倫理學界。該書共分四編，第一編為人生觀與道德哲學的歷史綱要；第二編闡釋倫理學體系的基本概念和原則；第三編為德性與義務論；第四編為國家和社會理論綱要，主要論述作者的社會學和政治學觀點及其對合理的社會生活方式的見解。這部著作問世不久，美國、日本等國便先後出版了節譯本。蔡元培留學德國期間，參照日譯本和原著，將其中的序論和第二編譯為中文，是為《倫理學原理》一書。蔡選譯此書，是信服著者在動機論和功利論這兩種觀點之間所持的折衷立場，以及該書闡發學理的「平實風格」。《倫理學原理》一書較為系統地闡釋了西洋近代倫理學的基本概念和原理，對諸如善惡、目的論與形式論、快樂主義和自我實現、悲觀主義、災難與神佑、義務與良心、利己主義與利他主義、道德與宗教以及意志自由等理論問題作了深入淺出的論述，堪稱近代中國人瞭解西洋倫理學觀念的精良讀物。著名學者和教育家楊昌濟在長沙執教時即將這部譯著作為學生的教科書，青年毛澤東獲讀此書，曾寫下萬餘言的筆記。可知，《倫理學原理》一書在清末民初的中國學界頗受重視。

在翻譯泡爾生的倫理學著作之後，蔡元培又譯述了日本人木村鷹太郎的《東西洋倫理學史》一書。他發現，日本學者在論及中國倫理思想史時有不夠準確和錯訛之處，而自古倫理觀念素稱發達的中國，竟沒有一部倫理學史，這不能不令人引為憾事，遂決定自己動手編撰《中國倫理學史》。他在這部書的前言中稱：「吾國夙重倫理學，而至

今顧尚無倫理學史。邇際倫理學界懷疑時代之托始，異方學說之分道而輸入者，如檠如燭，幾有互相衝突之勢。苟不得吾族固有之思想系統以相為衡准，則益將旁皇於歧路。蓋此事之亟如此。」[1]的確，古代中國的倫理觀念早在《尚書》中即有記載。此後，儒家學說佔據主導，一套相當完備的倫理觀念系統便隨之滲入人文民俗之中，歷代學者不斷闡發己見，不同流派貫通衍替，倫理道德之說在兩千餘年的歷史中長盛不衰。這方面的文字材料可謂汗牛充棟，俯拾即是。然而，中國學術分科寬泛，倫理思想主要附歸於哲學、政治學之中，從未獨立分科，自成體系。建立獨立的倫理學科，顯系受西洋學術的影響和啟示。重視道德教育而又對中國舊學諳熟於心的蔡元培，在歐洲學術文化的強烈影響下，首先來挖掘和梳理祖國倫理思想素材，進行開發性嘗試。需要指出的是，在異國倫理學說相繼湧入的情勢下，蔡元培非但沒有捨棄中國固有的傳統文化道德，反而視整理民族倫理遺產為當務之急，不如此便難以救助一代青年「徬徨於歧路」的困擾。在他看來，「近二十年間，斯賓塞爾的進化功利論，盧梭之天賦人權論，尼采之主人道德論，輸入我國學界。青年社會，以新奇之嗜好歡迎之，頗若有新舊學說互相衝突之狀態」。而蔡所做的工作，實質上是通過條理傳統倫理素材，以證明中國固有的倫理道德在很大程度上與近代西方的價值觀念具有相通性，從而融合、折衷中西倫理觀念，構建適應新時代的道德體系。這應當是蔡元培編撰《中國倫理學史》的深層動機。

1　　《蔡元培全集》第2卷，第1頁。本節以下所引除另注之外，均為《中國倫理學史》。

《中國倫理學史》一書計有十餘萬字，它從「唐虞三代倫理思想之萌芽」寫起，一直介述到清季中期戴震、俞正燮等人「漸脫有宋以來理學之羈絆，是殆為自由思想之先聲」為止。其間，將中國倫理思想的發展歷程分為三個時期，即先秦創始時代，漢唐繼承時代和宋明理學時代。蔡元培認為，中國古代文化暨傳統倫理觀念在周季即已十分完備，諸子各家所分別闡釋的倫理道德觀實從不同側面反映了唐虞三代以來由實踐倫理向理論倫理的歸趨和飛躍。這些人倫理想的集中展示，便是儒家學說的不斷成熟和系統化，因為這派學說在當時「足以代表吾民族之根本理想」。漢代以降至唐，雖然出現不少思想家，但基本是演釋儒家學說之大義，獨立的創見並不多。魏晉時期的「玄學清談」明顯地具有佛老色彩，但並不能撼動儒家獨尊的地位。總觀漢唐時期的倫理學，「學風最為頹靡，其能立一家言，占價值於倫理學界者無幾焉」。關於宋明理學時代，蔡元培認為，這時的學者已受到佛老二家閎大幽渺之教義的濡染，他們雖已對齊梁以來的靡麗文風生厭，但並不回復到漢儒解經的傳統之中，而是在遵從儒家大義的基礎上，另闢新徑，「竟趨於心性之理論，而理學由是盛焉」。以實踐倫理論之，至宋明理學產生，儒家的道德規範才最終凝煉為「普及的宗教」，具有了一種難以悖逆的思想威勢，後代雖不乏博學明敏之士，卻大多難以掙脫理學範圍，這種限制思想發展的負面作用，在很大程度上消減了中國社會的內部活力。此種情狀，進入清代以後方漸趨弱化，戴震等學者忤逆理學的言論，昭示著中國倫理思想將進入一個新的發展時代。

　　《中國倫理學史》簡明概略地介紹了中國歷代倫理思想家的生平

和學說，並十分重視處於相同時代的思想家之間的比較和聯繫。書中較為集中反映作者觀點的部分，是對每位元歷史人物及其觀點概括介紹之後所寫的「結論」。可以說，各章節後面的「結論」是該書的特色和精華所在。當記述先秦時代倫理思想尚處於萌芽階段時，蔡元培敏銳注意到，「家長制度」在中國倫理社會中的基源作用。他寫道：「家長制度者，實行尊重秩序之道，自家庭始，而推暨之以及於一切社會也。一家之中，父為家長，在兄弟姊妹又以長幼之序別之。以是而推之於宗族，若鄉黨，以及國家。君為民之父，臣民為君之子……各位不同，而各有適於其時其地之道德。」正是由家長制度而衍生出先秦時期的尊卑秩序，決定了人們相應的道德規範和社會政治倫理關係。當然，這種社會倫理在特殊狀態下亦有例外，其明顯的一例便是「湯武革命」。蔡元培認為：「夏、殷、周之間，倫理界之變象，莫大于湯武之革命。其事雖與尊崇秩序之習慣若不甚合。然古人號君曰天子，本有以天統君之義，而天之聰明明威，皆托於民……故獲罪於民者，即獲罪於天。湯武之革命，謂之順乎天而應乎民，與古昔倫理，君臣有義之教，不相背也。」在這裡，蔡元培不僅一般地揭示了古昔的倫理觀念，而且突出強調了儒家的「民本」思想。

在評述先秦諸子各家的倫理觀念時，蔡元培從歷史的角度對儒家的社會倫理觀持基本肯定態度，他尤其讚賞儒家學說在實踐倫理方面採取的調和折衷立場。他認為，儒家學說，雖其哲學之閎深，不及道家；法理之精核，不及法家；人類平等之觀念，不及墨家。但儒家之言，本諸周公遺義，又兼採唐虞夏商之古義而調理之，在實踐上抱持折衷主義。如「推本性道，以勵志士，先制恆產，乃教凡民，此折衷

於動機論與功利論之間者也；以禮節奢，以樂易俗，此折衷于文質之間者也；子為父隱，而吏不撓法，此折衷於公德私德之間者也；人民之道德，稟承於政府，而政府之變置，則又標準於民心，此折衷於政府人民之間者也；敬恭祭祀而不言神怪，此折衷於人鬼之間也。」儒家學說的廣泛適應性及其理性特徵，成為社會多數人可以接受的思想觀念，而終於成為「吾族倫理界不祧之宗」。蔡元培對於儒家倫理觀中折衷性的肯定，並非只限於清末時期的一時認識，至30年代，他在《中華民族與中庸之道》一文中更加突出了上述觀點，該文中稱：「在儒家成立的時代，與他同時並立的，有極右派的法家，斷言性惡，取極端干涉論；又有極左派的道家，崇尚自然，取極端放任論。但法家的政策試於秦而秦滅；道家的風氣，試於晉而晉亡……（至漢）武帝，即罷黜百家，專尊孔子，直沿用至清季。可見極右派與極左派，均與中華民族性不適宜，只有儒家的中庸之道，最為契合，所以沿用至二千年。」[2]姑且不論蔡文中的現實含義，只就其論史而言，可知，他在倫理學史中對儒家所具折衷性的肯定性評價是前後一致，具有思想根基的。這一點，在對蔡元培的學術研究中頗值得引起重視。

當然，具體到先秦諸子，蔡元培的評論是比較客觀的。他認為，孔子是將中國的倫理思想全面加以總結，闡發的「集大成者」，但對其某些思想則仍需分析鑑別。他指出：「孔子之言忠恕，有消極、積極兩方面，施諸己而不願，亦勿施於人。此消極之忠恕，揭以嚴格之命令者也。仁者，己欲立而立人，己欲達而達人。此積極之忠恕，行以自由之理想者也。」可見，蔡氏論及孔子學說，是抱著分析態度，

2　《蔡元培全集》第5卷，第488頁。

並非統而贊之。《中國倫理學史》對於老子及道家學派，評價不高，蔡認為，「老子之學說，多偏激，故能刺沖思想界，而開後世思想家之先導。然其說與進化之理相背馳，故不能久行於普通健全之社會，其盛行之者，惟在不健全之時代，如魏、晉以降六朝之間是已。」他還認為，老子以至巧之策而精於處世之法，「此其所以為權謀術數所自出，而後世法術家皆奉為先河也」。至於墨子，蔡元培則以近代價值尺度給予充分評價，他稱墨子為科學家、實利家，其兼愛而法天，頗近於西方的基督教，其所言名數質力諸理，多合於近世科學，「墨子偏尚質實，而不知美術有陶養性情之作用，故非樂，是其蔽也。其兼愛主義則無可非者，孟子斥為無父，則門戶之見而已」。關於法家，蔡元培認為，法家之言，「以道為體，以儒為用」，開啟法家學脈的管仲，首先揭明道德與生計的關係，對於倫理學界有重大價值。法家之集大成者韓非以法律統攝道德，不復留有餘地，「故韓非子之說，雖有可取，然其根本主義，則直不容於倫理界者也」。

在總結先秦時代的各家倫理思想時，蔡元培從理論倫理角度做了一個概論，他寫道：「老子苦禮法之拘，而言大道，始立動機論，而其所持柔弱勝剛強之見，則猶未能脫功利論之範圍也。商君、韓非子承管子之說，而立純粹之功利論，莊子承老子之說，而立純粹之動機論。是為周代倫理學界之大革命家。」然而，「其時學說，循歷史之流委而組織之者，惟儒、墨二家」。顯然，這是中國人接觸西方近代倫理學說以後，對自己的思想祖先所作的首次學理上的分類，儘管在某些方面還嫌簡略籠統，但中國古代倫理思想畢竟藉此而有了一個可資人們考鑑的認識體系，這不能不說是近代文化建設中的一樁益事。

《中國倫理學史》對漢代以後倫理思想的發展脈絡進行了描述，其中寫道：漢代學者，為先秦諸子之餘波，唐代學者，則為宋代理學之椎輪；宋代程灝、程頤兄弟雖師法于周敦頤，然其學派亦有分野，「蓋明道者，粹然孟子學派；伊川者，雖亦依違孟學，而實荀子之學派也。其後由明道而遞演之，則為象山、陽明；由伊川而遞演之，則為晦庵」。[3]蔡元培還特別比較了程氏兄弟以及朱熹與陸九淵之間在各人性情、理氣觀念等方面的異同。論及朱熹，他指出，「朱子偏於道問學，尚墨守古義，近於荀子。……朱學平實，能使社會中各種階級修私德，安名分，故當其及身，雖嘗受攻訐，而自明以後，頓為政治家所提倡，其勢力或瀰漫全國，然承學者之思想，卒不敢溢於其範圍之外。」他進一步分析說：「晦庵學術，近以橫渠、伊川為本，而附益之以濂溪、明道。遠以荀卿為本，而用語則多取孟子。於是用以訓釋孔子之言，而成立有宋以後之孔教。」故此，宋之有朱熹，猶周之有孔子，「皆吾族道德之集成者」。蔡元培認為，朱熹的學說，承襲了中國往昔思想的主流，與我族大多數之習慣相投合，尤其適於權勢者利用，因而依憑科舉制度盛行於明代以後。然而，「朱學近於經驗論，而其所謂經驗者，不在事實，而在古書，故其末流，不免依傍聖賢而流於獨斷。」及至清代，士人熱衷考據，「其實仍朱學尊經篤古之流派，惟益縮其範圍，而專研詁訓名物」。到這時，新思想的產生益加困難，傳統倫理觀念已接近於定型和僵化。因此蔡元培對於眾多的清代學者，只選取了黃宗羲、戴震和俞正燮三人加以評介。

3　明道，即程灝；伊川，即程頤；象山，即陸九淵；晦庵，即朱熹。以下之橫渠，即張載；濂溪，即周敦頤。

清季以來，黃宗羲、戴震二人的思想頗有特色和影響。人們對此已有相當的關注。蔡元培依據黃氏《明夷待訪錄》中《原君》、《原臣》二篇，評價黃為唐以後正確闡發君臣大義之第一人；關於戴震，則指明其所著《原善》、《孟子字義疏證》涉及倫理學的內容，而戴氏之「特識，在窺破宋學流弊，而又能以倫理學之方式證明之」。多少有些不尋常的是，蔡元培將清代中期學者俞正燮特別列出，而與舉世公認的兩位思想大家並提，這適足體現了蔡氏編著《中國倫理學史》所具有的價值取向。

俞正燮，字理初，安徽黟縣人，生於清乾隆四十年（1775年），卒于道光二十年（1840年）。他生長於書香門第，自幼聰穎好學，「性強記，經目不忘」，二十餘歲時離鄉出遊，足跡遍及黃河兩岸、大江南北。這位博學強記、見多識廣而又性格耿介的學者，屬於乾嘉考據學派的晚流，其學術成就沒有前期考據大師的恢宏博大，但其考據範圍較前人廣泛，其考據的細密程度亦更為精深。所以梁啟超說他「長於局部考證」。俞正燮經歷了清王朝由盛轉衰的社會變化，飽讀經史的學力和「足跡半天下」的閱歷，使他對種種社會弊端具有清楚認識。從其所著《癸巳類稿》及存稿中考證題目的選擇和直抒胸臆的真知灼見便充分證明了這一點。這樣，他的治學態度就從純粹「漢學家」的立場發生一定程度的游離，多少帶些「經世致用」的色彩，清人張穆就曾讚他既有「宏通淹雅之才」，又有「陳古刺今之識」。在俞氏《癸巳類稿》及存稿中，關於婦女問題的考證和議論十分引人注意，其中的男女平等思想及為婦女鳴不平的許多見解與封建倫理道德大相徑庭，被視為是「發千載之覆」的議論。魯迅曾經在《病後雜談

之餘》中寫道：有史以來，中國人身受過非人類所能忍受的苦難，「每一考查，真教人覺得不像活在人間。俞正燮看過野史，正是一個因此覺得義憤填膺的人」。俞正燮在《節婦說》、《貞女說》、《妒非女人惡德論》、《女子稱謂貴重》、《女吊婿駁義》、《尼庵議》、《娣姒義》、《書舊唐書輿服志後》等篇中，對千百年來歧視婦女的道德、風俗、觀念等大膽提出異議，用精嚴的考證說明上古時代男女平等的事實，從人道的角度論證理學道德規範的不合理和「非人性」，啟迪人們改變此種不公平的人類現象。

蔡元培認為，「凡此種種問題，皆前人所不經意。至理初，始以其至公平之見，博考而慎斷之。雖其所論，尚未能為根本之解決，而亦未能組成學理之系統，然要不得不節取其意見，而認為至有價值之學說矣。」因此，在《中國倫理學史》中，他將歷來不被世人注意的俞氏言論予以介紹，做了十分可貴的思想資料的挖掘和充分評價。蔡晚年回憶自己青年時期的讀書生活時指出：「自《易經》時代以至清儒樸學時代，都守著男尊女卑的成見，即偶有一二文人，稍稍為女子鳴不平，總也含有玩弄的意味。俞先生作《女子稱謂貴重》等篇，從各方面證明男女平等的理想。……我至今還覺得有表彰的必要。」[4]蔡元培對於俞正燮的推崇，主要是因為他認為俞氏能夠「認識人權，認識時代」，勇於突破宋代理學的思想樊籬，其思想底蘊已頗接近於近代西洋倫理價值觀念，在茫茫中國古代思想界堪稱鳳毛麟角。雖然，俞氏僅僅發出了一些就事論事的獨特議論，思想深度和理論體系均還談不上，但他所表現出的鮮明傾向，卻具有十分可貴的倫理價

4　高平叔編：《蔡元培全集》第6卷，北京：中華書局，1988年版，第550頁。

值，代表了中國社會的一種理性的人道主義認識。蔡元培在《中國倫理學史》上特予記述，恰恰表明了他與俞氏在思想上的一致性。蔡生平致力於女權的提倡，奮力推進中國的男女平等進程，與他受到俞正燮倫理思想的影響大有關係。

在《中國倫理學史》的結尾處，蔡元培不無感慨地論述到包括倫理思想在內的中國學術文化的長期停滯、難以與時俱進的問題。在他看來，「我國倫理學說，以先秦為極盛，與西洋學說之濫觴於希臘無異」。此後，西洋學術文化不斷發展，其成就已遠非古人所能及。而中國自漢以後，思想之「大旨」不能超出儒家的範圍，即使以朱熹的勤學，陸九淵、王陽明的敏悟，戴震的精思，其學術所得亦不過爾爾，終難有突破性創見。他認為，產生這種現象的原因有四：「一、無自然科學以為之基礎；二、無倫理學以為思想言論之規則；三、政治宗教學之結合；四、無異國之學說以相比較。」印度的佛教雖閎深，但其厭世出家之法，與我國通行的實踐倫理不甚相合，因而不能產生根本性影響。蔡元培預計，隨著西方學說的傳入，思想自由的空氣不斷濃厚，中國傳統思想與新觀念的碰撞和融合，將會造就出新的倫理學說，這是不容置疑的。

《中國倫理學史》是一部開發性著作，它以近代西方倫理學觀點為主導，對中國兩千餘年的思想史料進行了提綱挈領的整理和論述，成為清末民初中國新文化建設中一件頗有意義的工作。1937年商務印書館將此書列入「中國文化史叢書」第二輯，重新印行。在很長一段時間裡，這部著作是中國倫理學研究方面的唯一成果。誠然，該書以日本學者的著作為藍本，在一些地方留有編譯的痕跡，但蔡元培作為

中國舊學的飽學之士，又有機會充分接觸西洋倫理學說，因而該書青出於藍而勝於藍，不僅修正了日本學者所著書中的錯訛之處，而且對古代思想學說點評比較，又有所充實，具備了自己的特點。正因如此，1941年日本學者將該書譯成日文，在日本出版。蔡元培當年編撰這本《中國倫理學史》，是為學校倫理教學提供參考書，「故至約至簡」。今天看來，該書只是相當粗略地描摹了中國倫理思想的發展脈絡，但它確乎為此後的有關研究開闢了路徑。

6.2　哲學、美學與美育

在蔡元培一生所發表的較為系統的文字中，有關哲學的內容最多，其中主要是譯述。如果說，他的關於倫理學方面的著述還只是集中在民國之前完成的話，那麼，對於西方哲學的介紹和對中國哲學的闡釋則貫串於他的中年和晚年，即令在其對於美學的興致極高之時，也不曾中斷對於哲學問題的關注，垂暮之年，他還興致勃勃地為青年刊物撰寫《怎樣研究哲學》的文章。本來，不論是倫理學抑或美學理論，均涵蓋於哲學的範疇，離不開哲學這個學科基礎。因此，說蔡元培生平學術的根基是哲學，大致是不錯的。

引發蔡元培對於哲學問題產生興趣的，應當是他早年「寢饋其間」的中國舊學經典。自中年之後，大量閱讀西學譯本書，使他對於近代西洋哲學萌生傾慕之心。追本尋源的求知熱望，推動著他謀求留學德國的機緣。他所翻譯印行的第一本書便是德國學者科培爾的《哲學要領》，其時，他正在青島躲避「《蘇報》案」的風波並準備赴德

求學。為什麼要譯述這本書？蔡元培在該書序言中談到他的本義說：時當新舊過渡，各類學說樊然並峙，哲學方面自有不同流派，倘斷章取義，難免誤入迷津。「初學者不得正宗之說以導之，將言惟物而詆純正哲學之蹈空，言惟心而嗤物質文明之為幻，言有神而遂局古代宗教之範圍，言無神而又以一切宗教為仇敵。門徑既誤，成見自封，知之進步，於焉窒矣。」[5]有鑑於此，他選譯了德國科培爾在日本文科大學的授課筆記。在他看來，科氏所言，「皆以最近哲學大家康得、黑格爾、哈爾妥門諸家之言為基本，非特惟物、惟心兩派之折衷而已。其所言神秘狀態，實有見於哲學、宗教同源之故。而於古代哲學、提要鉤元，又足以示學者研究之法，誠斯學之門徑書也」。20世紀初，西洋哲學在中國還屬相當生疏的新學，即使在開新較早的上海學界，對於諸多哲學概念、學說及其相互關係亦處一知半解的朦朧狀態。要使國人較為全面瞭解西方哲學的歷史和現狀，提供一部相對嚴謹而通俗的入門書顯然是十分必要的。蔡元培適時地做了這項工作。《哲學要領》一書比較系統地介紹了西方哲學的基本理念、學術類別、研究方法及派別體系，從古希臘哲學家的學說到近世歐洲哲學的各種理論，均作論列，其中尤其詳述歸納法、類推法、演繹法和辯證法的各自特點，對學習和研究西洋哲學頗有助力。蔡元培最初譯述此書雖較為粗糙，但後來經過修訂，由商務印書館先後出至七版，可見該書還是受到社會歡迎的。

　　此後，蔡元培還翻譯了一部份量頗大的學術著作，這就是日本學者井上圓了的《妖怪學講義》。井上圓了曾在日本創辦一所哲學學

5　　《蔡元培全集》第1卷，第17頁。

校，潛心致力於哲學研究和教學活動。他的著述比較適合東方民族的求知心理，其著作在20世紀初的中國讀書界頗為流行。《妖怪學講義》採用近代科學原理解釋自然界種種奇異現象，又通過生理學和心理學的知識說明人類的各種異常精神感覺，使人們視為「妖怪」的現象逐一求得科學解釋，堪稱一部新奇之書。雖然此書並非哲學專著，但其內容涉及人類的認知心理和過程，與哲學問題有不少聯繫。蔡元培奮力翻譯了該書總共八大卷中的絕大部分，交杜亞泉在上海開辦的亞泉學館付梓。因學館失火，書稿大部被焚，僅先行排印的總論部分得以保存，遂改由商務印書館出版，這便是1906年8月印行的《妖怪學講義總論》。值得一提的是，井上圓了此書在當時有多種中譯本，章太炎、何琪等人亦曾對此書進行翻譯，可見該書受重視的程度。蔡元培對此書的譯述，是他赴德國留學之前所進行的一項重要文字工作。

進入民國以後，蔡元培還曾應商務印書館之約，先後編譯了兩本哲學導論性書籍，作為師範學校的教科書。一本是1915年出版的《哲學大綱》，一本是1924年出版的《簡易哲學綱要》。兩書均是蔡旅居歐洲時所完成，而依據的藍本又都是德國哲學家的著作。在德國四年的留學生活，以及後來數次旅居歐洲，使蔡元培的學術視野大為拓展，廣泛接觸西方哲學著述和學者，使他對現代哲學的認識和理解不斷深化，在借鑑和比較中，開始形成自己的某些固定見解。這些，都不同程度地反映在上述兩本書中。《哲學大綱》和《簡易哲學綱要》雖然主要是依據李希脫爾、泡爾生、馮特和文德爾班四人的有關著作編譯而成，但蔡元培同時兼採的其他哲學著述卻相當廣泛，在論述過程中又往往加入他自己的觀點，故而，可以說，這兩本書所體現的學

術水準和素養，與先前譯述的《哲學要領》一書已不可同日而語，雖然它們均以哲學入門書的形式出現。《哲學大綱》中「宗教思想」一節，蔡元培便表達了他那「真正之宗教，不過信仰心。……凡現在有儀式有信條之宗教，將來必被淘汰」的宗教觀。在《簡易哲學綱要》「自序」中，他告誡「初學哲學的人，最忌的是先存成見，以為某事某事，早已不成問題了。又最忌的是知道了一派的學說，就奉為金科玉律，以為什麼問題，都可以照他的說法去解決；其餘的學說都可以置之不顧了。入門的時候，要先知道前人所提出的，已經有哪幾個問題？要知道前人的各種解答，還有疑點在哪裡？自己應該怎樣解答他？這一本書，大半是提出問題與提出答案中疑點的，或者不至引人到獨斷論上去。」[6]可見，這兩本書確乎是「引人研究哲學之作」。兩書的章節框架大體相同，但由於其所據底本出版時間相隔約20年，故學術觀點的時代性還是存在一定差異的，這也反映出蔡元培治學的進取精神。

那麼，蔡元培何以要一而再，再而三地編寫哲學入門讀物呢？這與他對中國近代學術的總體認識有關。在他看來，宋代以後，中國的哲學思想便漸趨僵化，到清代，幾乎無哲學思辨可言。這種學術狀況，是導致近代中國全面落後的要因之一。欲救此弊，便應學習西方先進的學術成果，創造中西合璧的新文化。因此，大力介紹西洋哲學即成為至關重要的急務。20年代初，《民鐸》雜誌出版「柏格森專號」，集中向國人介紹這位西方哲學大師的生平和學說，蔡元培特為之譯述《柏格森哲學導言》，表現出很高的熱情。完全可以說，在傳

6　《蔡元培全集》第4卷，第389頁。

播西方近代哲學方面，蔡元培做了許多必不可少的基礎工作。

　　在廣泛接觸西方哲學思想過程中，蔡元培深受德國哲學家的影響，其中尤以康得為甚。蔡幾乎沒有保留地接受了康得學說中有關「現象世界」與「實體世界」的思想，並將之運用到他的教育實踐之中。蔡首次在國人面前演繹他的哲學觀念，是1912年發表的那篇知名度頗高的《對於教育方針之意見》。在這篇闡釋民國教育方針的文章中，蔡元培所受康得哲學的影響充分展現了出來。在論及政治家與教育家的不同時，他搬出了哲學依據：「蓋世界有二方面，一如紙之有表裡：一為現象，一為實體。現象世界之事為政治，故以造成現世幸福為鵠的；實體世界之事為宗教，故以擺脫現世幸福為作用。而教育者，則立於現象世界，而有事於實體世界者也。」那麼，所謂「現象世界」和「實體世界」二者區別何在？蔡元培解釋道：「前者相對，而後者絕對；前者範圍於因果律，而後者超軼於因果律；前者與空間時間有不可離之關係，而後者無空間時間可言；前者可以經驗而後者全恃直觀。」他指出，「實體世界」，難以名狀，「或謂之道，或謂之太極，或謂之神，或謂之黑暗之意識，或謂之無識之意志。其名可以萬殊，而觀念則一」。[7]在這多少有些玄奧神秘的論述中，人們不難看到康得「心物二元論」的思想成分，也似乎感受到某種略帶宗教色彩的高妙與超然。在蔡元培幾十年的教育生涯中，宣導「教育獨立」，提倡美感教育與心靈陶冶，追求「完全之人格」，都是以這個哲學意識作為其理念根基。雖然，他沒有能夠撰成專著，闡發其哲學思想，但在為數可觀的文章、演說中，康得哲學所給予他的影響一再表露，

7　　《蔡元培全集》第2卷，第133頁。

並且間或摻雜著叔本華等人的思想成分，這些確乎構成他龐雜的哲學思想的中堅部分。

　　蔡元培對於使用科學方法整理中國傳統學術甚為熱心，大力提倡。他曾為胡適的《中國古代哲學史大綱》以及《自由哲學》、《邏輯學》、《佛法與科學比較之研究》、《哲學辭典》、《中國思想研究法》等多種專著作序，熱情推廣新的學術研究成果。對於中國近代以來思想界的變遷，他也予以高度關注，並有精到評論。這集中體現在他撰寫的《五十年來中國之哲學》[8]一文中。這篇寫作於1922年的三萬字的長文，詳述清末民初幾十年間中國哲學領域的學者及其學說、特點，並適當進行評價。他寫道：「最近五十年，雖然漸漸輸入歐洲的哲學，但是還沒有獨創的哲學。所以嚴格的講起來，『五十年來中國之哲學』一語，實在不能成立。現在只能講講這五十年中，中國人與哲學的關係，可分為西洋哲學的介紹與古代哲學的整理兩方面。」關於西洋哲學的介紹，他高度讚許嚴復譯介西方人文社會學說的貢獻，指出：「嚴氏介紹西洋哲學的旨趣，雖然不很徹底，但是他每譯一書，必有一番用意。譯得很慎重，常常加入糾正的或證明的案語，都是很難得的。」蔡元培以很大的篇幅充分評述了王國維介紹德國哲學的學術活動，他評論說：「王氏介紹叔本華與尼采的學說，固然很能扼要；他對於哲學的觀察，也不是同時人所能及的。」關於中國舊學的整理，他認為，近年整理國故的人，不是受西洋哲學影響，就是受印度哲學影響，在孔子學派上想做出一個「文藝復興」運動的，是康有為，康是把進化論的理論應用於《公羊春秋》的「三世說」和《小

8　　載於上海《申報》館編印《最近之十五年》，1923年版。

戴記》「禮運」篇的小康大同上面，仿效其路徑的還有譚嗣同。蔡元培特別提及，與康、譚同時的宋恕和夏曾佑兩人都有哲學家的資格，宋也是反對宋、元煩瑣哲學，要在儒學裡面做「文藝復興」的運動；而夏則是一個專門研究宗教的人。蔡同樣以相當數量的文字評述了宋、夏二人的著述和觀點。

在這篇總結性文字中，蔡元培以十分突出的筆觸論及章太炎的學術成果，他寫道：「這時代的國學大家裡面，認真研究哲學，得到一個標準，來批評各家哲學的，是余杭章炳麟。」他認為，章氏對於佛教各宗，除密宗、淨土宗外，雖皆所不棄，而所注重的是法相。章以齊物論為作用，又時取「隨順有邊」之法。看國內基督教的流佈，在日本時，見彼方學者稗販歐化的無聊，所以發矯枉的議論。章氏《檢論》中訂孔、道本、道微、原墨、通程、議王、正顏諸篇，都可當哲學的材料。其中說王陽明是「剴切」，不是「玄遠」；說顏元「所學務得皮膚，而總之用微」，都是卓見。其《菿漢微言》上半卷，用「唯識」證明《易》、《論語》、《孟子》中的玄言，也都很有理致，並非隨意附會。蔡元培也對胡適、梁啟超、梁漱溟等人的著述有所論列。他從哲學史的角度概括道：「凡一時期的哲學，常是前一時期的反動，或是再前一時期的復活，或是前幾個時期的綜合。」蔡元培《五十年來中國之哲學》一文，是中國學術界對清末民初幾十年間思想學術成果的首次全面回顧和總結，他那平實的敘述和精到的點評，不僅幫助時人進行了一次學術巡禮，也為後代留下了可貴的學術思想史料。

在廣泛涉獵西方哲學和社會科學理論過程中，蔡元培對美學產生

濃厚興趣。從他在德國留學的活動來看，對歐洲民族藝術的欣賞是促使他研究美學的觸媒。然而，幾乎從一開始，他所從事的美學研究便含有一種社會功利的動機，即通過美來陶冶心靈，淨化社會。這樣，蔡元培對於美學理論的興趣和鍾愛就主要不是進行理論體系的架構，而是致力於對大眾的感化—美育。蔡元培在民國以後的二十餘年裡，曾經寫過不少有關美學的文章，諸如《美術的起源》、《美術的進化》、《美學的進化》、《美學的研究法》、《美學講稿》、《美學的趨向》、《美學的對象》等等。其中，除了運用西方人類學材料探討藝術與審美的起源具有明顯的學術研究性質以外，大部分是對西方美學理論（尤以康得美學觀點為中心）所作的轉述性介紹，雖然偶或亦摻有蔡的個人見解。是否可以這樣說，在美學方面，蔡元培向國人所作的普及工作遠遠甚於理論研究。這便是人們所遺憾地看到的：他的美學觀點既不系統（缺乏思辨性），又在許多方面顯得浮泛。的確，在美學理論的研究方面，蔡元培不如同時代的王國維。與此形成對照的是，蔡元培在其教育生涯中力倡美育，不論是1912年首次將美育列入教育方針，還是就任北京大學校長伊始即提出「以美育代宗教」的鮮明主張，甚或在五四新文化運動高潮中大聲疾呼「文化運動不要忘了美育」，都不同程度地在學界產生了影響。相形之下，他探討美術起源的學術文章，在湖南教育界所連續進行的關於美學的演說，以及以校長身份在北大等校講授美學課程，似乎都是在為使國人認同和接受美育所做的一種必要的基礎性工作。從這個意義上認識蔡元培的美學研究與美育實踐的關係，才有可能真正地理解他研治美學的「入世」傾向。

無疑，蔡元培是中國提倡美育最有力的第一人。王國維、魯迅等人雖在理論或某些實踐方面均有建樹，可是不足以與蔡元培的影響相比較。在時間的長久、範圍的廣度和提倡的力度上，蔡堪稱中國近代美育之父。他自稱：「美育者，孑民在德國受有極深之印象，而願出全力以提倡之者也。」但是早在1900年3月他手訂的《夫婦公約》中，已經能夠找到與後來的《美育實施的方法》幾乎相同的一些內容。那時，其美育主張即已初露端倪。這一主張的正式提出是在1912年，「針對當時疲憊的人心，動亂的社會，極力宣導美育」。這個時期，正是中國知識界深切關注國民性問題，進行反思和探索之際。美育的提出，實質上是蔡元培從進取的方面，為重新塑造合於近代文明標準的完美國民性所提出的設想。他認為，要使國人從蒙昧狀態中徹底覺醒，非「擴充其知識，高尚其道德，純潔其品性，必難幸致」。其中心是培養「完全人格」的道德教化，而「世之重道德者，無不有賴乎美術及科學，如車之有兩輪，鳥之有兩翼」。科學與美育，在他看來是人類文化活動的兩個支點：「文化是意志活動的現象，意志的活動，恃有兩種能力：一是推理力，以概念為出發點，演成種種科學；一是想像力，以直觀為出發點，演成種種文藝。」[9]基於此，他在大力推行科學教育的同時，連篇累牘地撰寫文章，並多次發表演說，以一種虔誠而激切的心理向國人宣講美育的作用和價值，同時，設立藝術院校，開展美育活動。這樣做，顯然是從陶冶人的性情入手，改變國民的生活和心理環境，使整個民族具備一種內在的優美氣質，從而達到改造國民性的目的。

9　　以上所引，分見《蔡元培全集》第3卷，第312頁、第120頁；高平叔編：《蔡元培語言及文學論著》，石家莊：河北人民出版社，1988年版，第305頁。

改變文化人的精神面貌，是推行美育的重要一步。蔡元培多次指出，「專治科學，太偏於概念，太偏於分析，太偏於機械的作用了。」應當「求知識以外，兼養感情，就是治科學以外兼治美術」。[10]這裡的所謂「美術」是指文學、藝術的廣義概念。內在精神的變革常常是最重要的變革，蔡元培的美育主張是深得此要領的。魯迅亦曾講過類似的話：「蓋使舉世惟知識是崇，人生必大歸於枯寂，如是既久，則美上之感情漓，明敏之思想失。」[11]顯然，充溢優美氣質的民族，必定是有生氣而富於創造力的。蔡元培曾就第一次世界大戰德、法兩國交戰，談起美育與國民素質的關係，佐證了其以美育改造國民性的深層動機。然而，這個良好願望在條件不充分具備的歷史時代，顯得大大「超前」了。人們抱怨這種來自書房或客廳的一廂情願的理想，並非毫無道理。蔡元培也不無遺憾地回顧：「我以前曾經很費了些心血去寫過些文章，提倡人民對於美育的注意。當時很有許多人加入討論，結果無非是紙上空談。」[12]事實確實如此，當20年代初，蔡元培力倡美育之時，文化教育界頗有人應和。劉伯明、李石岑、呂澂、孟憲承、張競生等都曾發表文章或演說，贊成實行美育。甚至梁啟超在上海美術專科學校講演，亦以《美術與生活》為題，盛言美育之作用。但是，實際社會成果則寥寥無幾。當然，美育在人類生活中有一個伴隨環境變化而逐漸被接受的過程，由於蔡元培的大力提倡，在中國人的教育觀念中畢竟已佔據了一個位置。

10　《蔡元培全集》第4卷，第33—34頁。
11　魯迅：《科學史教篇》，收入《魯迅全集》第1卷，北京：人民文學出版社，1981年版，第35頁。
12　《與〈時代畫報〉記者談話》，收入高平叔編：《蔡元培美譽論集》，長沙：湖南教育出版社，1987年版，第214頁。

不能不指出的是，蔡元培在美學理論上的薄弱，使他在提倡美育時常常處於論據不充分的境地。「以美育代宗教說」提出後的二十年中，雖被反覆重申和強調，但終因這一命題缺乏足夠的理論論證而難以為社會認可和接受。僅僅單純傳揚西方美學理論，不做細密的理論再創造，這一欠缺在很大程度上限制了美育的社會普及進程。如果不是苛求的話，這或許是蔡元培力倡美育而成效不彰的一個主觀因素。

6.3　《石頭記索隱》

蔡元培著述中引起學術界特別關注，以至引發一場爭論的，是那部《石頭記索隱》。由此，蔡氏得到了舊紅學家索隱派的稱號。

對於《紅樓夢》的研究興趣，蔡元培是受到陳康祺《郎潛紀聞二筆》中所述徐時棟觀點的啟發，徐氏認為，《石頭記》中十二金釵皆清初巨宦明珠食客，其中以薛寶釵影射高澹人（士奇）、妙玉影射薑西溟。蔡開始作《紅樓夢》疏證，是在1898年或這之前。他在該年的日記中曾有如下記述：「前曾刺康熙朝士軼事，疏證《石頭記》，十得四五，近又有所聞，雜誌左方，以資印證。」如「林黛玉（朱竹垞）、薛寶釵（高澹人）……寶玉（納蘭容若）、劉姥姥（安三）。」[13]此時，蔡元培正在北京清政府翰林院供職。以後，他又接觸到清人《乘光舍筆記》等書，其中關於紅樓夢小說中女人皆指漢人，男人皆指滿人的說法，使他感到：「尤與鄙見相合」。循此思路，蔡元培在十多年的時間裡陸續考證出十餘則，但他自忖這項《紅樓夢》疏證的

13　高平叔編：《蔡元培年譜》，第10頁。

工作尚不成熟和完備，並未付諸梓版。不過，他對於這部文學巨著的研究在其朋輩之中該是有所瞭解的。因此，1914年，蔡在法國將《紅樓夢疏證》（《石頭記索隱》初名）基本定稿之後，上海商務印書館便馳函建議他加一結束語，儘快發表。蔡氏《石頭記索隱》首次面世是1916年1—6月在商務的《小說月報》上連載，出版者特闢「名著」一欄，以示重視。依照蔡原來的想法，刊載後本不急於將此稿結集出書，而願進一步潤修增補，以成全璧，至少在內容上要更加充實。可是同年秋，蔡被任為北京大學校長，旋即回國。同時，上海出版界已經刊出王夢阮、沈瓶庵《紅樓夢索隱》一書的發行廣告。故此，張元濟函勸蔡元培：「……若大著此時不即出版，恐將來銷路必為所占。且駕既回國，料亦未必再有餘閒加以潤飾，似不如即時出版為便。」這樣，蔡元培的《石頭記索隱》遂於1917年9月由商務印書館正式出版單行本。

長篇小說《紅樓夢》問世後，從清季乾隆年間至民國初年，一直為歷代文人所津津樂道。圍繞這部內容宏大、構思奇巧的文學巨著，人們曾進行熱烈地評論和多方面的猜度、探討。其間，仁者見仁，智者見智，莫衷一是。自清光緒初年，便出現「紅學」這一專門概念，有人甚至將「紅學」與「經學」相提並論，小說家言儼然步入了大雅之堂。進入民國以後，對於《紅樓夢》的研究有增無已，一些有分量的紅學研究專著相繼問世，學術界似乎正醞釀著一次紅學研究的「突破」。蔡元培作為民國名人，在學界有很高地位，他亦加入到紅學研究的行列，自然引起世人的關注。《石頭記索隱》從1917年初版，到1930年已出至第十版，可見其影響非同一般。

蔡元培從事《紅樓夢》疏證的十餘年間，正是「排滿」之聲四起、民族主義激情高揚之時，這種時代氛圍，對於他顯然有深刻影響。《石頭記索隱》劈頭便寫道：「《石頭記》者，清康熙朝政治小說也。作者持民族主義甚摯。書中本事在弔明之亡，揭清之失。而尤於漢族名士仕清者，寓痛惜之意。當時既慮觸文網，又欲別開生面，特於本事以上，加以數層障幕，使讀者有橫看成嶺側成峰之狀況。」[14]從這段文字可知：蔡元培考證疏解紅樓夢的基本動機是宣揚民族主義思想。由此出發，他認定，小說作者「於漢人之服從清室，而安福尊貴者，如洪承疇、範文程之類，以嬌杏代表之。嬌杏即微幸……於有意接近（清朝），而反受種種之侮辱，如錢謙益之流，則以賈瑞代表之……敘尤三姐，似以代表不屈於清而死者」。他還指出，書中紅字多影朱字，朱者，明也，漢也。寶玉有愛紅之癖，言以滿人而愛漢族文化也，好吃人口上胭脂，言拾漢人唾餘也。蔡元培甚至斷定，賈府即偽朝，乃指斥清廷之意。諸如此類的疏證，其根據是否充分、論斷是否可信，我們暫且不論，只就其中所強烈顯現的民族的、政治的意念而言，可以說，蔡氏作此《索隱》有別於閒適文人的「戲筆」之談，而寓有相當的社會現實深義。也正因如此，人們稱蔡為紅學中的「政治索隱派」。

《石頭記索隱》採用對比的方法，廣泛徵引史籍記載的相關材料，與小說情節相比附，以支援考證者的論點。蔡元培對《石頭記》探索幽隱的具體成果是，他考證出：賈寶玉，即是傳國玉璽之義，乃影康熙時的廢太子胤礽；林黛玉，影朱竹垞，即朱彝尊；薛寶釵，影

14　《石頭記索隱》，《蔡元培全集》第3卷，第69—112頁。

高江村，即高士奇；探春，影徐乾學；王熙鳳，影余國柱；史湘雲，影陳其年；妙玉，影薑西溟；惜春，影嚴蓀友；寶琴，影冒辟疆；劉姥姥，影湯潛庵。此外，他還列舉了若干小說情節與康熙朝時事相關聯的條目，以佐證自己的觀點。在結束這四萬餘字的考證文章之前，蔡氏寫道：「以上所證明，雖不及百之一二，然《石頭記》之為政治小說，絕非牽強附會，已可概見。觸類旁通，以意逆志，一切怡紅快綠之文，春恨秋悲之跡，皆作二百年前之因話錄、舊聞記讀，可也。」總之，蔡元培認為，小說《紅樓夢》實在是把康熙朝的種種傷心慘目的事實，寄託在香草美人的文字上面，完全可以視為政治小說，只要剝離作者故意佈下的「障幕」，便可作為歷史書籍來讀了。在這部著述中，蔡廣徵博引，努力使自己欲證明的問題具有充分的依據，從而達到他主觀上所認真追求的「嚴謹」和「審慎」。看來，蔡元培對這部《石頭記索隱》也頗為自信，視為自己著述中的精心得意之作。

清末民初時期，學術界探索《紅樓夢》本事的傾向趨盛，人們依照各自的觀感和理解，參考不同資料，分別作出論斷。其中，即有王夢阮、沈瓶庵的《紅樓夢索隱》和鄧狂言的《紅樓夢釋真》等書。由於他們著力於勾稽探尋《紅樓夢》小說中「真事隱去」的那部分內容，因而通常被稱為「索隱派」。蔡元培《石頭記索隱》的篇幅要小得多，其內容亦並非逐回索證，而只是就其考證所得詳實記述而已。但是，蔡氏該書在其疏解問題方面所徵引的資料較為豐富，表明了作者用力之勤；尤為重要的是，該書在進行人物疏證時，絕非毫無原則可循，而是自有其一套「規範」。蔡元培稱：小說中所影射的人物

「用三法推求：一、品性相類者；二、軼事有徵者；三、姓名相關者。」他舉例說：以湘雲之豪放而推為其年，以惜春之冷僻而推為蓀友，是用第一法；以寶玉曾逢魔魘而推為胤礽，以鳳姐哭向金陵而推為國柱，是用第二法；以探春之名，與探花有關，而推為健庵；以寶琴之名，與學琴於師襄之故事有關，而推為辟疆，是用第三法。並且「每舉一人，率兼用三法或兩法，有可推證，始質言之」。[15]當然，這並不是說蔡氏這部《索隱》比那個時代的同類著作高明多少，而是意在指出，蔡元培在主觀上是追求比較嚴謹的治學方法的，與那些遊文戲筆的紅學研究文字不同，蔡的治學和寫作是認真的。正因如此，當胡適一派新紅學家大膽批評包括蔡元培在內的舊紅學索隱派時，一向雍容大度的蔡先生禁不住站出來與之爭論短長了。

　　《石頭記索隱》出版四年之後，年輕氣盛的胡適推出了他的《紅樓夢考證》一文。這篇近二萬字的論文，系統考證了《紅樓夢》的作者、家世和版本，得出該書乃作者曹雪芹「將真事隱去」的自傳的結論。胡適在文章中對以往的紅學研究提出了尖銳批評，他指出，向來研究《紅樓夢》這部書的人「都走錯了道路」，「他們不去搜求那些可以考定《紅樓夢》的著者、時代、版本等等的材料，卻去收羅許多不相干的零碎史料來附會《紅樓夢》裡的情節。他們並不曾做《紅樓夢》的考證，其實只做了許多《紅樓夢》的附會！」他嘲笑「那班猜謎的紅學大家」只是「絞盡心血去猜那想入非非的笨謎」。由於胡適考證出曹雪芹的家世，又發現脂評紅樓夢抄本，因而在紅學研究領域產生絕大影響，新紅學派由此發軔，他的許多觀點也漸為學界所信

15　　《石頭記索隱》第六版自序，《蔡元培全集》第3卷，第69頁。

服。應當說，胡適對於舊紅學的批評，用語雖稍嫌尖刻，但顯然是正確的。不過，胡適的考證亦有自身的弱點，如過於誇大考證小說作者的意義，斷定《紅樓夢》為作者自傳之說仍是建立在假設、猜度的基礎之上，論據不足而顯得武斷。正因如此，蔡元培對於胡適的批評不大服氣，遂撰文進行自辯，並與之「商榷」。

1922年1月，蔡元培趁《石頭記索隱》出版第六版的機會，寫了一篇「自序」，其副題即標明「對於胡適之先生《紅樓夢考證》之商榷」。他申述了自己進行《紅樓夢》疏證的起因和方法之後，頗為自信地表示「自以為審慎之至，與隨意附會者不同」，故而，對於胡適的批評「殊不敢承認」，而胡氏考證《紅樓夢》的觀點，「實有不能強我以承認者」。接著，蔡從幾個方面與胡展開「商榷」。他寫道：胡先生考證出作者的生平與家世，固然有功於紅學研究，但「吾人與文學書最密切之接觸，本不在作者之生平，而在其著作。著作之內容，即胡先生所謂『情節』者，決非無考證之價值」。他列舉中外文學研究中的許多實例，證明考證情節，不能一概視為附會而加以排斥。他還寫道：「胡先生所謚為笨謎者，正是中國文人習慣，在彼輩方以為必如是而後值得猜也。」蔡的這一辯白，從形式上似乎頗與胡適的「大膽假設，小心求證」相吻合。總起來看，蔡元培的自辯雖羅列了不少材料，但因邏輯鬆散、偏離主題，而顯得不很有力，倒是他駁論胡適「自傳說」的文字比較切中要害。他寫道：「胡先生以曹雪芹生平，大端考定，遂斷定《石頭記》是『曹雪芹的自敘傳』，『是一部將真事隱去的自敘的書』，『曹雪芹即是《紅樓夢》開端時那個深自懺悔的我，即是書裡甄賈（真假）兩個寶玉的底本』。案書中既

雲真事隱去，並非僅隱去真姓名，則不得以書中所敘之事為真。又使寶玉為作者自身影子，則又何必有甄賈兩個寶玉？」最後，蔡仍堅持認為，「《石頭記》原本，必為康熙朝政治小說，為親見高、徐、余、姜諸人者所草。後經曹雪芹增刪，或亦許插入曹家故事。要末可以全書屬之曹氏也。」

對於蔡元培的這篇駁論性文章，胡適頗不以為然。他在日記中寫道：「蔡先生對於此事，做得不很漂亮。我想再做一個跋，和他討論一次。」（1922年2月18日）胡的弟子俞平伯讀了發表在《晨報副刊》上的蔡元培文章後，先自在上海《時事新報》撰文予以批評，指出，「《石頭記索隱》確是用附會的方法來考證情節的。我始終不懂，為什麼《紅樓夢》的情節定須解成如此支離破碎？又為什麼不如此便算不得情節的考證？為什麼以《紅樓夢》影射人物是考證情節，以《紅樓夢》為自傳便不是考證情節？況且托爾斯泰的小說，後人說他是自傳，蔡先生便不反對；而對於胡適之的話，便云『不能強我以承認』，則又何說？」字裡行間，頗具一種質疑辯難的氣勢。胡適從事《紅樓夢》考證的主要「同道」顧頡剛則在致胡的信中深入剖析了蔡的觀點，他認為，「蔡先生的根本錯誤有兩點。第一，別種小說的影射人物只是換了他的姓名，男還是男，女還是女，所做的職業還是這項職業。何以一到《紅樓夢》就會男變為女，官僚和文人都會變成宅眷？第二，別種小說的影射事情，總是保存他們原來的關係。何以一到《紅樓夢》就會從無關係發生關係。例如蔡先生考定寶玉為允祹，林黛玉為朱竹垞，薛寶釵為高士奇，試問允祹和朱竹垞有何戀愛的關係，朱竹垞與高士奇又有何吃醋的關係？這兩項是蔡先生無論如何不

能解答的。若必說為性情相合，名字相近，對象相關，則古往今來無數萬人，那一個不可牽到《紅樓夢》上去！實在蔡先生這種見解是漢以來的經學家給與他的。」[16]在顧頡剛看來，蔡氏研究紅樓夢的方法，頗有幾分類于經學家詮解孔孟典籍的「注經之法」，實際是說，在治學路徑上，蔡受舊學影響太深。不妨說，顧的見解代表了五四新文化運動中興起的新型知識份子對蔡研治紅學的基本評價。

胡適於同年5月撰寫了《跋紅樓夢考證》，其第二部分便是「答蔡孑民先生的商榷」。他認為，蔡氏的「性情相近，軼事相徵，姓名相關」這三種推求小說人物的方法，只適用於《孽海花》、《儒林外史》等少數小說之中，而「大多數的小說是決不可適用這個方法的」。他引述顧頡剛來函中所提出的兩個問題，作為對蔡氏自辯的反駁，進而突出強調考證作者生平的意義，指出，離開作者生平而索解小說，只會陷入荒唐可笑的盲人說象的境地。蔡、胡之間的這場爭論，曾被有的學者稱為「一場震撼全國的論戰」，它確乎反映了在紅學研究領域裡新與舊兩種學派的意見對立，其分歧的內含，則顯示出兩代學者不同的學術背景和思維訓練。爭論的結果，仍是各執己見。直到30年代，同樣性質的學術爭論還時有出現。紅學研究中「索隱派」著作依然相繼出版，其中有的在相當程度上承襲了蔡元培的主要觀點。甚至到50年代末海外出版的研究專著中仍有學者堅持認為紅樓夢乃反清弔明之書。不過，應當承認，胡適所開闢的研究路徑業已成為「五四」之後紅學研究的主導，舊紅學的餘脈卻日漸萎縮。

16　俞平伯文和顧頡剛函均見《胡適的日記》上冊，第284—286頁。

客觀地講，蔡元培的《石頭記索隱》反映了「五四」之前紅學界的研究方法和學術水準，在後人看來，其治學方法的幼稚和所得結論的不確是不言而喻的。人們並不會因為它宣揚了在那個時代具有革命意義的民族主義思想，而認可其學術價值。當年，胡適等人對他們所尊敬的蔡先生進行的尖銳的學術批評，表現了後輩學者的進取精神和更新意識。蔡元培能夠扶助胡適一代人從事新文化的建設，卻在傳統的學術研究領域流露出相當程度的滯後傾向，這充分顯示了蔡文化性格上的複雜性。就文化教育的背景而言，蔡與胡一輩人屬於兩代人，他們之間發生學術爭議並不足怪。問題在於，蔡長期吸吮西洋文化的養分，主觀上亦十分注重科學方法，在中國的文化建設上頗多卓越見解，並有非凡建樹，何以在具體的學術問題上與傳統的中國文人並無二致？這是一個偶然的孤立現象，還是暴露出蔡在思想方法上的嚴重缺欠？顯然，在他身上，西洋近代學術的科學精神還沒有化解為得心應手的思維方法，在一些問題上，中國舊學的影響仍具有十分強韌的張力。這樣一種混合型的知識結構以及由此而形成的複雜文化性格，在清末民初那樣的過渡時代，很具有代表性。《石頭記索隱》及其所引出的故事，十分明顯地揭示人們：要理性地認識作為學者的蔡元培的成敗得失及其因由。

6.4　暮年傾心民族學

1934年12月10日，蔡元培在南京中央大學發表了一個題為《民族學上之進化觀》的演說。其中談道：「我向來是研究哲學的，後來到德國留學，覺得哲學的範圍太廣，想把研究的範圍縮小一點，乃專攻

實驗的心理學。當時有一位德國教授，他於研究實驗心理學之外，同時更研究實驗的美學。我看看那些德國人所著的美學書，也非常喜歡，因此我就研究美學。但是美學的理論，人各一說，尚無定論，欲於美學得一徹底的瞭解，還須從美術史的研究下手，要研究美術史，須從未開化的民族的美術考察起。適值美洲原始民族學會在荷蘭、瑞典開會，教育部命我去參加，從此我對於民族學更發生興趣，最近幾年常在這方面從事研究。」[17]這段自述，勾勒了蔡氏中年以後研治學術的基本軌跡，同時告訴人們，他對於民族學的興趣老而彌堅，以至成為其暮年傾心研討的一門學問。

蔡氏多年遊學於德國和法國，深受歐洲民族學大陸學派的薰染，即使在其對美學和美術史發生濃烈興趣之時，民族學（或稱人類文化學）也始終作為一個密切的相關學科，在方法和材料方面為他研究美學理論和美術史起著輔助性作用。蔡的長篇論文《美術的起源》即廣泛利用民族學的學術成果來論述美的起源問題。可以說，在蔡元培研治美術史的過程中，美學偏於抽象的理念，而民族學則提供了生動具體的實證，這或許是他晚年較多偏向於民族學問題的某種原因。1924年，他在歐洲參加國際民族學會議，遇萊比錫大學同學、德國民族學家但采爾，在但氏的鼓動下，他以年近花甲之齡進入漢堡大學，專研民族學。從此，民族學在晚年蔡元培的精神生活中佔據了一個突出位置，他向國人介紹這門學科，並熱心從事中國民族學的學科建設工作。

17　《蔡元培全集》第6卷，第455頁。

關於民族學的材料，不論是中國古代，還是古希臘或其他地區，均有大量的文字記載和文物資料。但是，民族學正式成為一門社會科學，則是在19世紀中葉。歐美等國家的許多學者為這一學科的創立進行了艱辛的理論探索，形成不同的學派。西方民族學著作首次傳入我國，是1903年由北京大學堂書局出版的林紓、魏易合譯的《民種學》一書。該書原作者為德國人哈伯蘭，英人羅威譯成英文為《Ethnology》（民族學），林紓等據英譯本轉譯為中文，而稱民種學。次年，蔣觀雲又譯稱「人種學」。在一段時間內，有關民族學的定義既不固定，也不統一。在我國，正式提出「民族學」這一概念並使之沿用至今的，是蔡元培。他於1926年12月在上海《一般》月刊發表《說民族學》一文，闡明「民族學是一種考察各民族的文化而從事於記錄或比較的學問。偏於記錄的，名為記錄的民族學」；舉各民族物質上行為上各種形態而比較他們的異同的，名為「比較民族學」。他詳細考比了法文、德文、英文關於「民族學」這一名稱的詞義，並溯源到古希臘文的語義演變，說明自己提出民族學概念主要「是依傍德國語法」。其實，就廣義而言，民族學屬於人類學的一個分支，英美學者通常將民族學視為人類學，亦即相當於人類文化學和社會人類學。但在歐洲大陸，如德、法等國，習慣上將體質人類學稱作人類學，而社會人類學則另有民族學（Ethnology）之稱。蔡元培提出並確定民族學概念，顯系源於德、法等國的學術傳統。

　　在《說民族學》這篇文章中，他還著力從中國傳統文化中挖掘有關民族學的資料，以證明這一學科在中國具有良好基礎，並非純然的舶來品。他指出，《山海經》一書中有很多民族學的豐富記載，「例

如《山經》，於每章末段，必記自某山以至某山，凡若干里，其神狀怎樣，其祠禮怎樣，那都是記山間居民宗教的狀況。」此外《史記》「匈奴」、「西南夷」等列傳和後來史書中的這類部分，以及唐樊綽的《蠻書》、宋趙汝適的《諸蕃志》、元周達觀的《真臘風土記》、明鄺露的《赤雅》等書，都是記錄民族學的專書。而《小戴記·王制篇》中則有頗為詳明的比較民族學方面的記述。隨後，蔡元培分別闡述了民族學與人類學、人種學、考古學、歷史學、社會學、心理學等相關學科的關係，在他看來，儘管西方學術界有以人類學包含民族學的傾向，但現今民族學注重於各民族文化的異同，頭緒紛繁，絕非人類學所能包容，實際上民族學久已脫離人類學而獨立。這樣，便使民族學在中國創立伊始，即與人類學脫鉤，具有了獨立學科的地位。在這篇文章中，蔡還初步論證了「民族的文化隨時代而進步」的觀點，認為民族學的研究頗可補中國史前史若干方面的闕如，從而顯露出他與歐洲民族學中進化學派的某種學術淵源。

《說民族學》一文，是20世紀初西方民族學傳入中國以來，第一篇系統論述民族學的文章，它不僅確定了這門學科的名稱和定義，還具體介紹了該學科在近代學術體系中的地位和作用，同時，又用中國固有的文獻資料進行演釋，為這門新興學科增大了可接受性。自《說民族學》發表之後，民族學作為一門學科開始在中國學林中得到了立足之地。

1928年國立中央研究院成立，按照蔡元培的設想，擬議創設民族學研究所，但由於經費和研究力量的不足，改在社會科學研究所內組建民族學組，蔡以院長身份兼任民族學組主任，並從事具體專案的研

究。從中央研究院當年的檔記載中可知，蔡的研究課題為：1.各民族關於數之觀念；2.結繩及最初書法之比較研究。在30年代，年逾花甲的蔡元培在應付各類繁雜事務的情況下，始終沒有降低對於民族學的研究興致。有文字可尋的，是他公開發表的兩次演說詞。一次是1930年5月，在中國社會學社成立會上所講《社會學與民族學》。他概要論述了民族學對社會學的補助作用，指出：「我們要推到有史以前的狀況，專靠考古學家的材料，是不能貫串的。我們完全要靠現代未開化民族的狀況，作為佐證；然後可以把最古的社會想像起來。」他進而例舉母系氏族制度和圖騰崇拜等民族學方面的研究成果論證中國古代傳說的歷史，使人產生耳目一新之感，從而推動民族學的普及並引起學術界的重視。另一次，於1934年12月在南京中央大學所講《民族學上之進化觀》。他講道：「民族學上的進化問題是我平日最感興趣的……在民族學上，我覺得人類進化的公例，是由近及遠的一條，即人類的目光和手段，都是由近處而逐漸及於遠處的。」他從美術、交通、飲食、算術、幣制、語言、文字、音樂、宗教九個方面闡發證明自己的這一觀點，他說，就美術而言，「人類愛美的裝飾，先表示於自己身上，然後及於所用的器物，再及於建築，最後則進化為都市設計。」但他同時也指出「尚有不可忘記的一點，即此種進化的結果，並非以新物全代舊物，易言之，即舊物並不因新物產生而全歸消滅」。蔡氏提出的這一「由近及遠」的進化觀點，被後來的民族學專家評讚為進化學說在民族學方面的「一個正確新解」，「此乃折衷歷史派與進化派的學說，以補舊進化論之偏」。[18]這兩篇演說詞分別發

18　何聯奎：《蔡孑民先生對於民族學之貢獻》，收入孫常煒編：《蔡元培先生全集》，第1522頁。

表在《社會學刊》第一卷第四期和《新社會科學季刊》1934年冬季號上，它們與《說民族學》一起，成為蔡元培民族學研究方面僅存的三篇文字。

　　但是，晚年蔡元培對於中國民族學的貢獻遠非僅止這些。他的關於民族學的思想更多地體現在他所領導的中研院民族學組的工作方面。從1928年民族學組建立到1934年該組歸入歷史語言所的六年間，他悉心指導，大力擘畫，推動民族學組積極展開調查、研究。蔡元培主張，民族學既是理論科學，也是應用科學，其研究工作既有學術性，又有實用特點，它與邊疆地區的政治進步、教育普及和文化提高均有密切關係。研究民族學不應當一味地從現有典籍中搜討間接的材料，而更應注重採擷大量生動的直接材料，即應當進行廣泛的實地調查。在他的主持下，民族學組確定了工作專案，計有：廣西淩雲瑤人之調查及研究；臺灣番族之調查和研究；浙閩佘民之調查；松花江下游赫哲民族之調查研究；海南島黎人之調查；湘西一帶苗瑤人之調查；西南民族之研究；亞洲人種分類之研究；標本圖表之整理陳列等等。可以看出，其中實地調研佔有較大比重。蔡親自指定、安排研究人員赴少數民族地區調查，從1928年開始，民族學組的研究員顏複禮、淩純聲，編輯員商承祖，助理員林惠祥，以及芮逸夫、陶雲逵等均曾分赴邊陲內地實地考察，所撰調研報告則在中研院有關刊物上公開發表。這是國人第一次有組織地開展民族區域調查。為了集中展示民族學的標本和資料，蔡元培還著手籌建中華民族博物館，他特意聘請時任漢堡民族博物院非洲部主任的但采爾協理此事，經多方努力，有關文物標本和圖片初具規模，但終因經費不足，只在中研院內設立

一民族學陳列室。

在我國，民族學畢竟還是一個新興的學科，但它對於我們這樣一個多民族的國家來說，是不可或缺的。50年代，有關部門正式確認「民族學」為此一獨立學科的統一稱謂，從那時以來，該學科已有了喜人的發展。然而，人們不會忘記蔡元培在中國民族學的早期發展階段所進行的「開闢草萊」的種種努力，沒有他那代人的奠基性工作，中國民族學日後的發展和提高是不可想像的。

第七章

家庭、品格及交遊

7.1　家庭生活

　　人物傳記倘缺少傳主個人生活的記述，那肯定是不完備的。從生活角度觀察一個人的處世風格和人際關係，將會深化對其學識修養的認識和體悟，不論他是賢哲還是凡人。

　　如前所述，蔡元培生長於商人世家，他有同胞兄弟姐妹七人，兩個姐姐均于20歲前後亡故，四弟和幼妹均未成人即夭折，實際上，他僅有一兄一弟。蔡氏兄弟三人，只有蔡元培走了讀書、辦學和從政之路，其餘二人則從事實業。其兄蔡元　分長期在上海崇實石印局供職，其弟蔡元堅則承繼祖業，在家鄉紹興錢莊業工作。共同的家庭教養，使三兄弟之間充滿怡怡之情。蔡元培長年在外奔波，其事業和生活頗得兄弟的助力。早年，他在上海與張元濟、杜亞泉等創辦《外交報》，其兄元　分曾從多方面予以贊助。「《蘇報》案」發生前後，元　分設法勸導元培避走青島，並打探消息，確定行止，其作用十分突出。蔡弟元堅在家鄉料理具體事務，免除元培許多後顧之憂。如此休戚與共的手足關係，對蔡元培事業上的進展和高尚人品的養成不能說沒有作用。然而，若論對蔡的事業具有較大直接幫助的，則是他的堂弟蔡元康（字谷青，國親）。元培在上海開辦愛國女校、草創光復會以及主持同盟會上海分會之時，元康跟隨其兄，傾力相助。經元培介紹，元康列名光復會，加入同盟會，並回紹興積極發展會員，擴充力量。五四運動爆發後，蔡元培辭職離京，避居西子湖畔，時任杭州中國銀行行長的蔡元康，照拂其起居，並轉遞和代洽各方「挽蔡」的函電及代表。元康早年留學日本，與魯迅、周作人二人過從頗密，蔡元

培與周氏兄弟的最初接觸，即由元康居間函介。蔡元培自述：「國親比我小十四歲，甚有才幹。我的運動革命，推行教育，得他的助力很多。曾在司法界服務，現已入金融界，前途甚有希望。」可是，1921年4月，蔡元培旅歐期間，元康以四十三歲的盛年暴病而亡，元培聞訊哀痛異常，惋惜不已。他曾先後在《西遊日記》和《自寫年譜》中詳述此事，足見其哀思之甚。

蔡元培的婚姻生活談不上平靜，卻又是幸運的。他曾先後兩度喪妻，歷經生活磨難，然而陸續走入他的生活之中的三位女性，儘管時代風貌、教育背景不盡相同，但在扶助他的事業、理解他的追求方面又無不表現出賢淑的特性。在婚姻生活中，蔡的男女平等主張得到了自然而充分的體現。

1889年4月，23歲的秀才蔡元培與長他一歲的會稽縣姑娘王昭結婚。新娘的父親王榮庭是紹興城內一家典當鋪的出納，為人「坦白無城府」，鄉里以長者目之。王有二女，長女嫁山陰縣秀才、蔡的同窗薛炳，次女即王昭。蔡、王的婚姻即由薛炳介紹而成。婚後數月，蔡往杭州應恩科鄉試，考中舉人。在此後的四五年間，蔡為求取功名，多年在外，居家時間甚短，直至1895年冬向翰林院請假一年，歸里省親，得與王夫人團聚。1897年春，王夫人移居北京，與蔡元培寓居繩匠胡同。在京的近兩年間，蔡氏夫婦不時與同年、鄉友結伴出遊，觀賞古都名勝風景。王夫人持家謹嚴節儉、好潔成癖；同時性情淡泊。對丈夫連登科第泰然處之，居京華之中卻不趨事權要。當戊戌政變後，蔡元培毅然棄官南歸，舉家就道，辛苦備嘗之時，王夫人毫無怨言，隨夫而返。在維新思潮興起之前，蔡在夫妻關係上依舊抱有女子

既嫁從夫的舊觀念。後來，他接受新思想，將男女平權行諸家庭，對王夫人更加尊重，並開導她不再迷信鬼神，勸其解放自幼被纏的小腳。王夫人的觀念也漸漸變得開通。蔡元培回到故鄉後，投身教育和地方公益，不時奔走於杭州、臨安、嘉善等地。他不曾想到，此時嚴重的肝病正耗損著王夫人的生命，到1900年6月，終於一病不起，撒手而去，時年35歲。人亡室空，王夫人留給他的，是那兩個還不省事的幼子：阿根和無忌。中年喪偶這一人生之大不幸降臨到蔡元培身上。從他所撰《祭文》和挽聯中不難看出其深深的哀思。挽聯內云：「早知君病入膏肓，當摒絕萬緣，常相廝守，已矣，如賓十年，竟忘情乃爾耶？」王夫人病故一周年的祭日，蔡重新抄錄這些挽聯，以寄託對亡妻的懷念之情。

許多鄉人和朋友關心蔡元培的續娶，紛紛上門說媒。蔡提出五項條件：（一）女子須不纏足者；（二）須識字者；（三）男子不娶妾；（四）男死後，女可再嫁；（五）夫婦如不相合，可離婚。這些條件一經提出，媒人所薦者幾乎無一合格，尤其是後兩項，在那時的人們看來，顯得悖乎常情，頗有些驚世駭俗。因此，人們聞而卻步，蔡亦許久沒有尋得合適的人選。後來，有位姓林的朋友告訴他說：江西都昌的黃爾軒先生攜眷寓居杭州，黃的次女便是天足，且善長書畫，不妨托人探詢一下。事有湊巧，不久，蔡與童亦韓為籌辦學校前往臨安，路經余杭，天色已晚，遂到童相識的該縣釐局局長葉祖藴府上投宿。葉熱情款待，並出示所存字畫請來客觀覽。其中的一張直幅扇頁，所畫工筆仕女精巧細膩，落款字跡亦十分端秀，款署黃世振。主人介紹說：這是我的同鄉黃爾軒之女，她自幼得父親鍾愛，不曾纏

足，且自學繪畫，技藝不俗，經常賣畫以維持家計，尤其講求孝道，稱得上是賢能之女。蔡聞聽，當即表示傾慕之意，請葉祖薌從中玉成。葉則慨然以媒介自任，不出一個月，蔡即與黃女士訂婚。1902年的元旦，二人在杭州舉行了婚禮。這是一個形式奇特、新舊參半的婚禮：一幅繡著「孔子」兩個大字的紅色幛子取代了浙江婚俗中必須懸掛的福祿壽三星畫像，但新婚夫婦卻仍依舊習，同行三跪九叩頭禮，而歷來的鬧洞房慣例，卻變成了一個規模不大的演說會。杭州學界人士宋恕、汪希、孫翼中、陳介石、葉景范等前來賀喜並發表即席演說。蔡元培在開場白中說：「夫婦之道，極正大，極重要，無可引以為羞澀，並無可援以為諧謔之理。而近世東南諸省，盛行鬧房之俗，務以詭側諧浪為宗，實不可解。然天下極謬誤事，其中必有真理，此為哲學家名言。竊意古者女子于歸，諸母有警戒之詞；初到夫家，舅、姑及戚族來者，亦必有以教之。《顏氏家訓》所謂教婦初來，此其義也。流傳訛變，乃至如近日鬧房者之所為。吾意欲改今復古，既承諸君不棄惠臨，敬乞各以意賜教，當銘之神礦，永為矜式。」[1]

　　看來蔡元培的標新，其意在「復古」，是要表明「極正大」的夫婦之道。在這個別開生面的演說會上，浙江名流陳介石引經據典，證明男女平等的觀念，而另一著名學人宋恕則不無調侃地論證男女平等之不可能，他說：「倘黃夫人學行高於蔡先生，則蔡先生自應以師禮事之，何止平等？倘黃夫人學行不及蔡先生，則蔡先生當以弟子視之，又何以平等？」在此喜慶場合，對來賓的發言本不必認真，但它

1　　蔡元培：《雜記》手稿，轉引自高平叔：《蔡元培的家世與家庭生活》，載太原《晉陽學刊》1986年第1期。

多少也反映出20世紀初中國知識界價值轉換過程中的觀念差異。蔡元培在致答詞中表明自己的看法說：「就學行言，固有先後，就人格言，總是平等。」不妨說，人格平等是蔡男女平等思想中的核心內容，不論是在後來的社會實踐抑或家庭生活中，他基本上依此行事。蔡、黃的婚禮，在當時堪稱文明結婚的一個嘗試，這固然與當事人的個性有關，但也顯露了那個時代士林風氣的某一側面。

黃夫人，名世振，字浣薌，號仲玉。她與蔡元培共同生活了二十年，在蔡從事反清革命、留學德國、1912年入閣參政，以及後來旅居海外、回國出長北京大學這一系列重要活動中，始終作為一個賢內助，含辛茹苦，在精神上和實際生活中支持丈夫的事業。尤其是在創辦上海愛國女學過程中，她發揮了非常直接的作用。蔡、黃婚後，攜阿根、無忌二子同往上海，寓居新馬路登賢里。隨著社會風氣的開通，女學日顯重要。為倡行女子教育，當時同在上海的林少泉（白水）夫婦及其妹宗素，吳彥複及其女亞男、弱男，陳範及其女擷芬，韋增珮、韋增瑛姐妹，以及經蓮珊等數人在蔡宅商議辦學之事，蔡與黃夫人出面接待。其後，蔣智由又托請黃夫人召集薛錦琴、陳擷芬、夏小正等人再次協商興學事宜。經過幾次聚談，大家決定開辦愛國女學。最初由蔣智由任校長，後由蔡元培接任。這期間，黃夫人在女學中擔任主要教員，成為愛國女學創辦初期的骨幹。

從1907年以後的四五年間，蔡元培隻身赴德留學，黃夫人則帶子女回紹興老家居住，這時他們已有了一雙兒女：女兒威廉，兒子柏齡。辛亥革命以後，蔡回國即忙於政務，直到辭去北京政府的職務後才得以闔家團聚。此後四年，蔡挈婦將雛，遠走德、法，夫婦二人在

海外度過了一段相對平靜而愉悅的生活。自1917年始，蔡出任北京大學校長，舉家遷居北京東城。從此，蔡元培悉心改革北大，成為五四新文化運動的風雲人物，其操勞與繁忙自不必說。黃夫人是一位受中國傳統婦德教育很深的女性，她比蔡小八九歲，卻仰慕古代烈女，抱定為丈夫獻身的決心。不論蔡元培進行秘密反清活動如何危險，也不論他在軍閥勢力的重壓下苦撐教育文化殘局怎樣艱難，她都全身心地支持丈夫的事業和活動，全力擔負起操持家務、教育子女的重任。同時，她同樣不慕奢華，雖曾身居柏林、巴黎、上海、北京這樣的大都市，卻絲毫不染上層社會婦女的靡麗風習。蔡曾回憶道：黃夫人「對於北京婦女以酒食賭博相征逐，或假公益之名以騖聲氣而因緣為利者，尤慎避之，不敢與往來。常克勤克儉以養我之廉，以端正子女之習慣」。1920年冬，蔡元培將赴歐美考察教育，遠行在即，黃夫人此時卻病體沉重，延請法國醫生診治，病勢好轉。蔡懷著憂慮的心情踏上旅途。不料，黃夫人病情急劇惡化，于1921年元旦去世。九天之後，蔡在日內瓦得到噩耗，他在這天的日記中寫道：「……我心甚痛，寫祭亡妻仲玉文一首。今日此地舉行葬青年軍人病故者之典禮，有飛機遊行湖面及空際，軍樂隊等在我窗前往還，觀者如堵。人生無常，益令我悲念仲玉。」再度喪妻的打擊，對於年已55歲的蔡元培來說無疑是沉重的，難怪他觸景生情，哀歎這多舛的人生！時隔二十年，他又一次為亡妻撰寫祭文，這內中的痛楚該不難想像。其祭文有雲：「嗚呼！仲玉，竟捨我而先逝耶！自汝與我結婚以來，才二十年，累汝以兒女，累汝以家計，累汝以國內國外之奔走，累汝以貧困，累汝以憂患，使汝善書、善畫、善為美術之天才，竟不能無限發展，而且積勞成疾，以不得盡汝之天年。嗚呼！我之負汝何如

耶！……死者果有知耶？我平日絕不敢信；死者果無知耶？我今日為
汝而不敢信；我今日惟有認汝為有知，而與汝作此最後之通訊，以稍
稍紓我之悲悔耳！嗚呼，仲玉！」這是一篇感人至深的紀念文章，字
裡行間充溢著對病故的妻子的摯誠哀思。該文後來曾被選為全國通用
中學教科書的國文教材。

　　黃夫人去世後，蔡元培深藏內心創痛，依舊忙於北京大學的各項
事務，參與社會政治活動。兩年過去了，他的家庭狀況使其不得不又
一次續娶。其擇偶條件為：（一）原有相當認識；（二）年齡略大；
（三）熟諳英文可為助手者。此時，蔡想起了當年愛國女學的一位學
生周怒清。這位辛亥革命前反清意識強烈的女學生，後來又在承志、
啟明等幾所學校學習，畢業後服務社會多年，抱持獨身主義，素有出
國深造的志願。其時，已更名為周峻（字養浩）。1923年1月，蔡元
培辭去北京大學校長，離京赴滬，準備再次出國。他托請好友徐珂及
夫人何墨君與周女士洽商。徐夫人是當年愛國女學的舍監，與周女士
頗為契合，由她說項，蔡、周二人很快即於5月間在上海訂婚。7月10
日，他們在蘇州留園舉行了婚禮，隨後，便攜同子女一起旅居海外。
在駛往歐洲的輪船上，蔡寫下《題留園儷照》一詩：「忘年新結閨中
契，勸學將為海外遊。鰈泳鶼飛常互助，相期各自有千秋。」顯然，
在屢經生活磨難之後，已近晚年的蔡元培為有這樣一位學友和伴侶而
倍覺欣慰。

　　在歐洲的兩年半時間裡，蔡氏夫婦先後旅居比利時、法國和德
國。蔡除了寫作、研究之外，還從事大量社會活動。周夫人則先後入
布魯塞爾美術學校和巴黎美術專科學校，攻習繪畫。同時，她還以相

當的精力陪同丈夫出席各種學術會議，並協助他在英國朝野進行退還庚子賠款的一系列活動。她曾有意將蔡元培在歐洲各地所作的演說詞加以整理編次，輯為《蔡子民在歐洲講演集》，並已編定了目次。可以說，作為具有新思想的知識女性，蔡夫人對蔡的輔助作用是較為廣泛的。1924年冬，蔡氏夫婦共同進入漢堡大學，從事研究和深造，直至1926年初回國。

南京國民黨政府建立之後，蔡元培歷任要職，周夫人亦時常參加一些社會活動，尤其是在全國或地方性美術展覽的作品評選和募捐籌建杭州國立藝術院、上海國立音樂專科學校等活動中頗為活躍。這時，雖然她已有了晬盎、懷新、英多三個子女，家務纏身，但始終沒有放下畫筆，同時她還喜作詩詞。這就為晚年蔡元培的家庭生活平添許多雅趣，常常是周夫人作畫，蔡元培題詠，每逢生辰節日，夫妻間你唱我和，作詩相賀，偶或小別，亦每每以詩代簡，互道珍重。

人生一世，遭逢不幸，實所難免。然而，在可能的限度內，把握際遇，改變命運，以放達和明智，善待自己及他人，失衡的天秤總會平復，幸運之神便將降臨。這或許是蔡元培波折而又平凡的家庭生活給予人們的有益啟示。

7.2　人品及交遊

論及蔡元培的人品，評論界有一種相當普遍的看法，認為他是中國傳統道德在近代條件下的典範，他得到了一代人發自深心的人格敬仰。這一評價，在儒家思想居於主導地位的文化圈內尤為突出。港臺

學者金耀基即指出：「在新舊中西價值衝突，是非複雜的19世紀中葉與20世紀初葉，這段時期中，蔡先生可說是最少爭議性的人物，也是最普遍受敬仰的人物，崇揚他的文字何止千百萬言，但他名揚天下，而謗則未隨之，這不能不說是20世紀中國偉人中的極少數例外之一。」[2]

在蔡元培身上，有著學者的風度、君子的雅量和「好好先生」的恬淡平易。平素，蔡總是一襲長衫，凝重而和善的表情，迂緩而沉毅的舉止，略帶紹興官話的聲音，語調不高，卻透出清朗和睿智。許多與他有過接觸的人，都對其風采留有深刻印象。柳亞子說：「蔡先生一生和平敦厚，藹然使人如坐春風。」張一麐則寫道：「宋人謂：見程明道如坐春風中」，與蔡先生交往，「殆有此風象」。[3]當年曾是北大學生的馮友蘭在《三松堂自序》中也回憶道：在蔡先生身邊，感同風光霽月，他的人格能造成一種氣象，沐浴這種氣象之中，就不能不為他的人格所感化。人們的記述如此相像，說明蔡氏確乎具有某種非常人可比的性格魅力。任鴻儁認為，「他這樣謙讓和藹，溫良恭儉，純是發乎自然，而不是要拿這些道德來引起人家好印象、好感想。」[4]發乎自然，我們是否可以理解為這是他長期「讀書養氣」所達到的一種境界。蔡一生傾心向學，早年濡染於理學的心性之說，崇拜宋儒，中年以後更以極大毅力求索西學新知，其勤敏之狀於下例可知：蔡在南洋公學任教期間，曾跟從馬相伯學習拉丁文，馬好意相勸說，拉丁

2　轉引自黃肇珩：《一代人師——蔡元培傳》，臺灣近代中國出版社，1982年版，第218—219頁。

3　《蔡元培先生紀念集》，第125頁、95頁。

4　《蔡元培先生紀念集》，第65頁。

文在西洋已成古董，中國學者實在無學習之必要。蔡則執意要學，他認為，拉丁文乃歐洲各國語文之本，不通曉拉丁文，便無從探知西洋古代文化。馬相伯無奈，答應教他。從南洋公學到馬的寓所要走四五里路，蔡每早步行堅持學習，有時時辰尚早，馬還未起身，蔡便耐心等候。這樣的篤志好學使馬相伯深有感觸，遂決定招徒傳授，後來就在此基礎上創辦了震旦學院。人們常說，蔡元培一身而兼有東西方兩大文化之長：「一是中國傳統聖賢之修養，一是法蘭西革命中標揭自由平等博愛之理想。」他對西方理性精神的執著追求和對中國讀書人刻意修身養性傳統的誠心恪守，是造就了其高尚人格的基本因素。

　　蔡的許多朋友和學生用「無所不容」來說明他相容並包的思想和仁人君子的雅量。在人事紛繁的社會活動中，蔡元培恬淡為懷，胸襟闊達。「五四」前夕，他與林紓論戰，林用刻毒的語言攻擊新文化，詆毀北京大學和蔡本人，甚至寫影射小說，對蔡進行人身攻擊。而蔡在答覆林的公開信中，平情論理，絲毫不假辭色。兩相比較，其境界之高低不言自明。圍繞《石頭記索隱》，蔡元培曾與胡適展開學術爭論，這是一場「君子之爭」，但年少氣盛的胡適對包括蔡著《索隱》在內的舊紅學放言貶損，謂為「猜笨謎」、「大笨伯」，詞氣頗為尖刻。蔡不同意胡的觀點，撰文反駁，但僅僅申述己意，未嘗有為此作氣之意。蔡作為晚清翰林，在書法方面卻不甚講求，這使得一些學界後輩疑惑不解；在素重楷法的科舉殿試中，蔡先生何以高中金榜？在北京大學的一次宴會上，率直的錢玄同幾杯酒落肚，忽然向蔡校長提出了這個問題。他問：「你的字寫得這樣蹩腳，為什麼可以點中翰林？」此話出口，席間同人頓感此舉未免太使校長難堪。豈料，蔡不

以為忤，反而笑答道：「因為那年主考官最喜歡黃庭堅的字，我少年時剛巧學過黃體，所以能中試。」本來可能出現的尷尬場面竟在不經意的舒言緩語之中化解了，蔡氏的性格和涵養於此可見一斑。在多數情況下，蔡元培對於有事前來求助的人差不多有求必應。北伐戰爭後不久，陳調元任安徽省主席，不少北大的學生托請老校長函介他們到皖省任職，蔡幾乎來者不拒。最初，陳尚設法安置，後來見蔡的介紹函太多，便擱置不覆。這位在南京政府中任要職的黨國元老卻亦淡然處之，不以為意。蔣夢麟回憶說：蔡先生「處事接物，恬談從容，無論遇達官貴人或引車賣漿之流，態度如一」。[5]處世恬淡，待人平易，非有超脫的氣質和博愛的心懷，是不易做到的。

　　大概因為這平易淡然，蔡元培作為「好好先生」的形象不知不覺中增大了。有人以為他接物待人「太濫」，有人覺得他臨事無可無不可，有人甚至說他參政理事易受別人影響和操縱等等。但是，與蔡過從較密、瞭解深入者卻大不以為然，他們揭示了蔡個性中的另一側面。林語堂記述說：蔡先生「待人總是謙和溫恭，但是同時使你覺得他有臨大節凜然不可犯之處，他的是非心極明」。蔡的學生羅家倫也說：「大家只看見先生謙沖和藹的方面，而少知道先生堅毅不拔、風骨嶙峋的方面。」傅斯年則進一步指出：「若以為蔡先生能恕而不能嚴，便是大錯了。蔡先生在大事上是絲毫不苟的。有人做了他以為大不可之事，他雖不說，心中卻完全當數。」他真正做到了「臨艱危而不懼，有大難而不惑」。[6]他們的記述和辯白，告訴人們，蔡「一遇大

5　　《蔡元培先生紀念集》，第76頁。
6　　分見《蔡元培先生紀念集》，第129頁、84頁、81頁。

事，則剛強之性立見」。這一特性，較集中地展現於他主持北京大學那段時期。北京大學實行學術自由、相容並包辦學方針，新文化運動迅速擴展，社會上守舊勢力與軍閥政客集團聯手，攻擊詆毀北大和蔡的辦學方向，一時間「黑雲壓城」。曾經為蔡改革北大出謀劃策的湯爾和等人轉而力勸他解聘陳獨秀，制約胡適，以緩和外界壓力。蔡長時間沉默著，聽著湯等人的勸解之言，最後他站起身決然說道：「北京大學一切的事，都在我蔡元培一人身上，與這些人毫不相干！」他後來與林紓公開論爭，發表《洪水與猛獸》一文痛斥軍閥，再次表現了「臨大節凜然不可犯」的風骨。「五四」前後的北京大學，倘沒有蔡的如此「擔當」，恐怕早為守舊勢力和安福系摧垮也未可知。1921年，蔡在美國考察教育，剛到綺色佳，便聞聽一位新任的美國駐華公使要宴請他，請他介紹北京的權貴。非其所願，決不苟且敷衍，蔡下車伊始，坐猶未定，便堅決離開了此地，終於不給美國公使和中國官僚作橋樑。這便是他「是非心極明」的一面。有人概論他的這種性格為「內和外介，守正不阿」，確是頗為恰切的。

無論是從事教育還是參與政治，蔡元培始終不失書生本色。人們注意到，蔡一生中的辭職次數非常之多，其中引動社會反響的「辭職事件」就有數起。顯然，蔡抱著「合則留，不合則引去」的自由信條，合與不合的尺度則是他所信守的價值觀，至於高官厚祿則並不足惜。每次辭職「下野」後，他便重操舊業，以老學生身份向歐洲的大學註冊入學，進行自己心愛的學術研究。他自述「一生難進易退；性近於學術而不宜於政治」，正是其書生本色的最好體現。在蔡元培看來，學人參政，應力謀為公眾做事，而不可以權謀私。他鄙薄那些利

慾薰心的官吏，雖曾置身官場，卻清廉奉公，潔身自好。每當見到那些做大官的人購田置產，常不勝歎息，以為與其留給子孫金錢華屋良田，莫如策勵晚輩求得真才實學，在人世間有所作為。本此觀念，他一生兩袖清風，生活儉樸，直至晚年仍賃屋居住，以至引來他的學生和朋友「贈屋祝壽」的那段佳話。從某種意義上說，蔡元培高度自律的一生，頗有幾分殉道色彩，為了他認定的人生價值，幾十年如一日，毫不苟且。周作人說他是「古道可風」的君子，馮友蘭認為，蔡的人格「是儒家教育理想的最高表現」。胡適也曾指出：「蔡先生雖不信孔教是宗教，但他受孔教的影響甚深，是不可諱的。」[7]顯然，他們讚頌蔡的完美人格，並將這一人格主要歸結為中國傳統文化（主要是儒家思想）的養育。確實，蔡元培自幼生長在「立品定須成白璧，讀書何止到青雲」的儒家思想占主導的文化環境中，他飽讀經史，砥礪品行，對孔夫子的學說體系深得要領，雖然接觸西方文化後價值觀念有所豐富，但浸入身心的儒家風範業已定型，難以改變。蔡生平注重道德教育，其編寫的《中學修身教科書》和《華工學校講義》的「德育」篇中，孔孟思想成分極為豐富，即令西洋道德精粹亦必以古聖先賢的嘉言懿行詮解之，比附之。不妨說，蔡元培的高潔人品就本質而言確是儒家道德傳統的近代化身。

從文化史的角度來看，戊戌維新時期，中國士人階層開始向近代意義上的知識份子轉變，其代表人物是康有為、梁啟超；經過辛亥革命的政治變動，到五四新文化運動時期，一代新型知識份子終於應運

7　參見周作人：《知堂回想錄》「蔡子民」一節；馮友蘭：《跋蔡元培自寫年譜》，載北京《群言》1987年第7期；胡適：《蔡元培以辭職為抗議》，收入孫常煒編：《蔡元培先生全集》，第1429頁。

而生，其主幹是從歐美和日本學成歸國的留學生。這是時代性格判然有別的兩代人。十分有趣的是，蔡元培本屬康梁一輩人，卻成為五四時期領袖群倫的人物，他從戊戌年間的文化背景上頑強地跨上「五四」的時代高度，從而成為聯結兩代中國文化人的特殊代表。正因如此，蔡元培的個人交遊具有明顯的過渡性色彩。

在中國知識界，蔡元培的交遊範圍相當廣泛，舉凡在清末民初有影響的文化人差不多均與他有不同程度的交往。就蔡個人而言，三十歲之前，其交遊對象主要是同窗鄉友和科舉同年；到中國教育會時期，開始結識大量新式人物，1912年的教育改革即以這批人為基幹；出任北京大學校長之後，得以與新型知識份子群體（主要是歐美派）建立起廣泛的人際信任，30年代，中央研究院的工作即是以上述信任關係的延續為基礎。

以下僅就蔡元培與主要學術文化人物的交往略作論列：

在舊學時代，李慈銘（別號越縵）曾是青年蔡元培倍加推崇的人物。這一方面是由於李的才學和文名，另一方面則因李是蔡的同鄉前輩。蔡第一次赴京趕考，便拜訪了在都察院做禦史的越縵先生。顯然，李對這位後輩晚生頗為器重，其《郇學齋日記》中即有關於蔡的一些記載。蔡任職翰林院以後，二人的交往頗密，李在世的最後半年，聘請蔡為李氏嗣子的家庭教師，並兼為年逾花甲的越縵先生處理文牘，蔡即客居李寓，直至李病逝。在蔡元培看來，李慈銘是晚清文壇的壓陣人物，他後來為《魯迅全集》作序稱：「最近時期，為舊文學殿軍的，有李越縵先生，為新文學開山的，有周豫才先生，即魯迅

先生。」因此，在李氏日記的整理刊印方面，蔡鼎力促成，付出極大精力。繼1920年《越縵堂日記》影印之後，他又依照李氏的生前意願，準備將1854—1863年十餘冊日記節錄出版。後來接受錢玄同的建議，仍以影印方式全文出版，是為商務印書館1936年印行的《越縵堂日記補》。為了避免李慈銘日記原件的佚散，蔡特意致函中央圖書館籌備處長蔣複璁，建議該館收購李氏日記手稿，「冀得垂諸永久」。對於李慈銘，不論是於公於私，蔡盡到了一個後輩學人的責任，由此，亦可窺知蔡元培與中國傳統學脈的直接而密切的關係。

　　在蔡的朋輩中，交誼最深歷時最久的，當屬張元濟。蔡元培的譯著幾乎無例外地由張主持的商務印書館出版，蔡幾度旅歐，張均以商務的名義大力匡助。二人在建設中國的新教育新文化方面有著高度的默契，彼此在學術問題、社會政治和個人言行方面均能洞開心扉，互訴衷腸，並相互助益。蔡、張二人是浙江同鄉，早年都受到浙東學派的影響，在科舉生涯中，二人一同考中舉人、進士，又一同成為翰林院庶起士，有著極深的同年關係。此後，二人一在翰林院，一在總理衙門，時相往來，交誼漸深。戊戌年間，張投身變法，與康有為同受光緒帝召見，後協辦創建京師大學堂，西太后發動政變後，受以革職永不敘用的處分。這段時間，蔡雖不甚活躍，但對維新變法內心十分贊同，變法失敗，大失所望，遂棄官歸裡。二人的這種相同社會經歷，使他們兩年後在上海南洋公學再度聚首成為同事時，都抱定了從教育文化入手啟迪民智改造社會的信念，進而一起創辦《外交報》、先後投身商務印書館、編訂新式教科書。「五四」時期，蔡、張一北一南，分別主持中國的最高學府和最大的出版機構，由於他們的交

誼，北京大學與商務印書館建立起密切合作，《北京大學月刊》和「北京大學叢書」均交由商務印行。張還曾親臨北大，與蔡及各科教授商討出版講義和著作等事宜。「五四」以後，商務印書館大力革新，主要也是由於北大的推動，並借助其力量。南京政府時期，蔡、張均進入暮年，但在事業上仍彼此協助。蔡在大學院召集全國教育會議，張有感於西洋色情電影流行、性學書籍氾濫，寫信與蔡，建議重視此一現象對青年的危害，設法禁止。30年代，張熱衷影印大宗古籍，蔡多方提供便利。上海「一二八」事變中，商務印書館蒙受損失，張積多年心血營建的東方圖書館化為廢墟，蔡與各界人士力謀復興商務的這一資料庫，並多方為之求購藏書。1934年春，蔡被商務股東會選為董事，他自述：「我本非該館股東，菊生以所有股份十股置我名下，我遂有被選為董事之資格，事前並未告我也。」[8]教育學術與文化出版是社會發展的連帶機制，蔡、張的交誼與協作，對中國的文化建設可謂助益匪淺。

蔡元培與吳稚暉和章太炎二人一齊共事是在愛國學社。從現有材料給人的印象推測，吳在政治上對蔡有相當影響，他們之間在思想和學術傾向上具有較多共同點。蔡留學德國期間，與同在歐洲的吳書信往來，從國內人事變遷到個人求學心得，幾乎無所不談，顯示出相互間的契合關係。辛亥革命以後，蔡、吳作為同盟會和國民黨的資深成員，有著完全相同的社會政治背景，他們在二次革命中共同創辦《公論》雜誌，撰文抨擊袁世凱，隨後，又分別攜眷同赴歐洲。在從事海

8　蔡元培：《雜記》手稿，轉引自高平叔：《蔡元培與張元濟》，載南京《民國檔案》1985年第1期。

外華人教育方面，二人的合作記錄也是頗為可觀的。蔡出掌北大後，一再邀吳來校任教，並有意請其分任校政，可能主要出於政治原因，吳與汪精衛一樣，沒有到北大任職。1927年的「清黨」，蔡、吳二人又一次站到一起，當然，吳的表現要激烈得多。在國民黨的所謂「四老」中，這兩個人均屬亦學亦政式的人物，均保持了不同程度的書生特色，在民國時期的學術文化界同具影響。後來，吳寫過不少紀念蔡的文章，以其特有的表達方式，高度稱許這位元老友，可以肯定地講，在蔡的交遊中，吳是一個十分重要的人物。比起吳稚暉，蔡與章太炎的交誼要疏淡得多。吳、章素來不睦，在「《蘇報》案」的所謂「吳向清吏告密」這椿公案中，二人更是打了多年筆墨官司。在此問題上，蔡明顯地為吳抱不平。但蔡、章之間亦有一些交往可記。章在「《蘇報》案」後身陷囹圄，蔡定期前去探望，章出獄，亦由蔡安排送往日本。二人同為光復會的主幹，蔡為該會前期會長，章則任後期會長，在反清革命中二人一致，但在光復會分立問題上二人又有明顯分歧。總的來說，蔡、章二人思想學術旨趣大有距離，雖有不少共同經歷，卻難有深交。1913年6月，章在上海與湯國梨結婚，證婚人即蔡元培。太炎性格狂傲，常常目無餘子，肯請蔡為之證婚，說明他對蔡的人品是敬重的。而蔡對章的學術成就充分肯定，他主持下的北大，國文系頗有太炎弟子雲集之勢，在《五十年來中國之哲學》一文中，蔡尤其高度評價章的學術活動。1920年深秋，蔡元培、章太炎和吳稚暉一起在長沙嶽麓山瞻仰了黃興墓和蔡鍔墓，這是三位近代學人一次極有意義的聚首。

梁啟超與蔡元培是己丑鄉試同年，這在舊時是頗可援引的一層關

係。可是戊戌年間，儘管康、梁炙手可熱，蔡在京中又傾向維新，卻恥相依附，不曾結交。二十年後，即1917年，在北京外交後援會為中國對德宣戰而舉行的演說會上，蔡、梁始結識。翌年底，梁赴歐洲考察，行前，蔡托請他向各國宣傳退還庚子賠款以興辦教育的主張。此後，梁離開政界，轉而從事學術活動，曾多次到北大作學術講演，梁的密友蔣百里還應聘在北大任教。1920年冬，蔡將赴歐美考察教育，梁亦委託蔡到德、法等國後敦促倭鏗、柏格森二位哲學家依照前此梁游歐時相互間的約定，早日來華講學。為此，蔡在歐洲與張君勱和林宰平等曾努力接洽、奔走。1922年夏，蔡得知愛因斯坦將來華講學，便利用同在濟南參加中華教育改進社年會之機，與梁相商，梁答應其「講學社」承擔部分費用。總之，蔡任北大校長期間，與梁有一定的交往。他們在「五四」以後，不僅在學術文化方面進行一些合作，而且在社會政治問題上亦不乏共同點。當時有人曾提議組建一個歐美派知識份子的政黨，推梁啟超、蔡元培為黨魁。不過，蔡、梁各自有國民黨和研究系的政治背景，彼此思想主張不盡一致，組黨之議僅說說而已。梁氏民國以後沉浮於政海，屢屢失意，後來轉而從事講學，成就斐然，他的這種選擇與蔡辦北大開創的風氣不無關聯。蔡對梁生平傳揚新學的功績十分看重，梁去世以後，蔡與蔣夢麟向國民黨政治會議提出議案，請政府對梁氏明令褒揚，但因胡漢民的反對而未獲通過。40年代，梁漱溟在一篇文章中對蔡、梁二人曾有所論列，其中寫道：「蔡、梁兩先生比較……蔡先生好比漢高祖，他不必要自己東征西討，卻能收合一般英雄，共圖大事。任公無論治學和行文，正如韓信將兵，多多益善。自己衝鋒陷陣，所向無前。他給予人們的影響是直接的，為蔡先生所不及。」梁漱溟還認為：論對中國社會的影響，

梁在空間上大過蔡，而在時間上將不及蔡。[9]梁漱溟與蔡元培和梁啟超均有相當的交往，他的評說不無啟發性。

郭沫若在他的《歷史人物》中曾寫道：「影響到魯迅生活頗深的人，應該推屬蔡元培先生吧。這位精神博大的自由主義者，對於中國的文化教育界的貢獻十分宏大，而他對魯迅先生始終是刮目相看的。魯迅進教育部乃至進入北京教育界，都是由於蔡先生的援引，一直到魯迅病歿，蔡先生是盡了他沒世不渝的友誼的。」確實，在「五四」時期湧現出的文化新人中，蔡元培對魯迅的評價最高。蔡為《魯迅全集》所寫序言中稱：「他的感想之豐富，觀察之深刻，意境之雋永，字句之正確，他人所苦思力索而不易得當的，他就很自然地寫出來，這是何等天才！又是何等學力！」顯然，魯迅的才華使蔡深為折服，故而以「新文學開山」目之。蔡與魯迅，是紹興同鄉，辛亥革命前即已互通聲氣。1912年，經許壽裳推薦，蔡將魯迅延攬入教育部，二人在美育及社會教育問題上思想頗為接近。不過，他們共事僅數月，年齡和地位又有距離，深入的交往還談不上。1917年以後的六年間，蔡與魯迅同在北京，時相過從。當時魯迅搜輯漢碑圖案拓本，蔡對此深感興趣，這樣，傳覽和欣賞這些拓本成為二人交往的重要內容。同時，蔡還請魯迅為北大設計了校徽圖案。隨著《狂人日記》等小說的發表，魯迅躍上了白話新文學的頂巔。1920年始，蔡聘請魯迅到北大兼課，講授《中國小說史》。以後，蔡任大學院長，特聘魯迅為「特約著作員」，月薪三百元，為時四年。這對於魯迅無疑是一個很大的幫助。蔡和魯迅共同參加中國民權保障同盟的活動，使二人的交誼明

9　梁漱溟：《我的努力與反省》，第339頁。

顯深化了。其間，蔡書贈魯迅的兩首七絕詩，表達出對「九一八」事變以後「大敵當前暗不聲」狀態的內心憤悶，說明二人在此類問題上抱有同感。魯迅逝世後蔡撰寫《記魯迅先生軼事》等紀念文章，並擔任魯迅紀念委員會委員長，大力促成《魯迅全集》的編印，確實盡到了他對魯迅「沒世不渝的友誼」。由於魯迅的關係，蔡與周作人、周建人也有交往，周作人到北大任教，周建人第二次供職商務印書館，均得力於蔡的幫助。

在晚輩學者中，蔡元培與胡適的關係十分密切。這不僅是由於胡具有卓越的治學才能，深得蔡器重，還因為他們擁有完全相同的自由、民主的價值觀念和幾乎一致的教育主張。同時，二人在性情和處世方面亦相當接近。從1917年胡適應聘進北大，蔡元培便對這位長年接受西洋教育，卻同樣精熟「漢學」功夫的留學生刮目相看，尤其對他改革中國舊文學的主張頗為贊同。在《新青年》陣營中，胡較之陳獨秀、錢玄同等人，顯得溫和穩健，許多人讚賞他那「不持極端，態度和緩」的「純粹學者的態度」。蔡當然亦有同感。胡的《中國古代哲學史大綱》出版，蔡欣然作序，極盡推崇，為胡確立學術地位掃清了道路。「五四」以後，蔡辦北大，愈加倚重胡，胡一度出任教務長，成為蔡的重要助手。而胡亦十分敬重蔡，從這時期胡的日記中可知，他將這位前輩視為師長和知己。1921年，胡適與丁文江、任鴻雋等一批歐美派知識份子組織「努力會」，致力於社會的改良，特邀蔡元培加入。起初，丁文江尚有顧慮，覺得該團體的成員都是同輩，邀蔡這樣一位前輩加入，「恐怕反有一種拘束」。但經任鴻雋等人解釋，丁很快便打消顧慮，認識到「蔡先生不比他人」，不會有何妨礙。後

來，胡適在給陶孟和等人的信中也談道：「我們今後的事業，在於擴充《努力》，使它直接《新青年》三年前未竟的使命，再下二十年不絕的努力，在思想文藝上給中國政治建築一個可靠的基礎。在這個大事業裡，《努力》的一班老朋友自然都要加入，我們還應當邀請那些年老而精神不老的前輩，如蔡子民先生，一齊加入。」[10]顯而易見，胡是將蔡引為同道的。因此，胡起草《我們的政治主張》宣言，蔡領銜發表，在社會上形成反響，研究系的林長民就曾極力勸說蔡、胡「出來組織一個政黨」。1927年以後，儘管胡適與國民黨政府一度相抵觸，但蔡元培還是聘請胡任大學院的大學委員會委員，蔡還以董事長身份支持胡適任上海中國公學校長及其後所採取的改革措施。30年代，他們二人同為中華教育文化基金董事會的董事，在扶助文化科學事業方面密切合作，交誼彌深。

　　蔡元培與胡適的交誼，可以看作是蔡與歐美派知識份子非同尋常的關係的一個縮影。蔡在文化背景上本屬於康梁一代人，卻能與後起的歐美派知識份子建立特殊關係，由此可以看到他在文化上的兩代人之間所發揮的連接作用，這也正是他能在近代文化史上具有突出地位的人際原因。

10　見《胡適來往書信選》上冊，第154頁、第217頁。

第八章

最後的歲月及其他

8.1 長眠香港

自楊杏佛遇害、中國民權保障同盟被迫停止活動後，蔡元培的社會性政治活動明顯沉寂下來。隨著年老體衰，他試圖從繁雜的事務紛擾中擺脫出來，靜心做點自己的事情。1935年7月，他印發了一個啟事，宣佈從8月起，辭去一切兼職，停止接受寫件，停止介紹職業。其中所辭兼職多達二十三個，主要是些教育文化機關的名譽職務。也正是在此前後，蔡元培寫了一些回憶性文章，如《我在北京大學的經歷》、《我青年時代的讀書生活》、《我所受舊教育的回憶》、《我在教育界的經驗》等，開始對自己的生平經歷作文字追述。或許是接受了胡適的勸說，蔡果真準備撰寫個人的傳記—《自寫年譜》。勞累了幾十年的蔡元培，真的步入了晚境。

1936年1月11日，蔡元培在最寒冷的季節裡迎來了自己70歲的生日。家人置辦的小型壽宴親情融融自不必說，文化教育界的朋友和學生沒有忘記利用這一機會來表達對這位忠厚長者的由衷敬意，卻使他感奮不已。在中國科學社為他舉行的慶壽會上，馬君武代表該社理事會致祝詞說：「人生七十以後，實為最好的服務時期……希望蔡先生在七十歲以後，領導全國科學家，本著苦幹精神，為國奮鬥。」蔡元培在答詞中多少有些調侃地借用孔子七十歲時的生命自述來觀照自己的人生歷程，其中廣徵博引、雅趣橫生。他說：「人生在世，一百二十歲為上壽，一百歲為中壽，八十歲才稱下壽。只有社會的壽最長，可以祝萬歲。中國科學社到現在雖只有二十多年的年齡，但外國學會在百年以上者很多，法蘭西學院已到三百年，故學會也是萬壽

無疆的。今以長壽的團體來祝個人，真是榮幸。」於幽默中透出哲人的曠達。不久，畫家劉海粟和錢新之、張壽鏞等在上海國際飯店發起舉行盛大活動，慶祝蔡元培七旬壽辰。在劉海粟看來，先前的慶壽場面太小，太冷清，「同蔡先生的歷史地位和貢獻太不相稱了」，因此，「決計要大慶一番」。[1]前來祝壽的多達千人，其中頗多知名人士，計有：沈鈞儒、沈恩孚、黃炎培、陳樹人、馬寅初、許壽裳、于右任、梅蘭芳、李金髮、林風眠、林語堂、朱屺瞻、顧樹森、朱孔陽、葉恭綽、張學良、雷震、王濟遠、謝海燕、黃自、肖友梅、王昆侖、俞劍華、李四光、丁西林等。其中既有政界要人，又有金融界巨頭，更多的是文化教育科學界人士。蔡元培不願如此張揚，曾極力推辭，但又拗不過眾人的盛意，遂欣然到會。面對為他舉行的盛大慶壽場面，這位生性恬淡的學界鉅子內心歡愉而又感慨萬端。在答詞中，他不無激動地表示：

「鄙人是一個拿筆桿的人，所敢誇口的也只能在筆桿上多盡點力。『假我數年』，鄙人想把劉（海粟）先生壽文中道及的『以美育代宗教』的主張，著一本書；還想編一本美學，編一本比較民族學，編一本『烏托邦』；胡適之先生常常勸鄙人寫自傳，如時間允許，鄙人也想寫一本。願心許得太多了，不敢再說下去了……」[2]

祝大壽而許宏願，本是一種習俗或慣例，但反映的則是人的內心企望和追求。蔡的這席話，除了那本「烏托邦」令人不解其意之外，其餘各項差不多都是他生平治學的主要興趣所在。顯然，這些願望縈

1　　劉海粟：《憶蔡元培先生》，收入《蔡元培先生紀念集》，第217頁。
2　　《蔡元培全集》第7卷，第19頁。

繞心中多年，至古稀尚未實現，抱憾之心應所難免。惟其如此，他才申明這些宿願，藉以回覆朋輩的熱望，實在也是一種自勵心理。蔡一生奔走國事，投身文化教育的組織領導工作，在國內幾乎很少有充裕時間靜心從事著述。然而，對中西學術長期求索而形成的獨到見解積蘊於心，不發不快；中國文人又素有著書立說、「立言」傳世的職業傳統。人入晚境，回首往昔，世事紛擾；以有生之年力求補償，該是一種進取的情愫。他在前述「辭去一切兼職」的啟事中即表白道：「以元培之年齡及能力，聚精會神，專治一事，猶恐不免隕越，若再散漫應付，必將一事無成。」看來，晚年蔡元培確實想擺脫塵囂，專心著述，完成未竟之業。從是年2月始，他開始撰寫《自寫年譜》。

可是，這年冬天，蔡元培患了一場大病，幾乎一病不起。只是由於診治得當，調養有方，才終於轉危為安。然而，從此這位老人病魔纏身，精力大減。半年之後，他才稍稍恢復一些工作，參加在南京召開的中央研究院評議會第三次年會，並撰寫了《記宗仰上人軼事》、《世界短篇小說大系》等有數幾篇文章。1937年6月，蔣介石致電蔡，電云：「本年暑期廬山訓練，甚望先生蒞臨訓導。」蔡覆電稱：「培大病後，尚需調養，近日亦曾發熱，一時未克啟行。擬於七月中旬再定行止。」[3]此時，中日戰爭一觸即發，全民一致抗戰已成大勢，國共兩黨尚且再度合作，蔡對黨內當權者的怨艾似亦不會全然不變。不過，病體屢弱，心有餘力不支，應是基本的事實。因此，抗日戰火燃起後，蔡除了以其名望呼籲世人譴責日寇外，不可能有更多作為。同年11月底，蔡元培由丁西林等人陪同離開上海，到達香港，一個月

3　《蔡元培全集》第7卷，第183—184頁。

以後，周夫人亦攜帶兒女抵港。蔡一家人先借住在香港商務印書館宿舍，主要由王雲五照料，其後租定九龍柯士甸道156號居住。蔡移居港九，顯然是為避難養病。香港淪陷之前，曾是國內人士奔赴西南內地或放洋出國的海路中轉，蔡居此調養，使今後的行止具有較大靈活性。

此後的兩年，蔡元培化名周子余隱居港九。他深居簡出，靜心養病，絕少公開活動。唯一分其心力者，是中央研究院的戰時運作問題。1938年2月下旬，他在香港酒店主持了中研院院務會議，總幹事朱家驊和各所所長均抵港與會，會議議決了七項議案。此時，中研院的各研究機構已遷到重慶、昆明等地，在極其困難的戰時條件下，盡力維持科研工作。不久，因朱家驊「為黨國要務所羈絆」，無法履行總幹事職責，代行此職的傅斯年又提出堅辭。蔡在香港與已到內地的朱、傅及王世傑等人頻致函電，磋商辦法，最後終於推定任鴻雋繼任總幹事一職，以保證中研院的日常轉運。據載：張靜江經香港赴美國，邀請蔡元培同行。蔡當面辭謝了這位老友的好意，其理由是：「以身負中央研究院職責，文化學術工作，關係國家百年大計，未可一日停頓，實不能遠離。」[4]從蔡居港的日記中亦可知，這位風燭殘年的老人始終關注中央研究院在西南大後方的情況，每有相關函電必載入日記。在他去世前數日，先後收到翁文灝、任鴻雋、竺可楨等人的來信，對其中有關中研院評議會改選一事仍甚為關心。蔡晚年擯除外務，希求靜心養病和寫作，但對於他視為「百年大計」的中研院的

---

4   余天民：《蔡先師港居侍側記》，收入孫常煒編：《蔡元培先生全集》，第1673頁。

工作則是一個例外。

在香港的這段平靜而又寂寥的日子裡，蔡靜養之餘，便是閱讀和寫作。他閱覽的書目主要有：王闓運《湘綺樓日記》、傅東華譯《比較文學史》、郭沫若《石鼓文研究》、張元濟《校史隨筆》、李玄伯譯《希臘羅馬古代社會研究》以及《五十年來的德國學術》等。此外，他還設法從香港商務印書館借書來讀，王雲五考慮到他的視力較差，特意找來大字本，其中有《王陽明全集》、《陸放翁全集》和《遊志彙編》。同時，他應約為一些書籍撰寫序文，如《魯迅全集》序、肖瑜《居友學說評論》序、李宗侗《中國古代社會新研究初稿》序、任鴻雋《古青詩存》跋等。這期間，他的一項經常性寫作，便是那部《自寫年譜》。此譜自1936年2月14日開始動筆撰述，直到1940年2月底逝世前臥病時輟筆，係用商務印書館印製的毛邊紙綠行「記事珠」稿本三冊，以毛筆書寫。因為此譜是一部未完之作，故只有四萬餘字。所敘自家世、出生直至1921年赴歐美考察為止。該譜用白話文寫作，文字簡潔清麗，對家世、少年時代、科舉考試及讀書、供職北京翰林院、回鄉從事教育、在上海的活動、留德四年及其後旅居法國的生活均作詳實記述；許多細節頗為生動感人，從中可以探知蔡思想人格的形成環境和過程。其中有關民國政壇的記述，不乏史料價值，惜之所記較略。至於出掌北京大學以後的記載，則殊少新意。總之，這部沒有完成的《自寫年譜》給人的印象是：年譜的體例，自傳的筆法；前半部分詳實，後半部分相對簡略。看來，最初動筆撰寫時，蔡頗為嚴謹投入，以後為病所擾，不免力不從心。蔡較早談及這部《自寫年譜》，是1938年11月7日覆高平叔的信函中。高受蔡囑託，編訂

《子民文存》，來函切望蔡所撰「自傳」能冠於文存卷首。蔡答曰：「自傳因頭緒頗繁，不適於旅行中之準備（參考書既不完全，工作亦時時中輟），故照年譜體寫之，現已得三萬言左右（寫成時至少五萬言）。」由於字數太多，且距寫完時尚遠等因，「故不適宜於冠『文存』之上。」⁵從中當可知曉蔡此項寫作的一些設想及其寫作情形。

深懷民族大義，充滿愛國情感，是自古以來中國知識份子的優良傳統。蔡元培秉承這一傳統，其報國之志老而不衰。他雖病居香港，卻心系天下。在港期間，他唯一的一次公開活動，是1938年5月20日應保衛中國大同盟和香港國防醫藥籌賑會之邀，出席在聖約翰大禮堂舉行的美術展覽，併發表演說。在包括香港總督羅富國在內的眾多來賓面前，他講道：抗戰時期需要人人具有寧靜而強毅的精神，不論是前方衝鋒陷陣的將士，還是後方供給軍需、救護傷兵、拯濟難民的人員，以及其他從事於不能停頓之學術或事業者，有了這種精神，便能免於疏忽錯亂散漫等過失，從而在全民抗戰中擔當起一份任務。他強調，推廣美育，便是養成這種精神的一種方法。這位美育的宣導者此時將他深信不凝的精神陶冶法運用到了抗戰大計之中，不論外界如何評論，蔡本人是十分認真的。正是基於這樣一種精神，他對抗戰勝利充滿信心。在紀念北京大學成立40周年的題詞裡，他勉勵北大師生「他日山河還我，重返故鄉，再接再厲，一定有特殊之進步」。在抗戰初期的困難時刻，蔡對未來表現出一種自信的樂觀豪情。當然，戰爭使家園殘破、生靈塗炭，這不能不使人心緒沉重；而面對敵寇的倡狂，又時時鼓蕩起鐵馬金戈的壯烈情懷。這種思緒，在蔡元培的詩作

5　　《蔡元培全集》第7卷，第230頁。

中有強烈的表現。他寫給陸丹林的紅葉詩其三云：「楓葉荻花瑟瑟秋，江州司馬感牢愁。而今痛苦何時已，白骨皚皚戰血流。」他為張一麐《八一三紀事詩》所題七絕云：「世號詩史杜工部，亘古男兒陸渭南。不作楚囚相對態，時聞諤諤展雄談。」看來，病居香港的蔡元培既有「江州司馬」的愁懷，又思慕那「亘古男兒」的大丈夫氣概。一個人內心世界的激情豈是那病弱的肉體所能框限？最能說明蔡「壯心不已」的文字，莫過於他為國際反侵略大會中國分會所作的會歌詞。這首著名的《滿江紅》詞有云：「公理昭彰，戰勝強權在今日。……文化同肩維護任，武裝合組抵抗術。……我中華，泱泱國。愛和平，禦強敵。……獨立甯辭經百戰，眾擎無愧參全責。與友邦共奏凱旋歌，顯成績！」

　　國內外各方人士並未因戰亂而忘記病居港九的蔡元培。1939年7月，國際反侵略運動大會中國分會推舉他為名譽主席。不少海外友人亦不斷來函，請他移居新加坡或菲律賓等地，但都被他婉言謝絕。蔡曾向王雲五等人透露過轉赴昆明的意向，因為中研院若干機構遷置於此，大概是病體不支，到底沒有成行。初來香港之時，他還由家人和朋友陪同遊覽淺水灣、香港仔、道風山等處風景，後來就幾乎足不出戶了。時相過從的除王雲五之外，還有一位張一麐先生。張曾任北洋時代政要，與蔡又屬同輩，二老聚在一起，憶及前塵往事，平添幾多逸趣。蔡寓居的柯士甸路一帶，居民大多為江浙人，人們對這位儒雅和藹的「周子余」老先生十分敬重，每有幼兒取名號之事，必來拜請，蔡來者不拒，謹為選字，鄰人皆滿意而去。蔡一生起居並無嗜好，獨喜紹興黃酒，每餐必飲。晚年大病之後，周夫人嚴加限制，用

餐僅供一杯，老人無奈，只得遵命行事。在病居香港的寂寞歲月裡，蔡元培與周夫人相依為命，夫妻間依舊不斷作詩唱和，周夫人五十壽誕，蔡贈詩相賀，家中一派融融之氣。1939年4月4日，是一年一度的兒童節，蔡氏夫婦在家中為他們的三個幼年子女舉行慶祝活動，女作家沙菲（陳衡哲）攜兒女參加，科學家何尚平也趕來慶賀。蔡鄭重其事地致詞，來賓亦分別演說，最後則是孩子們的精彩表演，或歌或舞或講童話或做遊戲。這是老教育家度過的最後一個歡快的兒童節。然而，在這歡快的背後，蔡家經濟狀況卻令人堪憂。蔡有限的公職收入越來越難以抵付因兌換港幣及物價上揚而驟然增多的支出，本來就儉樸的生活不得不加以節縮。知悉蔡家內情的蔡的秘書兼家庭教師余天民即認為，蔡先生晚年多病與營養不佳有關。蔡一生清廉自守，至最後的歲月仍不能擺脫貧病的厄運。悲哉！

1940年3月3日清晨，蔡元培在寓所起床時，忽覺頭暈目眩，摔倒在地，隨即口吐鮮血。經醫生診治，疑為胃潰瘍，建議住院治療。翌日，住進香港養和醫院，不久即大量排血，陷入昏迷狀態。雖經中外醫師悉心救治，施以輸血手術，仍歸無效。延至5日上午九時三刻逝世，終年74歲。醫生認為，其失足撲地，傷及內部，導致胃瘤出血，乃不治之因。蔡的遺體後被安葬在香港仔華人公墓。

蔡元培逝世後，全國各地舉行悼念活動，多家報刊發表社論或載文，稱譽他的功德，各主要黨派和團體及其領導人也紛紛致電弔唁。人們同聲讚揚他的品德，他的事功，他的開一代學風的巨大影響。從這時起，「一代宗師」、「人世楷模」等等讚譽之詞與蔡元培的名字緊緊連在了一起。

悼念期間，各界人士所送挽聯，蔚為大觀，後有《哀挽錄》印行於世。這些挽聯從不同角度概論蔡元培的一生，頗為精到。姑錄數聯於後：

《哀挽錄》中的一聯云：「打開思想牢獄，解放千年知識囚徒，主將美育承宗教；推轉時代巨輪，成功一世人民哲匠，卻尊自由為學風。」

陳友仁的挽聯云：「薄元首而不為亮節高風千秋曾有幾輩；容百家之並起宏模雅量當代只見斯人。」

周恩來的挽聯云：「從排滿到抗日戰爭，先生之志在民族革命；從五四到人權同盟，先生之行在民主自由。」

8.2　蔡元培研究概述

蔡元培逝世後的半個多世紀以來，海內外學術界對於這位在近代中國文化教育方面做出卓越成績的歷史人物給予了相當的重視，有關其生平思想的學術研究從50年代起步，到80年代已取得頗為可觀的成果。

其實，還在蔡元培在世的時候，人們就已經注意到他的思想的研究價值。在五四新文化運動達到高潮的1919年，北京大學新潮社輯印了《蔡子民先生言行錄》上、下冊，收錄了清末民初以來蔡氏的重要演說、文章及部分專著，並附有蔡口述、黃世暉筆錄的《傳略》。羅家倫等北大學生印行這部言行錄的目的，顯然是為使外界能夠直接瞭

解蔡元培這一「五四」時期風雲人物的思想主張。30年代初，上海廣益書局又出版了一部《蔡元培言行錄》，主要彙集了20年代以後蔡元培發表於報刊的一些言論，其中也有幾篇早年的文稿。上述兩部綜合文集，加上先前出版的著、譯專書，構成當時刊佈於世的、反映蔡元培思想主張和學術成果的基本文字部分。

從蔡元培逝世到40年代中期，重慶等地的許多報刊接連刊載紀念和回憶文章，其作者均為與蔡有所交往的朋友、同事或學生。他們從不同角度和側面所作的生動記述，大大充實了蔡的生平資料，也深化了世人對這位歷史人物的評價和理解。1943年，重慶商務印書館出版了高平叔編寫的《蔡孑民先生傳略》。該書由編者根據蔡生前口述所寫的「五四」之後的傳略與黃世暉所記部分相銜接，加上蔡的《我在教育界的經驗》、《我在北京大學的經歷》兩文及蔣維喬的《民國教育總長蔡元培》一文彙編而成。雖則簡略，卻是第一本較為完整的蔡氏傳記，它為人們的研究提供了基本的信實材料。

1950年，蔡尚思編撰的《蔡元培學術思想傳記》一書由上海棠棣出版社出版。這部洋洋數十萬字的著作，分門別類地記述了蔡元培的社會政治主張和學術思想觀點，並進行了一定程度的分析、評價，堪稱蔡元培學術研究的開山之作。其不足之處在於，該書缺乏嚴密的體系，所採資料雖多，卻給人一種堆砌之感。1959年，北京中華書局整理出版了一部《蔡元培選集》，從所選篇目來看，較為偏重有關教育方面的內容。這部選集印量較多，成為此後二十年間一般中國內地學者從事研究所依據的主要書籍。從50年代到「文革」前，內地學術刊物上發表過一些有關蔡元培的研究論文，但大多帶有那個時代所特有

的政治評判的印跡。「文革」開始，學術研究歸於沉寂，蔡元培的名字似乎被人們遺忘了。這期間，臺灣史學界關於蔡元培的記述和研究保持了正常態勢。《傳記文學》等刊物上不時發表有關蔡的憶述性文章，有關的學術活動亦比較活躍。1968年，臺灣商務印書館出版了孫常煒編《蔡元培先生全集》。這部厚達1762頁的文集，大量輯錄了蔡的著述、論文、演說、序跋、信函，還附錄了部分研究、回憶蔡的文章。該書是當時印行的同類文集中收錄量最大的一部。1976年，陶英惠編寫的《蔡元培年譜》（上冊）在臺灣出版。這部年譜內容充實，記述嚴謹，代表了島內這方面學術研究的最高水準。但是，由於兩岸隔絕造成的一些第一手資料的闕如，編者不得不增大了背景材料的介紹，迄今該譜僅出上冊，記事止於1916年。

隨著「文革」的結束，內地學術界迎來了生機勃勃的春天。1979年，在紀念「五四運動」60周年之際，蔡元培的重要歷史作用再次為人們所「發現」。翌年3月5日，首都各界隆重舉行紀念蔡元培逝世40周年大會，為配合這一紀念活動，中華書局出版了高平叔編著的《蔡元培年譜》。這本年譜是編者在編輯蔡全集過程中從大量資料內精選彙集而成，雖然僅十萬餘字，卻相當準確地記述了譜主各個時期的主要活動及其著述和言論，史料價值很高。略嫌不足的是，由於該譜成書倉促，記事系時方面存在一些錯漏。以北京的這次紀念大會為推動力，在80年代的十年間，蔡元培研究有了前所未有的長足發展，其顯著標誌是蔡全集及選集的輯印和一批研究專著的問世。

提及《蔡元培全集》的輯印，首先應當談談它的編者高平叔。高青年時代追隨蔡元培，蔡視之若弟子，曾以編輯文存之事相托，並向

其口述自身經歷。1935年始，高著手輯錄蔡氏文存，且將文稿分批交蔡本人審訂，還約定由商務印書館承印。不久，抗戰爆發，高顛沛流離，轉徙內地各省，文存底稿在戰亂中散失，高氏痛感「生平遺憾，無過於此」。四十餘年後，在蔡元培的生前好友和蔡氏家屬的勸促下，高平叔以古稀之年，再次擔當起輯錄文集的工作。數年間，他不分寒暑，克服病痛，埋頭整理編次蔡的遺稿，並以有限的個人收入驅馳各地，查找核對史料。從1984年開始，他編輯的《蔡元培全集》一至七卷，陸續由中華書局出版。這部總計262萬餘字的全集，收錄了包括自寫年譜、部分日記在內的大量文獻，其中屬初次刊出的占百分之四十左右，是迄今輯錄蔡著最多的一部文集。鑒於全集出齊時間較長，為適應研究需要，高平叔還陸續按哲學、政治、語言及文學、科學與技術、教育、美育、史學等學科分別編選了「專集」，由河北、湖南等地出版社印行。同時，高還撰寫了數十篇文章，記述蔡元培與「《蘇報》案」、五四運動等歷史事件的關係，以及蔡與孫中山、張元濟、魯迅、馬敘倫等人的交往等等。高平叔的上述工作，為蔡元培學術研究建立了堅實的資料基礎，也進而了卻了他多年來聚結於胸的一個心願。

從1983年到1990年間，一批蔡元培研究專著相繼問世。計有：樑柱《蔡元培與北京大學》、聶振斌《蔡元培及其美學思想》、周天度《蔡元培傳》、唐振常《蔡元培傳》、胡國樞《蔡元培評傳》。此外，江蘇、浙江、上海等地出版社還分別出版了通俗性的蔡元培傳略讀物，中華書局出版了《蔡元培先生紀念集》。與此同時，各類報刊發表有關蔡元培的論文、文章，總計近三百篇。所有這些表明，蔡元培

研究已經達到了一定的學術規模。正是在此情況下，1986年4月，全國性的蔡元培研究會在北京大學成立，兩年後，該會舉辦了首次蔡元培研究學術討論會，國內及美國、德國、日本、法國的學者五十餘人參加會議，並提交論文。會後出版了論文集《論蔡元培》。上述專著和論文，對蔡元培的生平活動和學術思想進行了廣泛探討和全面評價。以下綜合其要點，略作介紹：

許多研究者對蔡元培各時期的活動作了充分評價。他們認為，蔡早年在上海與章太炎等創辦中國教育會和愛國學社，是繼興中會之後的資產階級革命團體，以《蘇報》為中心的一批革命志士及其活動。對此後辛亥時期上海及東南各省革命形勢的發展具有直接影響。作為光復會會長和同盟會分部負責人的蔡元培，其歷史作用不應忽略。1912年，蔡迎袁南下失敗，應從政治力量的對比上尋找原因，將責任歸咎於個人因素，顯然有欠公允。蔡在新文化運動中不僅是保護者，而且也是宣導者之一，他改革北京大學，對五四運動起了孕育和催生的作用。蔡晚年主持中央研究院，借助中國形式上的統一，發展科學技術，奠定了我國現代科技事業的基礎。

蔡元培的教育思想始終是人們研究的重點。論者認為，蔡是在吸收了早期改良派和維新派學習西方教育的經驗教訓後，提出其教育主張，開展教育實踐的。他對封建舊教育的批判、對西方近代教育的引進，其廣度、深度及影響，都超過前人，在近代教育史上佔有十分突出的地位。他所主持的1912年的教育改革，首次提出了「五育」並舉的教育方針，並且重視教育立法、提倡社會教育和少數民族教育，進而制定了比較完整的「壬子、癸丑學制」，是一次意義深遠的教育變

革。對於蔡元培教育思想的核心，學術界存在不同看法。一種意見認為，教育獨立論是蔡教育思想的核心，他的一系列教育主張都是以此為出發點；另一種意見則強調，教育救國思想構成蔡教育思想的主導，而教育獨立論不過是其教育救國思想在特定環境下的派生物。有的學者指出，蔡的教育思想受到盧梭、沛斯泰洛齊的深刻影響，他提出的「尚自然，展個性」的教育主張實質是「兒童本位論」的觀點。也有學者對此提出異議，認為，蔡在接觸「兒童本位論」的教育思想以前，很早就提倡學生自學和研究，就有「尚自然，展個性」的主張，這主要是繼承了我國書院的傳統。關於蔡的高等教育思想，有的文章總結道：注重科研與教學相結合，以科研促進教學，學生文理互修，是蔡組織和指導大學教育的重要思想特色。「相容並包」主張是蔡教育思想研究中的一個熱點。比較帶有傾向性的看法是，「相容並包」主張表面上對各派思想學說不偏不倚，無所偏向，似乎有折衷調和之嫌，實際上，這正是蔡元培這樣的人在那個時代所能找到的最好的思想鬥爭武器。在新文化運動中，蔡站在新派一邊，其「相容並包」在當時具有明顯的傾向性。學者們幾乎一致認為，「相容並包」的主張反映了思想和文化科學發展的規律，反映了高等教育的規律，它是從進化論的觀點出發，聽任各種學術自由發展，自然淘汰，有其一定的真理性；不應當將這一主張視為所謂「資產階級自由主義」，而應充分肯定它是促進學術發展的正確方針。

蔡元培的社會政治思想比較複雜，表現形式亦呈多樣化。這方面的研究相對薄弱，然而學術觀點卻頗多歧異。一種意見認為，蔡的社會政治思想是在強烈的愛國主義基礎上延伸出來的民主主義和小資產

階級的社會主義；另一種意見則認為，蔡的政治思想是資產階級民主主義和小資產階級無政府主義的混和體。論者在一致肯定蔡是一個革命民主主義者的同時，也注意到他受無政府主義影響的一面，只是有的論者認為這是早期短時的現象，蔡後來放棄並批判了無政府主義；而有的論者則認為蔡的無政府主義傾向延續了很久，「五四」時期仍有表現。關於蔡的改良主義問題，有的論者認為，民國成立以後，蔡基本上就不是一個激進的革命論者，而是一個社會改良論者；有的論者則認為，蔡列名發表《我們的政治主張》，才開始走上改良主義道路。論者指出，蔡1927年參加「清黨」是政治上的失誤，但對大革命失敗後至「九一八」事變以前這段時間蔡的思想和行動，應當具體分析，不可一概否定。這一時期，蔡的政治表現與其反對極端、主張中和的思想有很大關係，蔡的中和思想由來已久，它受到儒家中庸思想、康得的「二元論」和克魯泡特金的「互助論」等多方面的影響。

學術界對於蔡元培哲學思想的性質、特點、淵源意見不一，或說他逐步倒向「現代主觀唯心主義」；或說「已由唯心論進到唯物論」；或說他在哲學上首次提出了科學的人生觀和世界觀，為近代中國「唯物主義思潮作前導」等等。有的學者深入分析蔡的哲學思想後認為，在物質與精神二者關係的根本觀點上，客觀唯心主義始終是蔡的基本思想，但當他根據近代自然科學知識闡述自然界的演化，說明人的認識，批判宗教神學唯心主義方面，卻具有明顯的唯物主義傾向。蔡哲學思想的淵源有兩個，一是中國古代哲學，主要繼承了儒家思想，特別是中庸之道；一是西方哲學，從古希臘直至近代歐洲，他都有所研究並加以吸收，但主要是以康得哲學為框架，糅合叔本華等人的思

想。不過，他的哲學思想既不是西方的，也不是中國古代的，更不是只尊從一家一派，是適應資產階級革命而產生的近代中國資產階級哲學的一種表現形態。

人們充分肯定蔡元培對中國近代倫理學和美學所作的開創性工作。指出，蔡總結中國歷代的倫理學說，介紹西方近代倫理學，將「自由、平等、博愛」的思想與中國傳統倫理學資料相結合，作為現實的道德標準，以指導社會。在美學方面，蔡雖然沒有建立起縝密的美學理論體系，但通過美育緊密聯繫社會實踐，發揮了重要作用和影響。在這一點上，蔡與王國維的重視美學理論卻忽略社會應用的特點適成相反，互有長短。蔡畢生宣導美育，以此作為改進社會的工具，但過分誇大美育的社會作用，某些美育設施帶有空想色彩，則是其美育思想的不足。

如何處理中西文化的關係，既是一個理論問題，也是一個實踐問題。蔡元培在這方面的主張和實踐引起了廣泛的關注。一些論者對他的評價甚高，認為在戊戌至辛亥時期的一批資產階級革命家中，蔡是比較能正確評價中西文化，能夠沒有偏見地同時看到中西文化傳統中優缺點的少數人之一，他既不是國粹派，也不是民族虛無主義者。這是由於他比較深刻地瞭解中西文化的內容，便於比較權衡，知其得失長短。在當時的歷史條件下，他用自己在政治、文化領域的思想和實踐，較好地回答了文化上的中西關係問題。中國知識界後來對文化問題的幾次討論，似乎還沒有明顯超出蔡以及和他持相同觀點的前代學者回答的範圍。有些論者在肯定蔡支持新文化的同時也指出，在文化問題上他基本上是站在折衷主義的立場上，企圖調和新舊文化之間的

矛盾，儘管這是較為次要的一面。有的外國學者著意探討了蔡與儒家文化的關係，認為蔡在中國近代變革階段反映了儒家的人文傳統，強烈的道德思想，修身和治國平天下的結合，強調和諧，個人自由與社會義務的完美平衡，這些構成了他孔孟型的文化性格。[6]

有的學者論及蔡元培在治學方面深受中國舊學影響的問題，並對此進行了分析。認為：蔡以其舊學根基已固，價值標準已趨定型，故對西學是選擇，是拿來與舊學相印證，所以談自由平等博愛，談社會主義，言必稱孔孟。他對西學頗曾博覽，且具眼光識力，但其根本態度，從立身行事到從政問學，都極受舊學的影響。在學術上，蔡與梁啟超一輩人同屬氾濫百家的時代，蔡雖曾多年留學海外，但他是在中國學問已成，根基已固的情況下去做老童生，他只是去求更多的瞭解，而不在乎完成什麼。蔡承認自己「受中國讀書人惡習太深」，所謂中國讀書人之惡習，就是博覽而無系統，散漫而無中心。蔡的自我批評，是符合他的實際的。正因如此，儘管他本人也深知做學問最重要的是方法，但他卻遠未能錘煉出自己的一套方法。他的著述，大多是講義式的概述，談不上有精密的方法。其《紅樓夢》研究更是因為方法不當而脫離了科學研究的軌道。[7]

總之，在80年代的十年間，學術界對蔡元培這一重要歷史人物的生平思想進行了廣泛的記述和比較深入的研討。大體說來，這些文字

6　以上觀點介紹，可參閱張曉唯：《1979年以來國內蔡元培研究概述》、《近年來蔡元培研究述評》兩文，分載天津《歷史教學》1987年第9期；南京《民國檔案》1990年第1期。

7　耿雲志：《蔡元培與胡適》，收入中國蔡元培研究會編：《論蔡元培》，第410—411頁、414頁。

成果，一般的記述和介紹多於深層次的分析和探討，判定性的評論多於演繹性的研究。出現這種狀況的原因比較複雜，就學術方面而言，蔡元培的思想博大龐雜，其一生活動領域又十分寬泛，要全面而準確地把握他的生平思想並非易事。前述蔡元培研究的主要成果差不多集中形成於80年代前期，而那時，大量的有關蔡的文獻資料尚未印行，以至不少論文的作者主要是依據那本50年代末出版的選集開展研究，這勢必難以深入。另一方面，蔡元培研究在整體上起步較晚，必要的基礎性工作幾乎與學術研究同步進行，一些研究成果還需要時間的凝煉，難以相互借鑑和推動。當然，歷史人物研究中長期形成的某些思維定勢，諸如偏重政治行為，褒揚或貶損的單向發展等等，也在一定程度上對蔡元培研究的深化起著制約作用。

中國的現代化，是一個漫長而緊迫的過程。在幾代人的努力中，蔡元培作為知識份子的傑出代表，在文化教育科學領域進行了卓越的工作，尤其是他所開創的「五四」時期的一代學風，經過歷史的積澱，業已構成中華文化意識的重要內容。從這個意義上講，人們對蔡元培的人格敬仰和學術研究將會長久持續下去……。

■ 附錄一　蔡元培生平學術年表

1868年（同治六年十二月十七日）　1歲（年齡以虛歲計）

1月11日　出生於浙江省紹興府山陰縣城內筆飛弄。父蔡光普，曾任當地某錢莊經理，母周氏。

1872年（同治十一年）　6歲

入家塾讀書，塾師為周先生。

1877年（光緒三年）　11歲

父親病逝。家境漸窘，無力延師，遂附讀他處。

1879年（光緒五年）　13歲

開始學作八股文。

1880年（光緒六年）　14歲

受業於同縣秀才王懋修（子莊）。王先生崇尚理學，服膺宋明大儒，蔡從學四年之久，頗受影響。

1883年（光緒九年）　17歲

考中秀才。開始自由讀書，常借閱叔父蔡銘恩藏書，且得其指導。

1884年（光緒十年）　18歲

充任當地塾師。

1885年（光緒十一年）　19歲

8月　第一次赴杭州，應鄉試，未中。

1886年（光緒十二年）　20歲

入當地徐家，作徐維則之伴讀，兼為校勘書籍。徐氏藏書甚富，初有家庭藏書樓「鑄學齋」，以後闢為「古越藏書樓」。蔡在此四年，得以博覽，學乃大進。

1889年（光緒十五年） 23歲

春 與王昭結婚。

秋 赴杭州應恩科鄉試，中舉人，主試為李文田。

1890年（光緒十六年） 24歲

春 赴北京應會試，中為貢士，未參加本科殿試。

秋 出任上虞縣誌局總纂，不久即辭職。

是年 始記日記，名《知服堂日記》。

1892年（光緒十八年） 26歲

春 入京補應殿試，被取為二甲第三十四名進士，授翰林院庶起士。本年主考大臣為翁同龢等。

1893年（光緒十九年） 27歲

夏、冬 遊歷浙江、江蘇、廣東等地，小住廣州、潮州。獲讀康有為《新學偽經考》等書。

1894年（光緒二十年） 28歲

春 入京應散館考試，升補翰林院編修。供職翰林院之初，與同鄉前輩李慈銘過從較密，後兼任李家塾師。

是年 中日甲午戰爭爆發，對時局甚關切，始閱讀新學書報。

1895年（光緒二十一年） 29歲

繼續供職翰林院。曾赴南京訪謁張之洞。

冬 返紹興。

1896年（光緒二十二年） 30歲

在紹興。廣泛瀏覽新學書籍，如鄭觀應《盛世危言》、梁啟超《西學書目表》等。

冬 返京。

1897年（光緒二十三年） 31歲

繼續供職翰林院，曾往保和殿應試，此試為各省主考學政及會試同考官人選而設。

1898年（光緒二十四年） 32歲

繼續供職翰林院，與王式通等組成東文學社，開始學習日文。是年，已開始疏證《石頭記》。

秋　戊戌變法失敗，深感失望，遂請長假，攜眷離京南歸。

冬　任紹興中西學堂監督。

1899年（光緒二十五年） 33歲

繼續擔任紹興中西學堂監督，並兼任嵊縣剡山書院院長。

4月　為徐維則編《東西學書錄》撰序。

1900年（光緒二十六年） 34歲

2月　手訂《剡山二戴兩書院學約》，內中述及自己求學之路徑。

6月　夫人王昭病逝。

是年　悉心研討新式學堂課程及學制，並與童亦韓赴杭州、臨安等地籌辦學校。此時，得與章太炎、宋恕、陳介石等結識。

1901年（光緒二十七年） 35歲

8月　在上海澄衷學堂任職。

9月　任上海南洋公學特班中文教習，特班學生中有黃炎培、邵力子、李叔同、胡仁源等。

10月　所撰《學堂教科論》由上海普通學書室印行。

12月　與張元濟、杜亞泉等創辦《外交報》。

冬　與黃世振結婚。

1902年（光緒二十八年） 36歲

4月　與葉瀚、蔣觀雲、黃宗仰等在上海發起成立中國教育會，被推舉為會長。

4月　選編《文變》一書，由商務印書館代印。

暑假　遊歷日本，旋即伴送吳稚暉回國。

11月　因南洋公學發生退學風潮而辭職，接納退學學生，組織愛國學社，任學社總理。

是年　與蔣觀雲等發起創辦愛國女學；兼任商務印書館編譯所首任所長；為麥鼎華譯《中等倫理學》一書撰序。

1903年（光緒二十九年） 37歲

春　與愛國學社同人吳稚暉、章太炎等宣傳反滿革命，參加拒法、拒俄運動。

4月　在《蘇報》發表《釋「仇滿」》一文。

6月　中國教育會與愛國學社發生分裂，辭去會、社職務，中旬離滬赴青島，月底「《蘇報》案」發。

10月　在青島所譯德國科培爾《哲學要領》一書由商務印書館出版。

12月　與王小徐、汪允宗等在上海創辦《俄事警聞》日報。

1904年（光緒三十年） 38歲

2月　在《俄事警聞》發表所撰小說《新年夢》。

2月　《俄事警聞》改為《警鐘》日報，任主編，為時半年。

秋　參加軍國民教育會暗殺團，其成員有楊篤生、何海樵等，陳獨秀亦曾與聞其事。

冬　發起組織光復會，任會長，促成陶成章、徐錫麟等人合作。

1905年（光緒三十一年） 39歲

10月　加入中國同盟會，被孫中山委任為上海分會會長。

1906年（光緒三十二年） 40歲

春　回紹興，出任學務公所總理，旋即辭職。

6月　到上海迎接章太炎期滿出獄。

下半年　為出國留學，入京等候派遣。應譯學館館長章一山之邀，任該館教習。

9月　所譯日本井上圓了《妖怪學講義總論》由商務印書館出版。

1907年（光緒三十三年） 41歲

6月　離京經西伯利亞赴德國留學。

下半年　在柏林，習德語，編譯書籍，兼任唐紹儀侄家庭教師。

1908年（光緒三十四年） 42歲

秋　進入萊比錫大學聽課和研究。

1909年（清宣統元年） 43歲

繼續在萊比錫大學研修。

10月　所譯德國泡爾生《倫理學原理》一書由商務印書館出版。

1910年（宣統二年） 44歲

繼續在萊比錫大學研修。

4月　所著《中國倫理學史》一書由商務印書館出版。

1911年（宣統三年） 45歲

10月　獲悉國內爆發武昌起義，由萊比錫到柏林，與留德學生進行聲援活動。

12月　經由西伯利亞回國，抵上海。

1912年　46歲

1月　出任中華民國臨時政府教育總長。

2月　發表《對於教育方針之意見》一文。受孫中山委派，任迎袁世凱南下就職之專使。

3月　唐紹儀內閣成立，留任教育總長。

5月　所編《中學修身教科書》由商務印書館結集出版。

7月　辭去教育總長職務。

8月　為陸爾奎等編《新字典》撰序。

9月　攜眷再度赴德國。其後，仍進萊比錫大學研修。

10月　所訂《大學令》二十二條由教育部公佈施行。

1913年　47歲

6月　因宋教仁被刺，奉召回國抵滬，奔走調解南北關係事宜。

7月　「二次革命」爆發，與吳稚暉、張繼等在上海創刊《公論》晚報，撰文抨擊袁世凱。

9月　離滬赴法國。到法後居巴黎近郊，習法語，從事著譯。

1914年　48歲

上半年　與汪精衛、李石曾等籌辦《學風》雜誌，起草《學風雜誌發刊詞》，極言學習西方文化之必要。

8月　歐戰爆發，參與旅法學界西南維持會活動。

1915年　49歲

1月　所編譯之《哲學大綱》一書由商務印書館出版，其中「宗教思想」一節為其「自創之說」。

6月　與李石曾等在法國組織「勤工儉學會」。覆函任鴻雋，對其在美國發起成立「中國科學社」之舉表示支持。

是年　受教育部委託，撰寫《1900年以來教育之進步》一文，以提交在巴拿馬舉行的萬國教育會議。

1916年　50歲

3月　與李石曾、吳玉章、歐樂、穆岱等中法人士發起組織華法教育會，後任中方會長。

4月　在巴黎與李石曾等開辦華工學校。其後編成《華工學校講義》四十篇。

上半年　所著《石頭記索隱》在上海《小說月報》「名著」欄連載。

8月15日　與李石曾、汪精衛等在巴黎創刊《旅歐雜誌》，在創刊號發表《文明之消化》一文，主張學習西方文化應有所選擇。

9月　接北京政府教育總長范源濂電，請其擔任北京大學校長。旋即回國。

12月23日　由上海到北京。26日，被任命為國立北京大學校長。

是年　擬編寫《歐洲美學叢書》，僅撰成《康得美學述》一種。

1917年　51歲

1月4日　到北京大學視事，9日發表就職演說。

1月13日　聘任陳獨秀為北大文科學長。

4月8日　在北京神州學會發表《以美育代宗教說》之演說，該演說詞後在《新青年》等刊物刊載。

5月9日　為林語堂《漢字索引制》一書作序。

7月　因張勳復辟，一度辭職，事件平息後，回校複任。

8月1日　所撰《大學改制之事實及理由》一文在《新青年》雜誌發表。

是年　兼任國語研究會會長、孔德學校校長等職。

1918年　52歲

1月19日　在北大發起組織進德會，發表《北大進德會旨趣書》。

2月1日　以北大校長名義刊出「徵集全國近世歌謠啟事」。

2月20日　與北京各國立高等學校校長發起組織學術講演會，以「喚起國人研究學術之興趣」。

3月5日　以附於北大的國史編纂處處長名義，向教育部報送國史編纂計畫，該計畫是日在《北京大學日刊》刊載。

5月30日　在天津所作《新教育與舊教育之歧點》的演說詞發表於《北京大學日刊》。

8月　為胡適《中國古代哲學史大綱》和徐寶璜《新聞學大意》兩書分別撰序。

10月14日　北大新聞學研究會成立，到會發表演說，論及我國近代新聞的發展和新聞道德等問題。

11月10日　撰寫《北京大學月刊發刊詞》，闡明學術自由、相容並包的辦學宗旨。

11月16日　在北京天安門慶祝協約國勝利大會上發表《勞工神聖》的演說。

12月7日　與國內教育界人士共同提出《請各國退還庚款供推廣教育意見書》。

1919年　53歲

1月　與張相文致函孫中山，就國史編纂處擬編寫《國史前編》事徵詢其意見。

3月18日　撰寫《致〈公言報〉並答林琴南函》，反駁林紓對北京大學及新文化運動的指責。

4月2日　覆函教育總長傅增湘，重申「相容並包」的辦學宗旨。

5月3日　告知北大學生代表，政府已通知巴黎和會中國代表在喪權辱國的和約上簽字。

5月4日　「五四運動」爆發。其後，與各校校長積極營救被捕學生。

5月9日　辭北大校長職務，離京出走。

7月9日　應各方敦請，宣佈放棄辭職。

9月12日　返京複任。

11月9日　在北京女子高等學校發表演說《國文之將來》，認為白話與文言之爭，「白話派一定占優勝」。

12月1日　在《晨報副刊》發表《文化運動不要忘了美育》一文。

1920年　54歲

1月　在少年中國學會發表《工學互助團的大希望》演說。

4月1日　在《新青年》雜誌發表《洪水與猛獸》一文，提出讓新思潮自由發展，定會有利無害。

5月　分別為浦薛鳳編《白話唐人七絕百首》和沈尹默《秋明室詩稿》兩書作序。在《新潮》雜誌發表《美術的起源》一文。

7月　分別為李季譯《社會主義史》和宋教仁《我之歷史》兩書撰序。

上半年　應北京高等師範學校之邀，講授美學課程。

暑期　北京大學率先正式招收女生入學。

10月　新潮社編《蔡孑民先生言行錄》出版。

10月底11月初　赴湖南長沙等地先後發表《何謂文化？》、《美術的進化》、《美學的進化》、《美學的研究法》等多次演說。

11月17日　為李慈銘《越縵堂日記》五十一冊出版，撰寫《刊印緣起》。

11月24日　離上海赴歐美考察。

12月27日　抵達法國馬賽。

1921年　55歲

1月至8月　在法國、瑞士、德國、奧地利、匈牙利、荷蘭、英國、美國進行考察、訪問。

1月1日　黃仲玉夫人在北京病逝。

1月12、16日　在法國巴黎先後發佈兩個「華法教育會通告」，宣佈華法教育會與留法勤工儉學生脫離經濟關係。

3月8日　與李聖章在巴黎訪晤居里夫人。

3月16日　與夏元瑮、林宰平在柏林訪晤愛因斯坦。

3月21日　在德國訪哲學家倭鏗，晤談一小時。

4月22日　參觀梵蒂岡教皇宮，得覽拉斐爾、米開朗基羅之繪畫和雕塑，「不勝偉大之感」。

5月　法國里昂大學授以文學博士榮譽學位。

6月8日　美國紐約大學授以法學博士榮譽學位。

6月14日　在華盛頓喬治城大學發表題為《東西文化結合》的演說。

8月6日　受北京政府教育部委託，赴檀香山出席太平洋教育會議。

9月18日　返抵北京。

10月　開始在北京大學講授美學課程，並著手編著《美學通論》一書，寫出《美學的趨向》、《美學的對象》兩章。

1922年　56歲

1月30日　撰寫《石頭記索隱》第六版「自序」，副題為「對於胡適之先生《紅樓夢考證》之商榷」。與胡適開展論爭。

2月27日　為楊昭悊編著《圖書館學》一書撰序。

3月20日　發表《教育獨立議》一文。

4月9日　在北京非宗教同盟大會上發表《非宗教運動》演說。

5月14日　領銜發表《我們的政治主張》一文。

6月20日　發表《美育實施的方法》一文。

7月上旬　赴濟南參加並主持中華教育改進社第一次年會。

8月20日　在《國語月刊》發表《漢字改革說》，主張漢字改用拉丁字拼音。

9月上旬　被推為學制會議主席，主持審訂「新學制」。

12月15日　世界語聯合大會在北大召開，任會議主席並致開會詞。

1923年　57歲

1月17日　因不滿教育總長彭允彝干涉「羅文幹案」，憤然辭去北大校長職務。

1月23日　發表《不合作宣言》，表示不與北京政府的黑暗政治同流合污。

2月　所撰《五十年來中國之哲學》一文在《申報》印行的《最近之五十年》巨冊中發表。

7月　與周峻結婚。攜眷離滬赴歐。

8月底　抵達比利時布魯塞爾。

10月10日　在比利時沙洛王勞工大學發表《中國之文藝中興》演說。

1924年　58歲

1月20日　在廣州舉行的中國國民黨第一次代表大會上，由孫中山提名，被選為候補中央監察委員。1月由比利時移居法國。

4月　赴倫敦，推動英國退還庚子賠款用於興辦中國教育事業。

8月　受北京政府教育部委託，赴荷蘭和瑞典出席國際民族學會議。

8月　所編譯之《簡易哲學綱要》由商務印書館出版。

11月10日　為許德珩譯《社會學方法論》一書作序。

11月21日　赴德國，向漢堡大學報名入學，研究民族學。

1925年　59歲

3月　為孫中山逝世撰寫祭文及挽聯。

4月　為樊炳清等編《哲學辭典》撰序。

7月　在漢堡撰《為國內反對英日風潮敬告列強》一文，譯成英、法、德文分別在歐洲各報發表，澄清「五卅運動」真相，聲援國內的鬥爭。

10月4日　為劉半農編《敦煌掇瑣》撰序。

1926年　60歲

2月3日　應北京政府教育部電促回國抵上海。

2月4日　在上海接受《國聞週報》記者採訪，就國內教育問題和政治形勢發表見解。

4月2日　覆函北京大學評議會和代理校長蔣夢麟，表示暫難北上。

4月22日　為王雲五編《四角號碼檢字法》撰序。

5月　在上海參加皖、蘇、浙三省聯合會，策應北伐。

6月30日　為壽鵬飛《紅樓夢本事疏證》一書撰序。

12月5日　發表《說民族學》一文。

12月23日　孫傳芳下令取締蘇皖浙三省聯合會，因遭通緝，與馬敘倫等避走福建。

1927年　61歲

2月13日　在閩南佛學院發表《佛學與佛教及今後之改革》演說。

3月12日　在杭州之江大學發表《讀書與救國》演說。

3月28日　國民黨中央監察委員會在上海召開常務會議，被推為主席，通過吳稚暉提出的彈劾共產黨的議案。

4月9日　與吳稚暉、張靜江、李石曾等聯名發表「護黨救國」通電。

4月18日　南京國民政府成立，向主席胡漢民授印。

5、6月間　準備試行大學區制度，呈請國民政府變更教育行政制度。

6月17日　被國民政府任命為大學院院長。大學院於10月1日正式成立。

10月2日　與高魯、沈定一參觀曉莊師範學校，併發表演說。

12月22日　與孫科聯名提出《教育經費獨立案》，在國民政府委員會第十六次會議上獲通過。

12月　與林風眠、楊杏佛、肖友梅等提議創辦國立藝術大學。

1928年　62歲

1月　《大學院公報》創刊，撰寫發刊詞，提出教育科學化等主張。

1月　兼任交通大學校長。

2月21日　發佈全國廢止春秋祀孔的通令。

4月23日　被任命為國立中央研究院院長，該院於6月宣告成立。

5月12日　為尤佳章譯《西洋科學史》作序。

5月15日　主持在南京召開的全國教育會議，致開幕詞。

8月17日　辭去大學院院長等本、兼各職，專任中央研究院院長，攜眷離南京，定居上海。

9月16日　發表《三民主義的中和性》一文。

11月20日　為王雲五《中外圖書統一分類法》一書作序。

11月　被推選為國際筆會中國分會會長。

1929年　63歲

1月4日　赴杭州出席中華教育文化基金董事會會議，被選為董事長。

1月　為金善寶《實用麥作學》撰序。

4月28日　發表《美術批評的相對性》一文。

8月　兼任國立北平圖書館館長。

9月　為平息北京大學師生反對併入北平大學區的風潮，再次被任命為北京大學校長，並未到任，校務由陳大齊代理，一年後辭去校長名義。

9月　為《安陽發掘報告》（第一期）撰序。

11月17日　為黃季飛著《經濟史長編》撰序。

11月　為李季著《馬克思傳》作序。

1930年　64歲

1月　發表《中央研究院過去工作之回顧與今後努力之標準》一文。

2月8日　出席中國社會學社成立大會，發表《社會學與民族學之關係》演說。

5月20日　為胡鑒民譯《自由哲學》一書撰序。

7月　商務印書館出版《教育大辭書》，內有所撰「大學教育」、「美育」兩詞條。

8月12日　出席中國科學社第十五次年會，並致開會詞。

10月　為蔣炳然著《近十年中國之氣候》一書作序。

11月20日　在亞洲學會發表《中華民族與中庸之道》演說。

是年　為中央研究院歷史語言研究所編《明清史料檔案甲集》作序。撰寫《徐寶璜行狀》。

1931年　65歲

3月　出任西陸學術考察團理事長。

4月15日　為趙藥農編《中國新本草圖志》一書作序。

4月27日　發表《國化教科書問題》的演說。

5月　發表《二十五年來中國之美育》一文。

6月15日　所撰《三十五年來中國之新文化》一文刊載於商務印書館印行的《最近三十五年之中國教育》巨冊中。

9月　為調解「寧粵對立」，與張繼、陳銘樞南下廣州談判。

是年　撰寫上海美術專科學校校歌歌詞。

1932年　66歲

1月15日　為王季同著《佛法與科學比較之研究》一書作序。

2月1日　與各國立大學校長聯名致電國際聯盟，請速制止日軍破壞上海文教設施的暴行。

8月31日　為熊十力著《新唯識論》一書撰序。

10月23日　為陳獨秀被捕一事，與楊杏佛、柳亞子、林語堂等致電國民黨當局請予寬釋。

12月17日　與宋慶齡、楊杏佛等在上海組織中國民權保障同盟，任副主席。

1933年　67歲

2月17日　與宋慶齡、魯迅等在上海接待來訪的英國著名作家蕭伯納。

3月14日　與陶行知、李公朴、陳望道等百餘人發起馬克思逝世五十周年紀念日。在上海青年會講演《科學的社會主義概論》。

4月　為亞東圖書館印行的《獨秀文存》作序。

6月18日　因楊杏佛遇刺身亡，甚感悲憤。主持喪葬事宜。

10月1日　撰寫《印行〈越縵堂日記補〉緣起》一文。

12月8日　出席歡迎義大利無線電發明家馬可尼來華大會，並致詞。

1934年　68歲

1月1日　發表《我在北京大學的經歷》一文。

4月5日　發表《我所受舊教育的回憶》一文。

5月5日　為王立中編《俞理初先生年譜》作序。

5月29日　為高魯編著《星象統箋》一書作序。

6月18日　聘丁文江為中央研究院總幹事，到院視事。

6月　為朱桂曜編著《莊子內篇證補》一書作序。

10月15日　為金公亮編《美學原理》一書撰序。

12月10日　在南京中央大學發表《民族學上之進化觀》演說。

1935年　69歲

1月　覆函何炳松，就何等十教授的《中國本位的文化建設宣言》發表意見。

4月10日　發表《我的讀書經驗》一文。

5月20日　發表《對於讀經問題之意見》一文。

7月25日　發表《我青年時代的讀書生活》一文。

7月31日　印發啟事：辭去一切兼職，停止接受寫件，停止介紹職業。

9月上旬　在南京主持中央研究院首屆評議會第一次年會。

10月　為《中國新文學大系》叢書所撰總序發表。

11月18日　與吳稚暉等聯名向國民黨第五次代表大會提出議案：請注重技術，特定為教育之重大方針，修改現行大學制，加強技術專科教育。

1936年　70歲

1月1日　覆函胡適、蔣夢麟等人，對其獻屋祝壽之舉深致謝忱。

2月9日　出席上海各界為其七十誕辰舉行的祝壽宴會，並致詞。

2月14日　開始撰寫《自寫年譜》。

2月16日　發表《丁文江先生對於中央研究院之貢獻》一文。

3月　為英文《中國季刊》所撰《中國之中央研究院與科學研究》一文發表。

5月10日　領銜發表由六百餘人署名的《我們對於推行新文字的意見》。

8月3日　為蔡尚思著《中國思想研究法》一書作序。

8月　撰寫《劉君申叔事略》，附于《劉申叔先生遺書》中。

10月5日　為《端方密電檔中關於「蘇報案」各電》作序。

10月19日　魯迅逝世，任治喪委員會主席。

11月下旬　大病，身體轉衰。

1937年　71歲

5月初　在南京主持中央研究院評議會第三次年會。

6月　為《世界短篇小說大系》作序。

11月27日　由丁燮林等陪同離上海抵香港。

12月　所撰《我在教育界的經驗》一文開始陸續發表。

1938年　72歲

2月28日　在香港主持中央研究院院務會議。

5月23日　應保衛中國大同盟之邀，出席在香港聖約翰大禮堂舉辦的美術展覽開幕式，併發表演說。

6月1日　為《魯迅全集》作序，盛讚魯迅為「新文學的開山」。

11月　聘任鴻雋為中央研究院總幹事。

1939年　73歲

7月　被推選為國際反侵略大會中國分會名譽主席。

12月7日　以《滿江紅》詞牌，為反侵略大會中國分會作會歌。

1940年　74歲

3月5日　上午9時45分在香港養和醫院病逝。遺體後葬于香港仔華人公墓。

蔡元培逝世後，全國各地沉痛哀悼，讚譽他為「一代宗師」、「人世楷模」。

〔美〕大衛翰（William J.Duiker）　　　　　　王　甯　姬虹　譯

今天，當人們回顧第一個中華共和國初建的重要時期時，對蔡元培或許最記得的是：他是一位教育家和北京大學校長。然而，對於學習中國近代史的學生來講，蔡元培同時還是一位重要的倫理哲學家和他那個時代傑出的政治改革家之一。

雖然今天他沒有被視為中華共和國的屹立巔峰的知識份子之一，但是他的思想和著述在著名的五四時期是具有相當影響的，構成了那個時代所留給近代中國的遺產的重要部分。

同與他同時代的很多人一樣，對蔡元培來說，當時的重要問題就是面對西方帝國主義的挑戰，去尋找救國的方案。當然，這種挑戰不僅僅是政治的和軍事的，它也是社會的、知識的和文化的。延續半個世紀的帝國主義對日漸衰落的清王朝的衝擊，不僅剝奪了它的領土和內部主權，也磨蝕掉了對中國傳統制度和價值觀念的信心，給中國社會帶來了尖銳的文化和社會危機。

起初，中國主要的掌權者應付這個問題時採用的方法是在保持傳統的儒家思想體系的核心價值的同時，也採用西方科學和技術以「致用」（中學為體，西學為用）。但當這種「自強」的努力不能阻止接連不斷的給中華帝國帶來的恥辱時，到20世紀初期，很多改良主義的知識份子開始認為傳統的遺產與中國人的實際需要是完全脫離的，應該用以西方樣板為基礎的新體系來取代。這種觀點在共和初期的所謂「新文化運動」中佔有特殊重要的地位。

蔡元培在中國的知識份子中是最能認識把西方的思想、制度和準則引進中國社會的重要性的。但蔡元培也相信西方思想是不能被輸入真空的。

像他的同代人、著名的康有為和梁啟超一樣，認為必須實現社會變革，但不是依靠西方生活方式全盤輸入中國，而是通過維護傳統文化的精髓部分，同時吸收有用的外來思想的選擇過程來實現。

以這種「綜合」的方式改造中國的努力，在20世紀初的一二十年內得到了政治界的某種支持，也被建立於1928年的南京政府所推行。在總司令蔣介石的領導下，南京政府採取了一種將西方政治模式和經濟現代化的考慮同保持儒學傳統中倫理價值精華相結合的發展戰略。然而，蔣介石綜合東西方的嘗試沒有什麼效果。隨著中國共產黨在1945-1949年國內戰爭中的勝利，這種用「綜合」實現中國現代化的方式被拋棄了，中國的新領導致力於徹底消滅中國的「封建」過去，引進建立在馬克思列寧主義基礎上的新的生活方式。

在外界，有很多外國學者，他們不一定同意馬克思主義是適合中國國情的方案，卻似乎贊同中國新領導人的觀點，認為以綜合東西文化來創建現代中國的嘗試是註定要失敗的。在許多「中國特殊化」者看來，傳統的、曾形成了中華帝國政治和社會基礎的儒家思想體系是與現代技術文明的需要直接衝突的，在新世紀的急切要求面前，不可避免地會束手無策。

然而，在最近幾年，情況發生了戲劇性的變化。西方的學術界產生了一種不斷增長的跡象，認為社會變化是通過在保存那些過去的價值觀念的同時逐漸適應新思想來實現的。在中國國內，現行的領導集團似乎對此持贊成態度。在1987年舉行的中國共產黨的第十三次代表大會上，所採用的對於未來的提法是尋求「中國特色的社會主義」。中國政府也公開謀求通過自由輸入西方價值觀念和技術體系來實現四個現代化的夢想。

這種現狀表明了重新看待已經被早期的改良主義者（如蔡元培）提出過的思想的重要性，即判定這種思想與當前中國的現狀及整個現代世界可

能有什麼聯繫。

從學識和愛好來說，蔡元培是近代中國唯一的適宜於調合中西、折中新舊的人。他在19世紀的最後幾十年裡受的是中國傳統文化體系的教育，在1890年考中別人夢寐以求的進士，達到了學術成就的頂峰，不久又在北京被點為翰林院受人尊敬的翰林。然而，蔡元培不滿意於中國變化的緩慢步伐，很快又被改良主義者的失敗所教育。在上海加入革命運動以後，他最終決定去歐洲，從其本源入手研讀西方文化。在柏林學習了一年德語以後，他進入萊比錫大學學習哲學、美學和倫理學，一直到1911年中國辛亥革命爆發。次年初，蔡元培回國，在總統袁世凱的新的共和政府裡任第一任教育總長。從那個職務及後來任北京大學校長開始，蔡元培成了一個改良近代中國的有力鼓吹者。

在某些方面，蔡元培的觀點與那些主張大量向中國介紹西方的準則和政治制度的激進同僚相似。他是一個西方科學和民主的讚頌者，篤信它們適合20世紀中國的需要。像他那個時代的大多數進步分子一樣，他猛烈批判中國的傳統文化，認為那種故步自封、陳舊迂腐、虛驕自大，那種僵硬的等級制度及倫理思想中的宗法制已經完全過時，在新的中國已沒有立足之地。

但蔡元培認為，簡單地摒棄舊體系，無批判地採納西方的模式，採納一種比中國和西方眾多的知識份子接受程度更高的、在一種流行的社會進化思想中成長起來的樣式是不符合中國利益的。對蔡元培來說，傳統和現代文化的要求並不是一定衝突的，現代化並不包含對所有傳統準則和制度的無情的拋棄。他的觀點是，社會變化起因於文化之間的互相作用和對不同文化中的價值成分的有選擇的借鑑。

蔡元培的文化交融思想是他社會進步理論的基礎，是他人生哲學的重

要組成部分。當他的一些傑出的同代人如梁啟超、嚴復被現代西方的社會達爾文主義所影響——根據這種理論，宇宙以殘酷的生存競爭為特徵——因此把目光集中于人類忠誠的初級方式即民族國家上面的時候，蔡元培轉而傾向於俄國無政府主義者彼得·克魯泡特金所創立的互助論。克魯泡特金否認那種認為進化首先是通過人和人之間、社會和社會之間的爭鬥來實現的邏輯前提，宣稱：和諧和合作，而不是衝突，才是人類自然生活的特徵。

　　對蔡元培來說，互助論的觀念比社會達爾文主義者所描述的民族戰爭的嚴酷思想更具有吸引力。從早年開始，他就被新儒家哲學的人文主義思想所吸引，參加了紹興志學會。這是一個設在他的故居附近的小的學術團體，它背離了漢學占支配地位的繁瑣考據，以求在世界上實現消滅貧窮、消滅疾病、消滅罪惡的三個偉大的倫理學目標。他還特別欣賞《公羊傳》——早期儒家的經典，被改良主義者康有為用來支持他本人的觀點，即孔子不僅是哲學家，也是個先知，已經預先設想出了未來的和平和民主。《公羊傳》最引人注目的方面大概就是有關「大同」的理論——人類進化到最終樂園的「三世說」，在傳統的中國實際上是獨一無二的、分階段進步學說。蔡元培當時顯然被這種觀點所吸引，後來經常提及大同說，到成年時仍然熱情地關心著人的道德，獻身於社會改造，對人性的真正完整抱有信念。

　　蔡元培固守於克魯泡特金對人類歷史的解釋。他特別喜歡把這個時期特有的東西一般化。把這種方法不加區別地應用於人類在不同水準上的努力。這包括，他宣稱：互助合作的過程不僅僅發生在一個給定的團體的人們中間，也發生在社會關係互相交錯的水準上。社會進步不是通過地球上的較原始的社會的自然選擇以一種簡單的淘汰方式來完成，而是通過作用於不同的社會群體之間的文化交流過程來實現。它甚至不是個體的和社會

性的，而是一種進化過程對陳舊的觀念和準則所進行的淘汰。只有那些將自己與外界團體的所有接觸頑固地隔絕開來的社會才會真正地被淘汰。

不幸的是，蔡元培從來沒有試圖將他自己的觀點深化下去，成為歷史上互助論學說的一個組成部分。但是要把散見在他的著述中的他的觀點的痕跡收集起來是有可能的。很明顯，他毫無顧慮地在世界歷史的範圍內應用他的「文化交流法則」，並致力於回答他和他同時代的很多人所極關注的問題，即在中國和歐洲文化交流頻率不同的原因。

對蔡元培來說，理解中國和西方社會演化進程的關鍵是「文化交流」這個概念。在早年，他宣稱，中國文化同西方文化是等值的，早在西元前2700年，中國就開始發展農業、林業、商業，並且在天文學、醫學、音樂和雕塑方面也取得了同樣的進步。在周朝和漢朝，同在教育、藝術和哲學上一樣，中國在自然科學和工藝製造方面取得了令人矚目的進步。他指出，在所有這幾方面，中國的文化同古希臘和古羅馬一樣發達。

中國和西方文化上的相似性一直延續到古典時期以後，緊接著古典時期，兩種文化都經歷了一段衰落（在這裡，蔡元培有些牽強地試圖把歐洲的經院哲學與宋朝的理學相比）。隨即，相似性突然中止了。當西方過渡到一個文藝復興和啟蒙運動的新時期的時候，中國卻停滯在它通常的發展水準，直到19世紀打開大門。

為什麼歐洲前進了而中國卻沒能如此？蔡元培在文化交流中找到答案。他宣稱，在西方中世紀的晚期，歐洲從與它相鄰的伊斯蘭文化的接觸中受益。歐洲從阿位伯哲學和數學著作的引進中受到刺激，被促使回頭到自己古代遺產中去「尋根」。從與鄰近文明的文化接觸中，在西方出現了歐洲的文藝復興，產生了近代社會。

中國沒這麼幸運。除了印度，沒有一個鄰國達到可與之相比較的文化

層次。因為只能被迫依靠自己的資源，所以中國目光向內，雖然有著人的才能和知識上的豐富的天然儲備，還是在人類進化的道路上落後了。既然同世界先進文明的文化接觸已經重新開始，中國必須盡全力補償損失。但僅僅承認需要對外借鑒並不能解決問題。對文化交流思想的基本原則來說，存在著一個價值判定的問題。一個給定的思想價值準則怎樣建立起來？最終的判定標準是什麼樣子？一個人必須怎樣判定傳統文化中什麼是有益的、什麼是需要拋棄的？對那些「自強」者來說，這是一個比較主要的問題。因為最終的社會準則仍舊是儒學的實質「體」。西方的實用知識被吸收到能豐富或有助於保存這個民族的倫理—精神基礎的程度。但是在20世紀的初期，它只是一個越發難以維護的假說，這不僅僅是因為「自強」策略的明顯失敗，也由於這兩種文化的不可調和性日益明顯。

就克魯泡特金的「互助論」來說，蔡元培超越了儒學傳統，以探求關於宇宙的本質和人生意義的根本問題的答案。他與上一代的自強主義者不同。他在把西方的知識歸類到低一等的實用知識的層次（即「用」）的同時，沒有在中國尋得更深入的生活本質—「體」。在蔡元培對科學發生興趣，接受西方關於現實的最終本質的哲學遠景的時候，他從紹興志學會的三個簡單的願望出發，走了一段很長的路。然而，在另一方面，蔡元培保存了他最初嚮往的真實。他的哲學觀點似乎明顯地傾向於綜合中西知識傳統，調合儒家理論的重點以求與西方的變化與進步的信念相協調，雖然他認識到了儒家理論是一種過去時代的產物，阻礙著中國文明中知識的增進，但在他的哲學思想裡仍然存在著鮮明的、同儒家的人本主義思想相似的東西。

蔡元培明白，人類對未來大同的邁進是漫長的、艱難的。作為一個從內心裡喜歡和諧折中的人，他反對訴諸暴力而認為中國必須在停滯和激烈

變動之間走一條中間路線。他曾經用人的消化系統作類比：人類文化必須像人身體的器官一樣消化和吸收。中國必須不僅吸收外來的文化影響，還得消化之。不是一個短時期的生吞活剝，而必須有一個長時期的消化過程才能減少吸收外來文化產生的麻煩。蔡元培認為，一個人在吸收過程中吃下各種東西，但是糟粕的東西必須排除掉，否則就會引起消化不良。為了使他自己的觀點有歷史深度，他提到了佛學。依照他的觀點，佛學在中國從來沒有被真正消化過。然而它依靠迷信，不斷地為中國社會的進步製造障礙，所以中國應避免生吞西方文明的糟粕—政潮之排蕩，金力之劫持，宗教之拘忌—只吸收有助於她成長的那些成分。

事實上，蔡元培對歐洲社會的經濟、社會問題的深刻基礎絕不是不瞭解的，他反對自由資本主義者的方法，而是贊同無政府主義者建立更加平等社會的遠景，即在那裡財產公共所有，私人財產將被沒收。

據此，西方思想的輸入並不能暗示要放棄國有財產。在很多場合，他指出了西方思想與中國傳統思想的相似性。在過去的中國，發展了許多對創造新中國是不可缺少的政治、社會、文化準則。他指出，甚至無政府主義者關於平等社會的觀點也喚起了對古代井田制度的記憶。事實上，在很多場合中國放棄了這些準則，但憑藉它曾經發現了他們這樣的力量，它確實還能再次運用他們。就中國整個傳統而言，今天對於中國人來講是新奇而陌生的東西並不是不能調和的。因此，儒學不能完全被拋棄，實際上，它與美國教育家約翰.杜威提倡的現代理論有許多一致性，比如強調個性和知識、經驗的價值。

從長遠來看，感情上的反抗與非批判性地接受西方同樣都是錯誤的。一條慎重的中間路線將導致中國社會再生長，不僅在純科學和藝術、文化的復興，而且也在整個生活內容，這表現在飲食、穿衣、住房、教育。總

之，它將導致中華民族創造性活力的復甦。很明顯，蔡元培毫不在乎那些改良主義者在東方「精神」方面對西方唯物主義潛在影響的不相信，當他知道西方文化的糟粕時，他感到在中國西方文化巨大的衝擊不僅豐富了物質生活方面，而且也豐富了精神方面。無論在中國，還是在西方，復興的人將成為一個新人，與15世紀歐洲的先人相比，他將在世界上更能完成自己的使命。

蔡元培與中華民國

在蔡元培活躍的政治生活的晚年，他試圖使其在推翻清朝過程中形成的世界觀普及化。首先他取得一些成功。作為袁世凱政府的教育總長，他協助提出了在新中華民國形成教育系統的新設想。數年後，作為北京大學的校長，他通過建立諮詢的學風和接受學校中的新思想來幫助年青的一代中國人形成思想。在很多演講和文章中，他敦促中國人從過去的昏睡中醒來，接受他關於新中國的遠景規劃。這是個順利的年代，因為民國初期正處在知識動盪的時期，即歷史上稱為新文化運動。不用贅言，蔡元培是數個形成運動特徵的人之一，因為這是對新思想探索的樂觀時代，蔡元培的觀點扼要地抓住了他的年輕同胞的想像力。

畢竟，蔡元培的理論就像民國初期衝擊知識界的其他許多思想一樣，被中國革命的漩渦沖刷到一邊。這裡有無容置疑的原因。其中一個原因是歐洲發生的一系列事件。第一次世界大戰帶來了巨大的破壞，這與中國許多知識份子頭腦裡的西方文化的貪婪、物質欲、享樂，產生一致性，不相信西方文明作為中國發展的可能模式。西方在東亞的舉動又顯示了帝國主義高級階段的某些特徵。1919年《凡爾賽和約》決定把中國的山東領土轉讓給日本是最沉重的打擊。在以後十年帝國主義者的行動證實了中國人的懷疑：西方的自決權和所有民族、國家擁有平等權力的主張是偽善的。

蔡元培並不是不知道這些主張，並且他也贊成。第一次世界大戰後，他承認西方太充滿物質欲了，太富有侵略性了，並且有了一個走向極端的傾向。但是他承認中國陷入了相反的傾向，進而他堅持認為協約國的勝利代表了世界上互助、民主、國際主義、正義力量的勝利。

　　以後，蔡元培稍稍修正了他的觀點，作為對歐洲連續不斷政治動盪和經濟危機的反應，他發現了中國崇高的和諧、忍耐、人道的新價值。他在孟子的古井田制度的經濟平等裡發現了民主的種子，指出孫逸仙「三民主義」是在現代世界裡對古典中庸思想的一種解釋。但是蔡元培對孫逸仙遺產的維護，運用到1928年在南京建立的第二次共和卻是錯誤的。在蔣介石的統治之下，南京政權摒棄了西方自由傳統的某些特徵，接受了新的傳統主義者的思想，試圖恢復傳統儒學中的等級和權威的成分。因憎惡這一切，蔡元培從活躍的政治生活中退下來，將餘生用來抵制政府的批評和宣傳人道。

　　蔡元培同樣不喜歡中國共產黨—與蔣介石爭奪中國革命外衣的主要對手。像他的許多無政府主義夥伴一樣，蔡元培憎惡馬克思列寧主義的暴力和階級仇恨理論，在20年代他曾積極參與試圖在孫逸仙的國民黨中消除共產主義的影響。他對社會、政治的激進主義反感可追溯到五四運動，當時他試圖勸說學生放棄政治活動，回到教室裡去。

　　蔡元培絕非不關心折磨著20世紀初中國的貧困、無知、疾病。五四時期，他和一些無政府主義者鼓勵年青人「去農村」喚醒窮人，鼓勵他們尋求改善他們的處境。但是蔡元培除了對北京軍閥政府的腐化、無能和貪婪表示憎惡之外無所作為。他主張放棄暴力，相信建設的時代即將到來。當五四運動在受挫與憤怒中結束時，在許多進步人士中，蔡元培像一些中國自由主義者一樣，毫無準備地回應了。

以真理、和諧、溫和為理由，蔡元培錯誤解釋他所處時代的特徵，錯誤認識了中國革命的根本動態。因為在多數中國人的頭腦裡，儘管他的和諧、友愛的思想是有吸引力的，但在當時構成中國特徵的仇恨、無知、貧窮的競爭世界裡，這是沒有什麼關聯的。在當時的時代，人們不願意輕信他們的對手是善良、誠實的人，在保守的士紳和準備鋌而走險的農民、工人之間是不可能有「利益和諧」的。蔡元培錯誤地理解了他那個時代的本質。他提出了把中國建立在過時的儒學（也許是神話）基礎上的設想，處於可怕社會問題泥潭中的中國不可能跟隨他到達山頂上的冷靜的超脫。

　　總之，蔡元培低估了中國顯示出來的民族主義力量，他把他的哲學建立在人類正進入國際主義、互助新時代的設想上。但20世紀一系列事態發展更傾向為社會達爾文主義辯護，即社會是處在敵對民族、國家的鬥爭中。因此，中國忽視蔡元培的主張，而是跟隨毛澤東和中國共產黨，努力發展中華民族的財富和力量是不足為奇的。

　　蔡元培和他的無政府主義者夥伴們錯誤地判斷了時代特徵和中國人民的心情。因為這個錯誤，他的思想被許多中國人和西方人認為不切合中國革命實際而被拋棄。簡單地說，這個判斷可能是公正的。但是在由時間提供的長遠透視中，就很可能看到蔡元培關於新中國、新世界的遠景在某些方面是錯誤的。它可能包含著最基本的見解，這些見解現在正逐步明顯化。可是，沒有跡象表明為民族的生存和發展而進行的全球性的鬥爭正在讓位於世界應建立在互助基礎之上的無政府主義者的設想。儘管有明顯標誌說明，文化交流和民族發展的多種途徑正在逐漸普及化。

　　這兩種傾向沒有比中國自己更好的例子。在中國企圖系統地消滅所有危險的外國思想和過去封建實踐的急進主義的「文化大革命」後，在毛澤東逝世後出現的新一代領導人，嘗試著一種達到現代化的實用主義方法，

即企圖把社會主義制度、倫理同現代西方的實踐混和起來，同時也認識到在民族歷史和文化本性基礎上建立新中國的必要性。

當然，蔡元培的價值標準與中國現在領導人所持有的有很多本質的不同。蔡元培是在歐洲無政府主義的國際主義、自由主義的傳統中發現了最高價值，今天中國領導人把他們最基本價值建立在階級鬥爭、民主集中、無產階級專政的馬列主義基礎之上。兩個系統的交會點在於他們對當今資本主義的敵對和對未來共產主義烏托邦的堅信，他們用截然不同的方式來實現它。

在如何對待過去的問題上，蔡元培也有很大的不同。他在中國人道主義的哲學傳統中發現了價值標準的要素，中國共產黨給孔孟之道以吝嗇的頌詞，更注意觀察過去的經濟制度，明白中國作為農業的前工業社會，必須通過國家資本主義階段而實現社會主義的理想，到達共產主義社會。過去沒有可借鑒的東西，只有上升發展的阻礙。

從最近歷史的透視可觀察出，很難否定中國共產黨方針的現實性和有效性。蔡元培的設想是建立在對宇宙自然理想化的理解基礎上的，這是對中國傳統社會的誤解看法。共產黨的方針是建立在現代中國的政治、社會、經濟的現實性上的。這些方針正確性可由中國共產黨在大陸統治了四十年來證明。

中國目前的對社會主義和資本主義的綜合的努力是否有現實性，只有時間能回答。一些局外旁觀者懷疑在現代中國資本主義的誘惑與社會主義的價值標準和制度是否長期並存，並將現在的努力與19世紀末中國革新者相比較。照他們的看法，社會主義的原則與現代化技術的要求是天生對立的，最終一個會讓位於另一個。當然，中國利用西方技術來保護和逐步完善社會主義本質，是中共領導人的一場賭博。他們是否成功在這裡是個不

好探索的有趣問題。就蔡元培有關的，很清楚，在世界被物質進步、民族
財富和力量的願望佔領之前，蔡元培的思想很少有直接的關係。充其量不
過是他們可以提供作為人類超越物質關係的標誌和實現未來大同夢想的微
弱的聲音。

（本文作者為美國賓夕法尼亞州立大學教授，這篇論文載於中國蔡元
培研究會所編的《論蔡元培》一書，北京旅遊教育出版社1989年版）

後 記

　　充分利用已刊資料，參考和借鑒現有成果，不帶偏見地、「歷史的」記述蔡元培先生的生平和學術，是我一年前決定承擔這項寫作時所抱定的主旨。此刻，書稿寫竣，就自我感覺而言，既有貫徹初衷的快意，亦不乏限於時、力的抱憾。我期待著真誠的反應和評論。

　　業師高平叔先生自始至終關心此項寫作，多方給予指導，書稿草成，悉心審讀，提出許多具體修改意見，並欣然賜序，使我獲益良多；此書責任編輯錢宏先生，從約稿到詳解叢書編輯思路，令人真切感受到一位出版工作者的執著追求和強烈使命感，老實說，沒有他的策勵，此書就不會寫成。在此，謹向兩位先生致以深深的謝忱！

　　我還要感謝董健莉女士，她在繁忙的工作之餘，幫助謄錄書稿，付出許多辛勞。另外，夏波君和辜燮高先生亦先後慨然惠助，特一併鳴謝。

有人說，一本書也是一個生命。其實，變幻萬端的大千世界已不在乎一本小書的有無。不過，私意以為，這本小型傳記倘能有助於世人客觀瞭解蔡元培的生命歷程及其社會影響，那便是對我的一番勞苦所作的極好報償，或許這就是所謂的敝帚自珍吧。

作　者

1992年11月10日

於天津複康里

昌明文庫·悅讀人物 A0603029

蔡元培評傳

作　　　者	張曉唯
版權策畫	李　鋒

發 行 人	陳滿銘
總 經 理	梁錦興
總 編 輯	陳滿銘
副總編輯	張晏瑞
編 輯 所	萬卷樓圖書股份有限公司
排　　版	菩薩蠻數位文化有限公司
印　　刷	百通科技股份有限公司
封面設計	菩薩蠻數位文化有限公司

出　　版　昌明文化有限公司
桃園市龜山區中原街 32 號
電話 (02)23216565
發　　行　萬卷樓圖書股份有限公司
臺北市羅斯福路二段 41 號 6 樓之 3
電話 (02)23216565
傳真 (02)23218698
電郵 SERVICE@WANJUAN.COM.TW
大陸經銷
廈門外圖臺灣書店有限公司
　　電郵 JKB188@188.COM

ISBN 978-986-496-123-8

2019 年 7 月初版二刷
2018 年 1 月初版一刷
定價：新臺幣 380 元

如何購買本書：

1. 劃撥購書，請透過以下郵政劃撥帳號：
　　帳號：15624015
　　戶名：萬卷樓圖書股份有限公司
2. 轉帳購書，請透過以下帳戶
　　合作金庫銀行 古亭分行
　　戶名：萬卷樓圖書股份有限公司
　　帳號：0877717092596
3. 網路購書，請透過萬卷樓網站
　　網址 WWW.WANJUAN.COM.TW

大量購書，請直接聯繫我們，將有專人為您
服務。客服：(02)23216565 分機 610

如有缺頁、破損或裝訂錯誤，請寄回更換
版權所有·翻印必究
Copyright©2016 by WanJuanLou Books CO.,
Ltd.All Right Reserved　　**Printed in Taiwan**

國家圖書館出版品預行編目資料

蔡元培評傳 / 張曉唯作. -- 初版. -- 桃園市：
昌明文化出版；臺北市：萬卷樓發行，
2018.01
　　面；　公分. -- (昌明文庫. 悅讀人物)
ISBN 978-986-496-123-8(平裝)
1.蔡元培 2.傳記
782.885　　　　　　　　　　　107001387